DICCIONARIO
DE PREGUNTAS
LA TRILOGÍA

Tomo 3

Coordinación
de la serie Martha Alles
Gabriela Scalamandré

Diseño de tapa
Juan Pablo Olivieri

MARTHA ALICIA ALLES

DICCIONARIO DE PREGUNTAS
LA TRILOGÍA
Tomo 3

Las preguntas para evaluar
las competencias más utilizadas
en Gestión por competencias

GRANICA

ARGENTINA - ESPAÑA - MÉXICO - CHILE - URUGUAY

ARGENTINA
Ediciones Granica S.A.
Lavalle 1634 - 3° G / C1048AAN Buenos Aires, Argentina
Tel.: +54(11) 4374-1456 Fax: +54(11) 4373-0669
granica.ar@granicaeditor.com
atencionaempresas@granicaeditor.com

MÉXICO
Ediciones Granica México S.A. de C.V.
Valle de Bravo N° 21 El Mirador Naucalpan Edo. de Méx.
53050 Estado de México - México
Tel.: +5255-5360-1010 Fax: +5255-5360-1100
granica.mx@granicaeditor.com

URUGUAY
Ediciones Granica S.A.
Scoseria 2639 Bis
11300 Montevideo, Uruguay
Tel: +59 (82) 712 4857 / +59 (82) 712 4858
granica.uy@granicaeditor.com

CHILE
granica.cl@granicaeditor.com
Tel.: +56 2 8107455

ESPAÑA
granica.es@granicaeditor.com
Tel.: +34 (93) 635 4120

www.granicaeditor.com

Alles, Martha Alicia
    Diccionario de preguntas: las preguntas para evaluar las competencias
    más utilizadas en Gestión por competencias / Martha Alicia Alles. -
    2ª ed. - Ciudad Autónoma de Buenos Aires: Granica, 2015.
    292 p.; 23 x 17 cm. - (Trilogía; 3)

    ISBN 978-950-641-873-1

    1. Recursos Humanos. I. Título.
    CDD 658.3

Índice

Introducción
Diccionario de preguntas.
La Trilogía. Tomo 3

Un *diccionario de preguntas* siempre está relacionado con un *diccionario de competencias*. Consecuentemente, la primera versión de esta obra estuvo confeccionada en relación con la primera y segunda ediciones de *Gestión por Competencias. El diccionario*.

En aquella oportunidad, ambos trabajos fueron elaborados con el propósito de presentar al lector una gama muy amplia de definiciones y opciones de competencias, así como los comportamientos y las preguntas relacionados con ellas. Además se incluyeron varias definiciones de un mismo concepto y otras de escasa difusión, que completaban el panorama de posibilidades. A la luz de la experiencia de todos estos años, de cientos de modelos llevados a la práctica, se presenta al mercado un nuevo diccionario de competencias con sus obras relacionadas constituyendo *La Trilogía*, con un enfoque diferente.

Para la elaboración de la nueva *Trilogía* se han elegido las competencias más utilizadas en este momento, preferidas por las empresas para alcanzar sus estrategias organizacionales de cara al futuro, analizando y pensando cómo deberían ser los integrantes de cada una de ellas para alcanzar metas y objetivos a diez años, a veinte años...

Como se expresa en la Introducción de *Diccionario de competencias. La Trilogía. Tomo 1*, un modelo de competencias siempre se piensa y diseña de cara al futuro. El pasado ya transcurrió, por lo tanto las organizaciones deben prepararse para enfrentar el futuro, siendo este incierto, difícil, competitivo, globalizado, entre otras características que hoy se pueden prever de algún modo, más otras aún desconocidas. Ese es el reto a asumir por los especialistas en esta materia y por todos en general: cómo diseñar métodos de trabajo para que todos los integrantes de una organización, en su conjunto, respetando los valores y políticas organizacionales, trabajen mancomunadamente para alcanzar los referidos objetivos. Este nuevo enfoque dio como resultado una obra cien por ciento diferente a las versiones anteriores.

Cómo utilizar esta obra

Para cada una de las competencias que se exponen en la obra *Diccionario de competencias. La Trilogía. Tomo 1,* se han preparado preguntas, consignando:

- Nombre y definición de la competencia, igual que en la obra principal, *Diccionario de competencias,* ya mencionada.

- Cuatro ejemplos de preguntas.

Para la utilización más efectiva de esta obra se sugiere tener a mano su complementaria: *Diccionario de comportamientos. La Trilogía. Tomo 2.* Combine ambas en su trabajo y obtendrá mejores resultados al realizar una entrevista de selección.

El *Diccionario de preguntas* ha sido confeccionado en función de la obra relacionada *Diccionario de competencias. La Trilogía. Tomo 1* dado que, en las organizaciones, se confeccionan preguntas –con un esquema similar al que se ofrece en este trabajo– para las distintas competencias del modelo que cada una de ellas ha definido.

La presentación de las preguntas se realizará siguiendo la estructura de la obra mencionada en el párrafo precedente, es decir, agrupadas las competencias en tres categorías:

1. Competencias cardinales.

2. Competencias específicas gerenciales.

3. Competencias específicas por área.

En el armado de los modelos organizacionales, los conceptos pueden intercambiarse y no necesariamente deben respetar la clasificación aquí expuesta. Por ejemplo: *Iniciativa* –que se ha incluido como *competencia cardinal*– podría ser una *específica* para un área en particular, y *Dinamismo y energía* podría definirse como una competencia cardinal. En todos los casos, como ya se ha expresado, el *Diccionario de preguntas* y las herramientas relacionadas –por ejemplo, la *Entrevista estructurada* (Anexo III)– se diseñan con la misma categorización y definiciones del *diccionario de competencias* de la organización.

La redacción de las mencionadas preguntas se ha realizado pensando en los denominados niveles intermedios, es decir gerentes que a su vez reportan a otros de mayor nivel, diferentes posiciones en las cuales se posee gente a cargo o, aun sin tenerla, se posee experiencia laboral relevante.

Hemos destinado una sección específica para las *Preguntas para explorar la motivación para el cambio,* y otras dos, *Preguntas para niveles ejecutivos* y *Preguntas para niveles iniciales,* en las cuales se presentan al lector ejemplos de preguntas a utilizar en el nivel respectivo, sólo para algunas de las competencias –no lo hemos hecho para todas a fin de no realizar una obra demasiado extensa–.

En resumen, para darle una mayor cobertura de opciones posibles a un entrevistador la obra quedó conformada como se detalla a continuación.

Se presentan 344 preguntas para indagar sobre las 60 competencias incluidas en *Diccionario de competencias. La Trilogía. Tomo 1,* distribuidas del siguiente modo.

- 80 preguntas para explorar competencias cardinales.
- 40 preguntas para explorar competencias específicas gerenciales.
- 120 preguntas para explorar competencias específicas por área.
- 24 preguntas para investigar expectativas de desarrollo profesional y sobre motivaciones para el cambio.
- 40 preguntas diseñadas para entrevistas con altos ejecutivos.
- 40 preguntas diseñadas para entrevistas con niveles iniciales.

Presentación de la obra

Usted tiene en sus manos una de las obras que integran lo que hemos denominado *La Trilogía.* Nos hemos planteado una nueva versión de las tres obras, completamente diferentes de las anteriores, para adaptarlas a las nuevas realidades; el uso intensivo de la metodología en empresas clientes en todos los países hispanoparlantes nos ha dado una visión regional relevante; ya que nos ha permitido interrelacionarnos con empresas que plantean sus estrategias a 10 o 20 años, y esto ha implicado posicionarnos de cara al futuro. El observar la temática relacionada con los recursos humanos desde nuevas perspectivas nos ha permitido proponer otros caminos para que las organizaciones puedan enfrentar posibles situaciones problemáticas con nuevas y mejores herramientas.

Como hemos dicho, frente a estos retos presentamos una nueva versión de las tres obras, que están directamente relacionadas entre sí. Los cambios más relevantes son:

- Selección de las 60 competencias más utilizadas en el siglo XXI, es decir en las nuevas implementaciones y en la revisión de modelos definidos con anterioridad. En la selección realizada se incluyen conceptos que representan la estrategia a futuro de las organizaciones hispanoparlantes que, además, reflejan sus necesidades de cambio organizacional.

- Se han incorporado nuevos conceptos, como por ejemplo: *Responsabilidad personal, Compromiso con la rentabilidad, Respeto,* entre muchos otros.

- Nuevas definiciones para las competencias publicadas en las primeras ediciones y otras competencias totalmente nuevas y sus respectivos comportamientos relacionados.

- Nuevos capítulos y/o temáticas relacionados con Gestión por competencias.

  ○ *Las buenas prácticas en Recursos Humanos.* Incluye un glosario de términos.

  ○ *La Trilogía: los tres diccionarios en Gestión por competencias. Su aplicación práctica.*

  ○ *Diccionario de preguntas. Cómo utilizarlo.*

- Tres anexos que complementan la obra. En el anexo titulado *Cómo tratan la temática de competencias otros autores* se presenta, a modo de estado del arte, a aquellos autores que han tratado la temática desde diferentes vertientes. En el anexo *Libros de Martha Alles sobre Gestión por competencias* se explica el tratamiento de la temática en la obra de la autora. *Herramientas de la Metodología Martha Alles International para Gestión por competencias,* por su parte, describe las diferentes herramientas diseñadas con el propósito de poner en práctica los distintos aspectos de Gestión por competencias.

Las 60 competencias más utilizadas en el siglo XXI

Para la confección de esta obra hemos considerado unas competencias como cardinales y otras como específicas; sin embargo, es muy importante destacar que cualquiera de ellas puede ser considerada en una categoría u otra, según se requiera.

Las competencias seleccionadas como ejemplos de cardinales para la preparación de esta obra son:

1. *Adaptabilidad a los cambios del entorno*
2. *Compromiso*
3. *Compromiso con la calidad de trabajo*
4. *Compromiso con la rentabilidad*
5. *Conciencia organizacional*
6. *Ética*
7. *Ética y sencillez*
8. *Flexibilidad y adaptación*
9. *Fortaleza*
10. *Iniciativa*
11. *Innovación y creatividad*
12. *Integridad*
13. *Justicia*
14. *Perseverancia en la consecución de objetivos*
15. *Prudencia*
16. *Respeto*
17. *Responsabilidad personal*

18. *Responsabilidad social*

19. *Sencillez*

20. *Temple*

Las competencias seleccionadas como ejemplos de específicas gerenciales son:

21. *Conducción de personas*

22. *Dirección de equipos de trabajo*

23. *Empowerment*

24. *Entrenador*

25. *Entrepreneurial*

26. *Liderar con el ejemplo*

27. *Liderazgo*

28. *Liderazgo ejecutivo (capacidad para ser líder de líderes)*

29. *Liderazgo para el cambio*

30. *Visión estratégica*

Las competencias seleccionadas como ejemplos de específicas por área para la preparación de esta obra son:

31. *Adaptabilidad - Flexibilidad*

32. *Calidad y mejora continua*

33. *Capacidad de planificación y organización*

34. *Cierre de acuerdos*

35. *Colaboración*

36. *Competencia "del náufrago"*

37. *Comunicación eficaz*

38. *Conocimiento de la industria y del mercado*

39. *Conocimientos técnicos*

40. *Credibilidad técnica*

41. *Desarrollo y autodesarrollo del talento*

42. *Dinamismo - Energía*

43. *Gestión y logro de objetivos*

44. *Habilidades mediáticas*

45. *Influencia y negociación*

46. *Iniciativa - Autonomía*

47. *Manejo de crisis*

48. *Orientación a los resultados con calidad*

49. *Orientación al cliente interno y externo*

50. *Pensamiento analítico*

51. *Pensamiento conceptual*

52. *Pensamiento estratégico*

53. *Productividad*

54. *Profundidad en el conocimiento de los productos*

55. *Relaciones públicas*

56. *Responsabilidad*

57. *Temple y dinamismo*

58. *Tolerancia a la presión de trabajo*

59. *Toma de decisiones*

60. *Trabajo en equipo*

Las definiciones de estas competencias, así como su apertura en grados, podrá encontrarlas en la obra *Diccionario de Competencias. La Trilogía. Tomo 1.*

Los comportamientos relacionados con estas competencias los podrá encontrar en la obra *Diccionario de comportamientos. La Trilogía. Tomo 2.*

PARA TODOS LOS LECTORES

Disponible en formato digital un Anexo donde se ha realizado un análisis detallado de libros y subsistemas que complementa las temáticas abordadas en esta obra.

PARA PROFESORES

La *Trilogía* está compuesta por tres obras relacionadas entre sí:

❖ *Diccionario de competencias*

❖ *Diccionario de comportamientos*

❖ *Diccionario de preguntas*

Para una mejor explicación de la aplicación práctica de la *Trilogía* hemos preparado:

➔ Casos prácticos y/o ejercicios para una mejor comprensión de los temas tratados.

➔ Material de apoyo para el dictado de clases.

Los profesores que hayan adoptado esta obra para sus cursos, tanto de grado como de posgrado, pueden solicitar de manera gratuita las obras:

• *Trilogía. CASOS PRÁCTICOS*

• *Trilogía. CLASES*

Únicamente disponibles en formato digital en *www.marthaalles.com*

Las buenas prácticas en Recursos Humanos. Gestión por competencias

Si bien la metodología de Gestión por competencias posee una fuerte base teórica, lo que se expondrá en esta obra está avalado, además, por las buenas prácticas profesionales y el trabajo de campo de nuestra firma consultora.

Durante todos estos años he sido –y sigo siendo– una lectora incansable de la bibliografía técnica disponible sobre competencias. Como complemento de este trabajo, he preparado el Anexo I, *Cómo tratan la temática de competencias otros autores,* en el cual, a modo de estado del arte, se presentan aquellos autores que han tratado el tema, desde diferentes vertientes. Como se podrá apreciar allí, la Gestión por competencias no es una moda, sino un método sólido con muchos años de vigencia que, como es lógico, ha sufrido cambios y transformaciones, para adaptarse a las realidades del contexto, y ha evolucionado –básicamente– en sus detalles y aplicaciones.

Si bien la metodología que se expondrá es la que surge tanto de mis investigaciones y trabajo profesional como de la labor del equipo que conforma nuestra firma, no representa una opinión más de un autor, sino que es el fruto de la experiencia, de ver resultados positivos en empresas y organizaciones a lo largo de toda Latinoamérica.

Por lo tanto, la Gestión por competencias, así como los aspectos más salientes de la metodología que se va a describir a continuación, conforman las buenas prácticas en materia de Recursos Humanos.

La Metodología de Gestión por competencias de Martha Alles International

Nuestra firma consultora ha desarrollado una metodología para la puesta en marcha de modelos de competencias, basada en dos grandes pilares: la teoría preexistente y la experiencia profesional –ya mencionada–

trabajando con este método, el cual ha sufrido algunas transformaciones a través del tiempo. Esto implica haber tenido la oportunidad de realizar un sinnúmero de implantaciones de sistemas de competencias, conocer muchos modelos en organizaciones de todo tipo en países diversos, ajustar modelos diseñados por otros, buscar soluciones a distintos problemas, etcétera.

Conocer muchos modelos diferentes, además de los propios, brinda un panorama muy amplio. La riqueza del conocimiento en materia de competencias se obtiene no sólo por conocer buenos métodos de trabajo, sino también por haber hecho la experiencia con otros que no han sido satisfactorios. Se aprende mucho al observar qué procesos no han dado resultado. Si bien un dicho popular afirma que el hombre es el único animal que tropieza dos veces con la misma piedra, en la actividad profesional tratamos de que esto no ocurra.

Definición de *competencias* para Martha Alles International

En varias partes de la obra el lector encontrará definiciones de algunos términos; además, podrá hallar un *Glosario* al final de este mismo capítulo. La inclusión de las definiciones cumple un doble propósito: clarificar el significado de ciertos términos, para los que no estén familiarizados con ellos, y, al mismo tiempo, fijar nuestra posición respecto de aquellos casos en que puedan existir diversas interpretaciones o corrientes relacionadas con ellos. En consecuencia, estas palabras serán utilizadas a lo largo de toda la obra con el significado que les atribuimos en las correspondientes definiciones.

Existen diferentes acepciones del concepto de *competencia*; en nuestro trabajo se utilizará la que incluimos a continuación.

> **Competencia.** Competencia hace referencia a las características de personalidad, devenidas en comportamientos, que generan un desempeño exitoso en un puesto de trabajo.

> **Modelo de competencias.** Conjunto de procesos relacionados con las personas que integran la organización que tienen como propósito alinearlas en pos de los objetivos organizacionales o empresariales.

Si bien los modelos de management en relación con competencias hacen referencia, en todos los casos, a las denominadas *competencias conductuales,* existen autores y profesionales del área de Recursos Humanos que confunden la temática englobando bajo el nombre de *competencias* tanto a estas como a los conocimientos. Si bien puede decirse que los conocimientos son competencias técnicas y las competencias conductuales son competencias de gestión –en obras anteriores hemos mencionado esta cuestión–, cuando queramos referirnos a conocimientos usaremos sólo este término (conocimientos), a los efectos de no confundir al lector, en especial al que no es un especialista del área, a quien también dirigimos nuestro trabajo.

Conocimiento. Conjunto de saberes ordenados sobre un tema en particular, materia o disciplina.

Modelo de conocimientos. Conjunto de procesos relacionados con las personas que integran la organización que permiten definir los conocimientos necesarios para los diferentes puestos.

Ejemplos de conocimientos y competencias:

Conocimientos	Competencias
Informática (por ejemplo, un software)	Iniciativa - Autonomía
Contabilidad financiera	Orientación al cliente interno y externo
Impuestos	Colaboración
Leyes laborales	Comunicación eficaz
Cálculo matemático	Trabajo en equipo
Idiomas	Liderazgo

Tanto los conocimientos como las competencias son necesarios para realizar cualquier tipo de trabajo. Sin embargo, la relación entre ellos es diferente.

Los conocimientos constituyen la base del desempeño; sin los conocimientos necesarios no será posible llevar adelante el puesto o la tarea asignada. No obstante, el desempeño exitoso se obtiene a partir de poseer las competencias necesarias para dicha función.

Relación entre conocimientos y competencias

Competencias

Conocimientos

Competencias: generan un comportamiento exitoso

Conocimientos: son necesarios y constituyen la base del desempeño

Veamos un ejemplo: si se está realizando una selección, lo más sencillo será evaluar los conocimientos de la persona que se postula, los cuales –por otra parte– suelen ser excluyentes en los procesos de búsqueda; por lo tanto, se sugiere comenzar la evaluación *por lo más fácil de medir y que es, a su vez, excluyente: los conocimientos requeridos*. De este modo los candidatos que posean los conocimientos excluyentes serán evaluados a continuación en sus competencias o características más profundas.

Las competencias difieren según la especialidad y el nivel de los colaboradores dentro de la organización. En ocasiones, una misma competencia, por ejemplo *Liderazgo,* puede ser requerida para jóvenes profesionales y, al mismo tiempo, para los máximos ejecutivos, pero tener diferente importancia (que se indica mediante el *grado requerido*) entre ambos niveles. También podría ocurrir que una competencia sea definida como requerida para niveles iniciales y no incluirse en los niveles de dirección.

Comenzando por el principio

Para la implantación de modelos de competencias existen diversos caminos, algunos ya dejados de lado al ser superados por nuevas tendencias. Si bien, en los primeros tiempos, para la definición de competencias se partía del estudio de ciertos referentes dentro de la organización, esto fue dejado de lado al comprobarse que se transfería a los modelos no sólo las virtudes de estos referentes, sino también algunas características no convenientes. Asimismo, el sentido común indicó otros cambios, tales como la simplificación de las definiciones de modelos, para asegurar su puesta en marcha y posterior vigencia. El lector encontrará en el Anexo I el marco teórico utilizado.

Para definir un modelo de competencias se parte, en todos los casos, de la información estratégica de la organización: su misión y visión, y todo el material disponible en relación con la estrategia. Este punto de partida puede darse en función de la información disponible o bien redefiniendo todos estos aspectos, para asegurarse de que se trabajará con información actualizada.

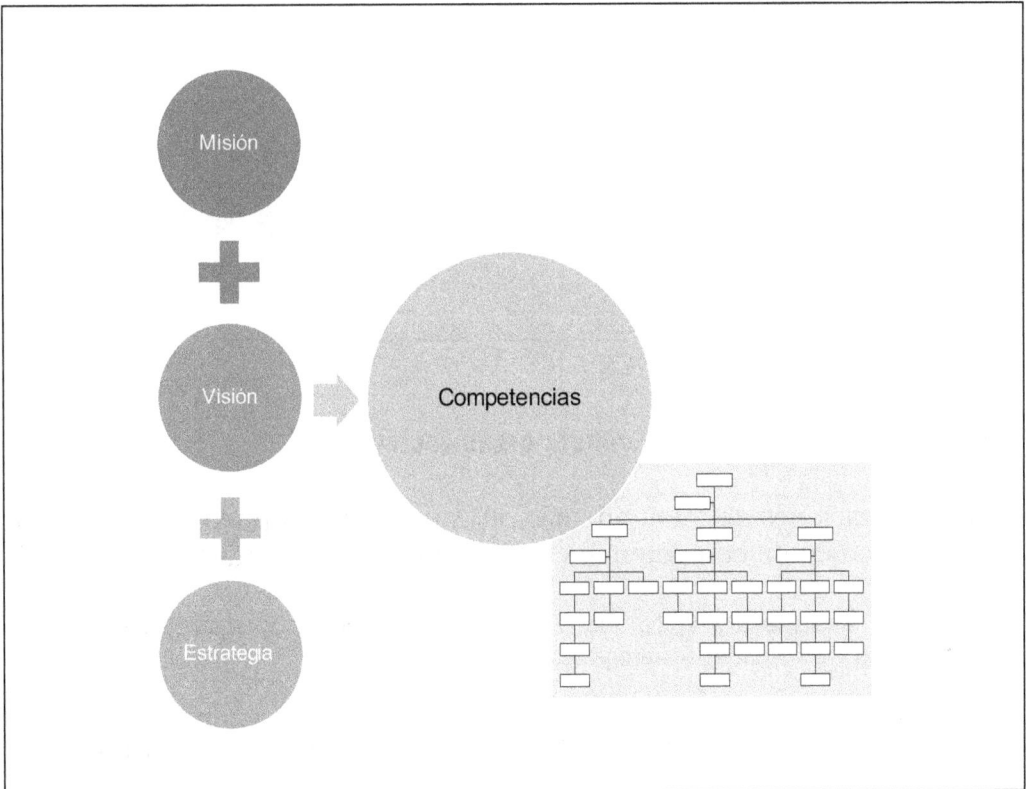

Las competencias se definen en función de la *misión,* la *visión* y la *estrategia* de la organización. Aunque no se defina un modelo de competencias, el mero sentido común indica que para alcanzar los objetivos estratégicos será necesario que las personas que integran la organización, tanto directivos como colaboradores de todos los niveles, posean ciertas características. Estas se denominan *competencias* en la aplicación de esta metodología.

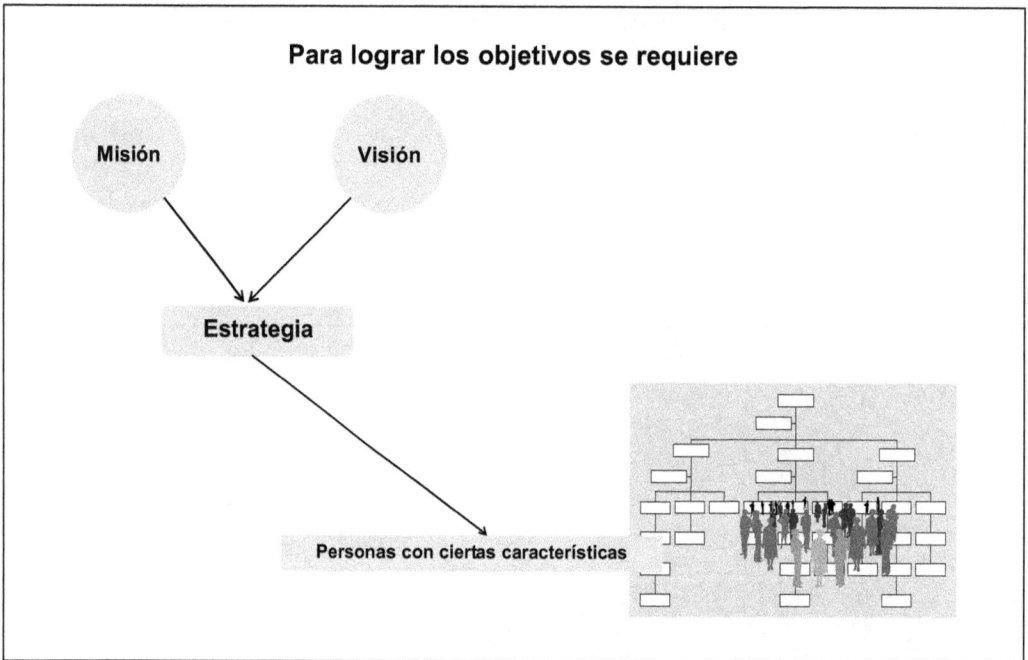

Cómo incorporar valores a la cultura organizacional

Las organizaciones definen, además, sus valores. Estos pueden ser incorporados al modelo de competencias o ser tratados por separado.

Valores. Aquellos principios que representan el sentir de la organización, sus objetivos y prioridades estratégicas.

Modelo de valores. Conjunto de procesos relacionados con las personas que integran la organización que permiten incorporar a los subsistemas de Recursos Humanos los valores organizacionales.

Una de las preocupaciones de muchos directivos de empresas es cómo llevar los valores organizacionales a la práctica, a la gestión.

La clave está en cómo transformar esos valores en herramentales prácticos, para que dejen de ser sólo conceptos a los cuales "se adhiere", y se conviertan, además, en verdaderos indicadores de gestión.

En la sección dedicada a las competencias cardinales el lector encontrará ciertos conceptos que también pueden ser considerados valores, tratados aquí como competencias. Ejemplos: *Ética, Fortaleza, Prudencia, Temple,* sólo por citar algunos.

Si se desea el tratamiento por separado de los valores, implementando para ello un *modelo de valores,* se sugiere operacionalizarlos a través de su incorporación a los subsistemas de Recursos Humanos, en especial a los procesos de Selección, Desempeño y Desarrollo. La idea se expresa en el gráfico siguiente.

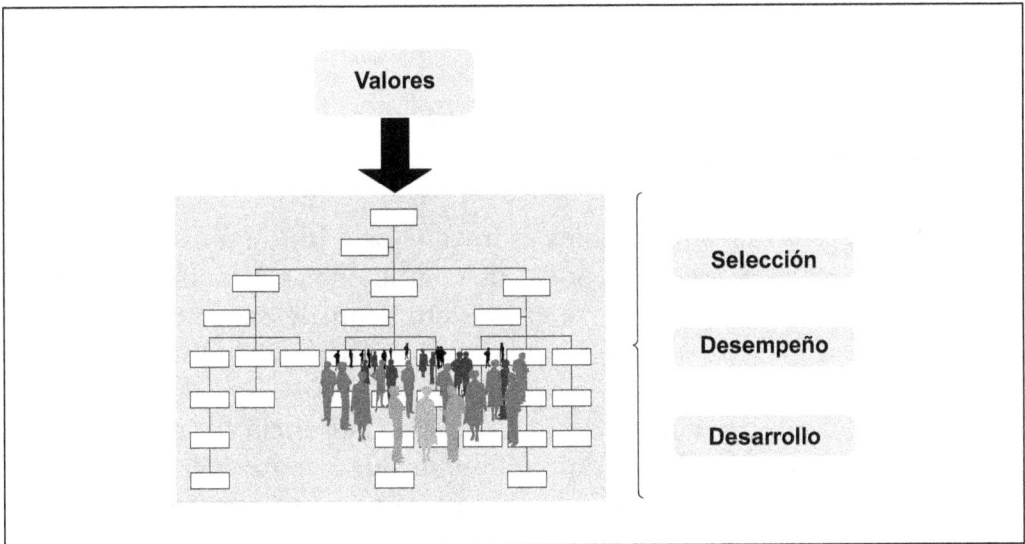

En los últimos años las organizaciones han comenzado a preocuparse por los temas éticos, al menos en una mayor proporción que antes, producto de ciertos escándalos financieros donde quedó en evidencia que los valores personales, tales como la ética y la integridad, no se relacionan sólo con la esfera individual o con la vida privada, sino que, por el contrario, los comportamientos no éticos de un directivo, por ejemplo, pueden provocar la quiebra de la organización en donde se desempeña.

Ahora bien, la mera confección de *códigos de ética,* aunque es necesaria, no resulta suficiente. Definir *Ética* como valor organizacional tampoco lo es. Desde nuestra perspectiva, la ética debe tomar la forma de una competencia, para que las personas sean seleccionadas según comportamientos éticos y, una vez que ya pertenezcan a la organización, sean evaluadas en su desempeño considerando los aspectos éticos como una competencia más. Por último, los planes de desarrollo deben trabajar, también, sobre la ética para reforzar los comportamientos adecuados en las personas.

Como se vio en párrafos anteriores, otra opción es diseñar un *modelo de valores* por separado para lograr que estos lleguen a todos los subsistemas de Recursos Humanos y sean utilizados, realmente, en la práctica organizacional.

El rol de los directivos en la definición del modelo de competencias

Uno de los pasos más importantes es involucrar a los directivos de la organización en la definición del modelo de competencias. Este involucramiento implica participar activamente en la definición de cada competencia y, luego, aprobar los textos donde se plasman las diversas definiciones, en su versión final.

Los directores de la organización, por su experiencia y compenetración en el negocio o actividad, son quienes mejor pueden aportar las ideas básicas para construir el modelo. A partir de estos conceptos será luego el experto quien llevará estas ideas al formato de competencias y, de ese modo, construirá un modelo que no sólo sea aplicable, sino que, por sobre todo, permita alcanzar la mencionada estrategia organizacional.

La participación de los altos ejecutivos es imprescindible en la definición de las competencias cardinales y específicas gerenciales. Luego, para las restantes, será conveniente incluir –además– a los niveles siguientes (por ejemplo, los directores de área y sus segundos niveles).

La Metodología de Martha Alles International

Trilogía

Diccionario de competencias

Diccionario de comportamientos

Diccionario de preguntas

Descriptivos de puestos por competencias

Talleres de reflexión con la máxima conducción y directores de área

Definición de competencias cardinales y específicas

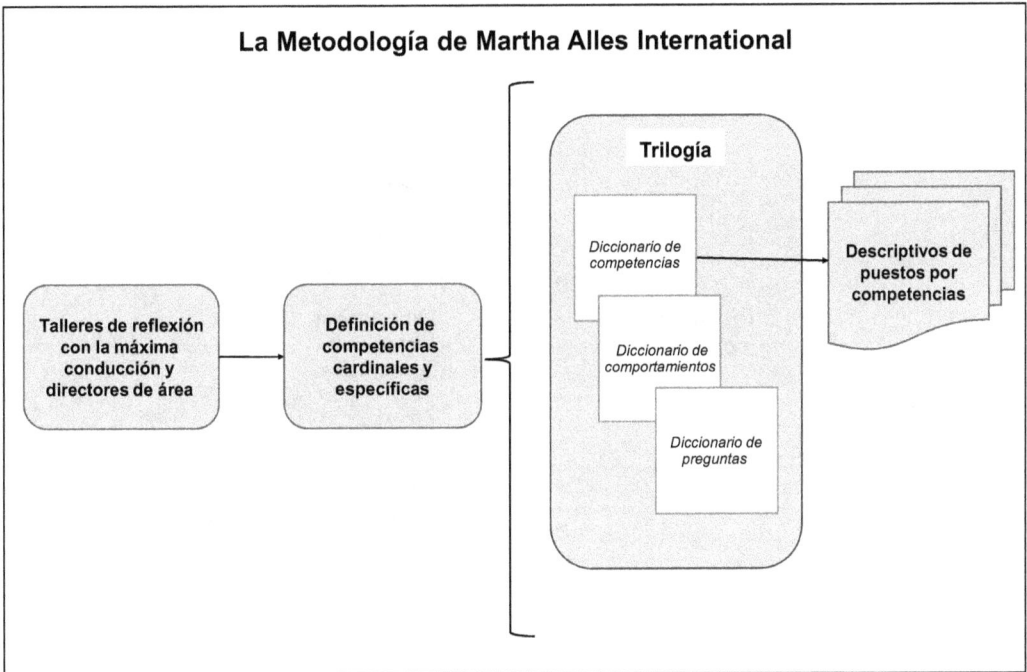

Definiciones

Competencia cardinal. Competencia aplicable a todos los integrantes de la organización. Las competencias cardinales representan su esencia y permiten alcanzar la visión organizacional.

Competencia específica. Competencia aplicable a colectivos específicos, por ejemplo, un área de la organización o un cierto nivel, como el gerencial.

Como se desprende del gráfico siguiente, un modelo de competencias está conformado por diferentes conjuntos de competencias.

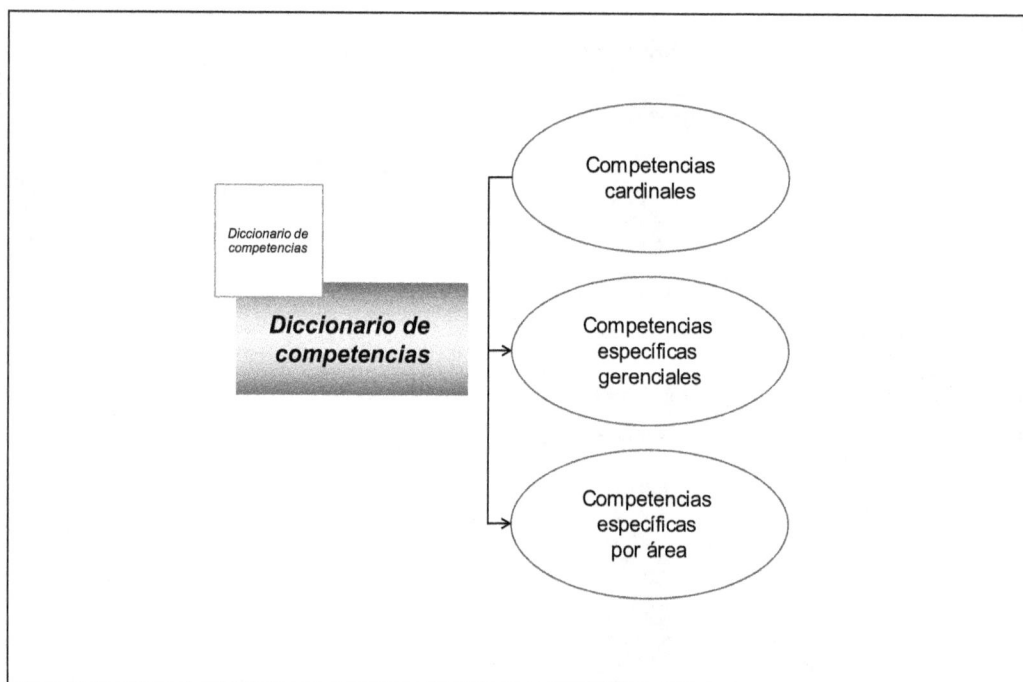

En los párrafos siguientes daremos una breve explicación de cada uno de los grupos que integran el modelo de competencias.

Cómo elegir los diferentes conceptos
que conformarán el modelo de competencias

Una vez más, es importante considerar que los modelos se definen a medida de cada organización, por lo cual lo que usted tiene en sus manos es sólo un libro, no un modelo de competencias.

Otros aspectos que deben tenerse en cuenta son la claridad de los conceptos, el correcto uso del idioma y, además, que muchos de ellos se relacionan con otros y en ciertos casos se solapan entre sí. Veamos un ejemplo.

Interrelación de conceptos

Comunicación eficaz

Liderazgo

Trabajo en equipo

Aun sin analizar las definiciones de estas tres competencias, es fácil deducir que no será posible trabajar en equipo sin una comunicación eficaz ni se podrá poseer liderazgo sin ella.

Del mismo modo, un líder fomentará el trabajo en equipo y la comunicación eficaz y una persona que posea comunicación eficaz será mejor líder o trabajador en equipo.

En otras definiciones más complejas se da la misma situación, lo que debe analizarse en cada caso, evitando la duplicidad de conceptos dentro de un modelo de competencias.

Las competencias cardinales

Estas competencias hacen referencia a lo principal o fundamental en el ámbito de la organización; usualmente representan valores y ciertas características que diferencian a una organización de otras y reflejan aquello necesario para alcanzar la estrategia. Otros autores les dan otras denominaciones, como *core competences,* generales o corporativas.

Por su naturaleza, las competencias cardinales les serán requeridas a todos los colaboradores que integran la organización.

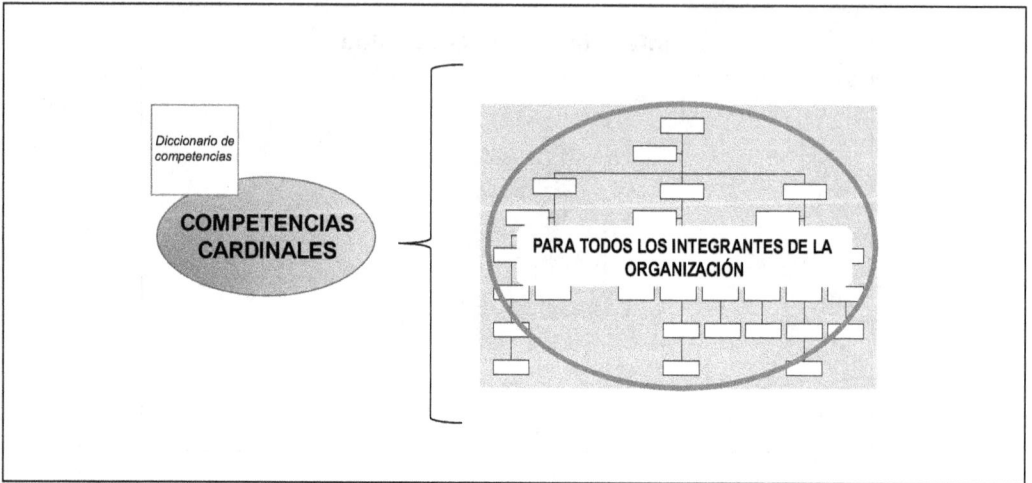

Las competencias específicas gerenciales

Las competencias específicas, como surge de su definición, se relacionan con ciertos colectivos o grupos de personas. En el caso de las específicas gerenciales, se refieren –como su nombre lo indica– a las que son necesarias en todos aquellos que tienen a su cargo a otras personas, es decir, que son jefes de otros.

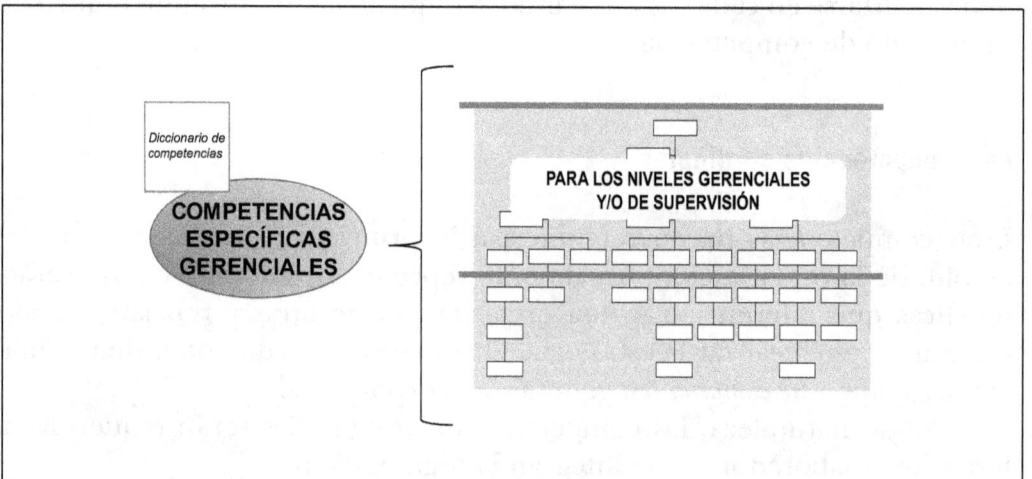

Las competencias específicas por área

Por último, las competencias específicas por área, al igual que las competencias específicas gerenciales, se relacionan con ciertos colectivos o grupos de personas. En este caso se trata –como su nombre lo indica– de aquellas competencias que serán requeridas a los que trabajen en un área en particular, por ejemplo, Producción o Finanzas.

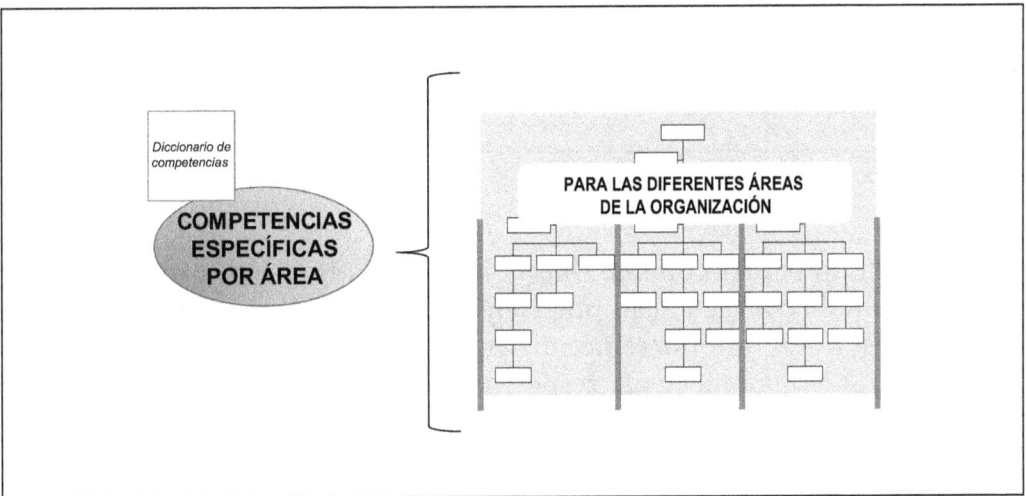

Una vez que se han definido las competencias cardinales, específicas gerenciales y específicas por área, se conforma el *Diccionario de competencias*, y en base a este se procede a realizar el paso siguiente: determinar las competencias y grados necesarios para cada puesto de trabajo.

Definición de competencias específicas por procesos

En algunas organizaciones se diseñan métodos de trabajo por procesos. En el caso de que se lo considere necesario, podría reemplazarse la definición de competencias específicas por área, por la definición de competencias específicas por procesos. La idea se grafica a continuación.

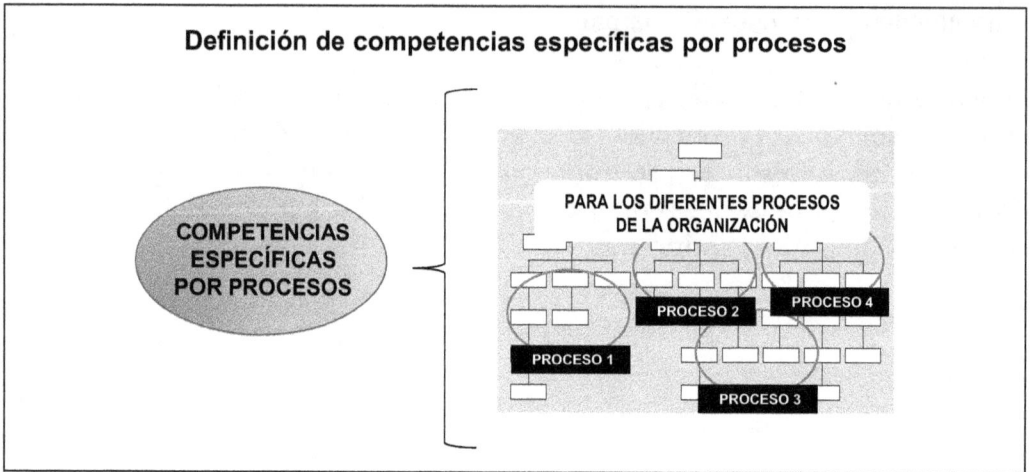

Definición de competencias específicas por procesos

COMPETENCIAS ESPECÍFICAS POR PROCESOS

PARA LOS DIFERENTES PROCESOS DE LA ORGANIZACIÓN

PROCESO 1
PROCESO 2
PROCESO 3
PROCESO 4

Para la preparación de la *Trilogía* se le ha dado mayor protagonismo a la definición de competencias por área, dado que es la de mayor aplicación práctica. En obras anteriores he utilizado la denominación *familias de puestos* y es quizá la más adecuada respecto de este tema. Estas familias podrán ser definidas por:

- Área.
- Proceso.
- Combinación de área y proceso.
- Etcétera.

En resumen, se deberán buscar aquellas familias de puestos con características similares para, de ese modo, definir las competencias que les serán requeridas de manera conjunta.

Armado del modelo

La etapa inicial para la implantación de un modelo de competencias se compone de los talleres de reflexión con la máxima conducción y la definición de cuáles competencias conformarán el modelo, tal como se ha explicado hasta aquí. Retomando un gráfico que se expuso en páginas anteriores, luego de esta etapa inicial se preparan los diccionarios donde se refleja el modelo: la *Trilogía*.

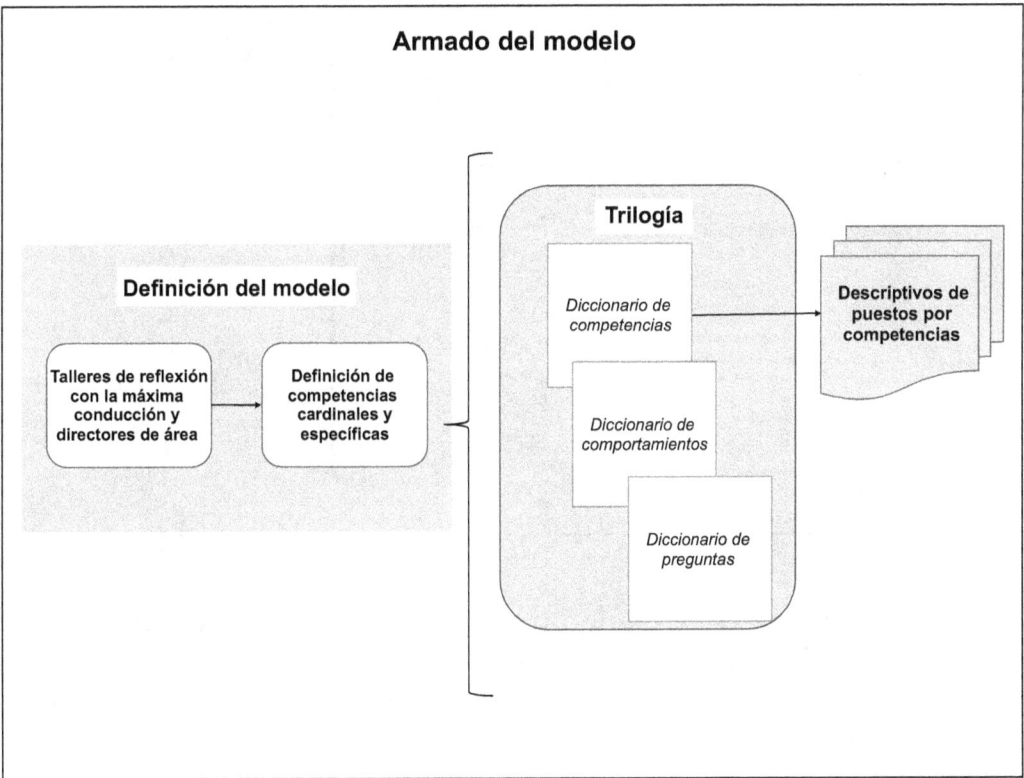

Armado del modelo

Definición del modelo

Talleres de reflexión con la máxima conducción y directores de área

Definición de competencias cardinales y específicas

Trilogía

Diccionario de competencias

Diccionario de comportamientos

Diccionario de preguntas

Descriptivos de puestos por competencias

Es decir, se define el modelo; a continuación se prepara el *Diccionario de competencias;* luego los ejemplos de comportamientos, compilados en un documento que se denomina *Diccionario de comportamientos,* que también es a medida de cada organización.

Para la confección del *Diccionario de competencias,* estas se abren en cuatro grados o niveles. La mencionada apertura se realiza del mismo modo para todas las competencias del modelo. Nuestra sugerencia es emplear una escala de cuatro grados; si se optara por una cantidad de grados diferente, se deberá respetar la coherencia dentro del modelo.

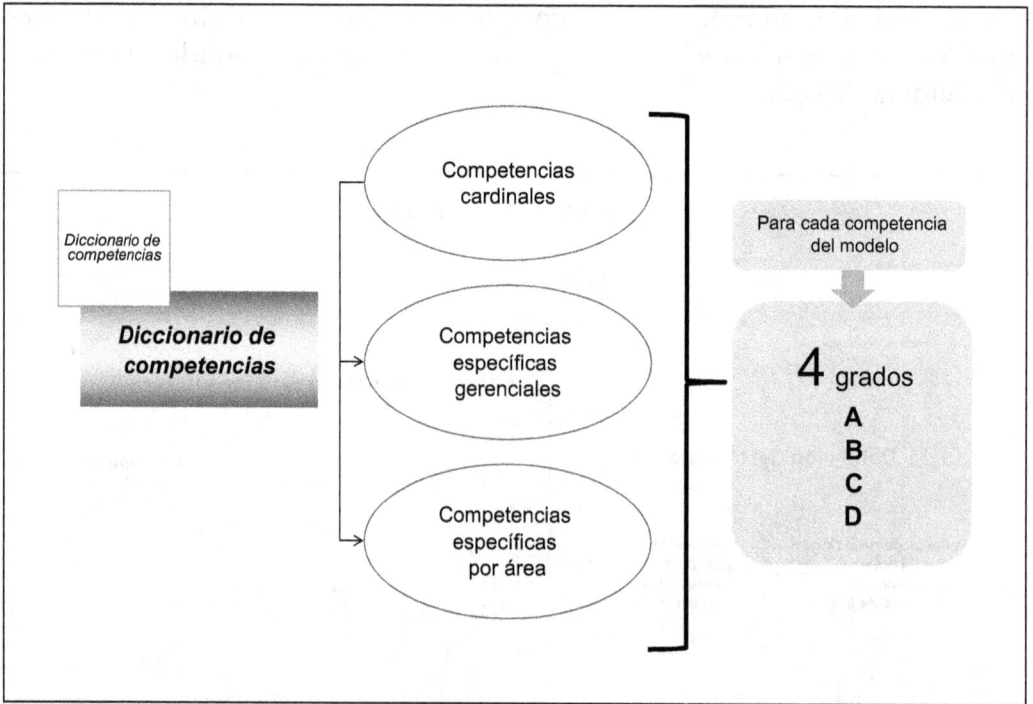

A continuación se expone un ejemplo de una competencia abierta en cuatro grados. Como puede apreciarse, la competencia se presenta con nombre y definición general, así como la definición correspondiente a cada uno de los niveles establecidos (A, B, C, D) (ver gráfico en la página siguiente).

Colaboración

Capacidad para brindar apoyo a los otros (pares, superiores y colaboradores), responder a sus necesidades y requerimientos, y solucionar sus problemas o dudas, aunque las mismas no hayan sido manifestadas expresamente. Implica actuar como facilitador para el logro de los objetivos, a fin de crear relaciones basadas en la confianza.

A
Capacidad para brindar apoyo y ayuda a los otros (pares, superiores y colaboradores), responder a sus necesidades y requerimientos, mediante iniciativas anticipadoras y espontáneas, a fin de facilitar la resolución de problemas o dudas, aunque las mismas no hayan sido manifestadas expresamente. Capacidad para apoyar decididamente a otras personas y para difundir formas de relación basadas en la confianza. Capacidad para promover el espíritu de colaboración en toda la organización y constituirse en un facilitador para el logro de los objetivos planteados. Capacidad para implementar mecanismos organizacionales tendientes a fomentar la cooperación interdepartamental como instrumento para la consecución de los objetivos comunes.

B
Capacidad para brindar ayuda y colaboración a las personas de su área y de otros sectores de la organización relacionados, mostrar interés por sus necesidades aunque las mismas no hayan sido manifestadas expresamente, y apoyarlas en el cumplimiento de sus objetivos. Capacidad para crear relaciones de confianza. Capacidad para utilizar los mecanismos organizacionales que promuevan la cooperación interdepartamental, y para proponer mejoras respecto de ellos.

C
Capacidad para apoyar y colaborar activamente con los integrantes de su propia área mediante una clara predisposición a ayudar a otros, incluso antes de que hayan manifestado expresamente la necesidad de colaboración. Capacidad para escuchar los requerimientos de los demás y para ayudarlos en el cumplimiento de sus objetivos, sin descuidar los propios.

D
Capacidad para cooperar y brindar soporte a las personas de su entorno cuando se lo solicitan, y tener en cuenta las necesidades de los demás.

Nota: El grado D indica que la competencia está desarrollada en un nivel mínimo.

Definiciones

Comportamiento. Aquello que una persona hace (acción física) o dice (discurso). Sinónimo: conducta.

Comportamiento observable. Aquel comportamiento que puede ser visto (acción física) u oído (en un discurso).

En el gráfico siguiente se muestra un ejemplo de definición de una competencia y los comportamientos asociados. En todos los casos será necesaria, además, la definición de aquellos comportamientos por los cuales se evidencia que la competencia no está desarrollada. La idea expresada se podrá encontrar con mayor detalle en el capítulo *La Trilogía: los tres diccionarios en Gestión por competencias. Su aplicación práctica.*

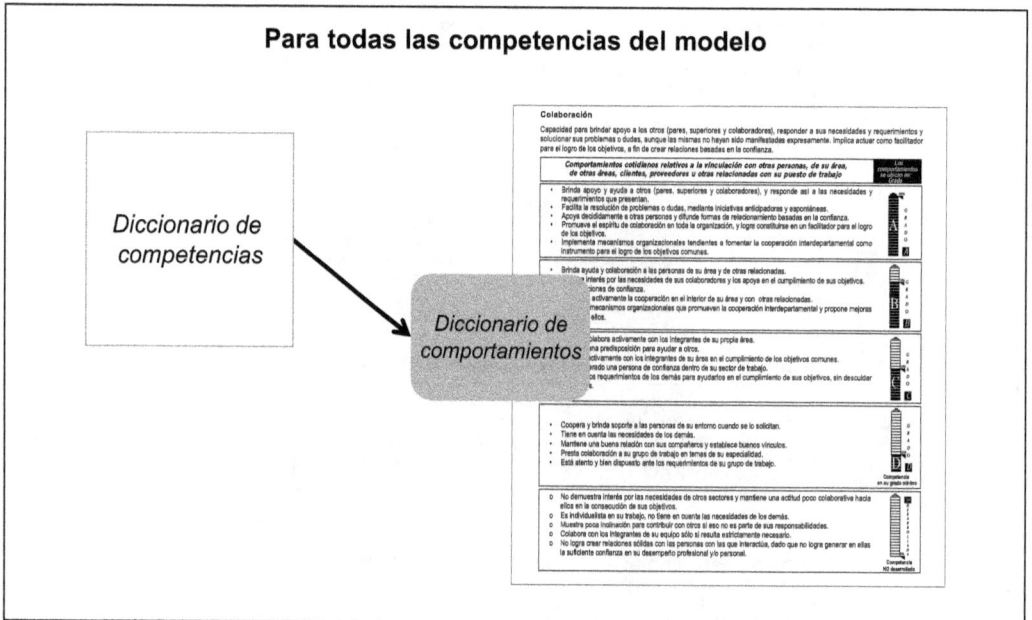

Para todas las competencias del modelo

Diccionario de competencias

Diccionario de comportamientos

Algunas organizaciones preparan un único documento, mezclando los conceptos de competencias y comportamientos. En nuestra metodología se confeccionan dos documentos por separado: el *Diccionario de competencias,* con la definición y apertura en grados de cada una de las que integran el modelo, y el *Diccionario de comportamientos.* En este último se preparan, como mínimo, cinco ejemplos de comportamientos por cada grado. Estos ejemplos son conductas observables que se utilizan para detectar y medir las competencias.

La existencia de dos documentos por separado se fundamenta en lo siguiente:

- Las competencias definen las características de personalidad (capacidad para hacer las cosas de una determinada manera) que un puesto requiere para ser desempeñado exitosamente o con una *perfor-*

mance superior; por ello en los descriptivos de puestos se indican las competencias así como las otras capacidades (en primera instancia, conocimientos) que los puestos requieren: estudios formales, conocimientos especiales, experiencia requerida, etcétera.

• Los comportamientos son indicadores que permiten la medición de las competencias.

El *Diccionario de comportamientos* será el documento que usará tanto el especialista de RRHH como el cliente interno para evaluar competencias en los distintos subsistemas de Recursos Humanos. Utilizando un lenguaje simple podríamos decir que los comportamientos observables son los indicadores a utilizar para evaluar o medir competencias. El lector encontrará una explicación más detallada sobre este diccionario y su utilización en la obra *Diccionario de comportamientos. La Trilogía. Tomo 2.*

Para todas las competencias del modelo, también se prepara el *Diccionario de preguntas* y de este modo se completa la *Trilogía.*

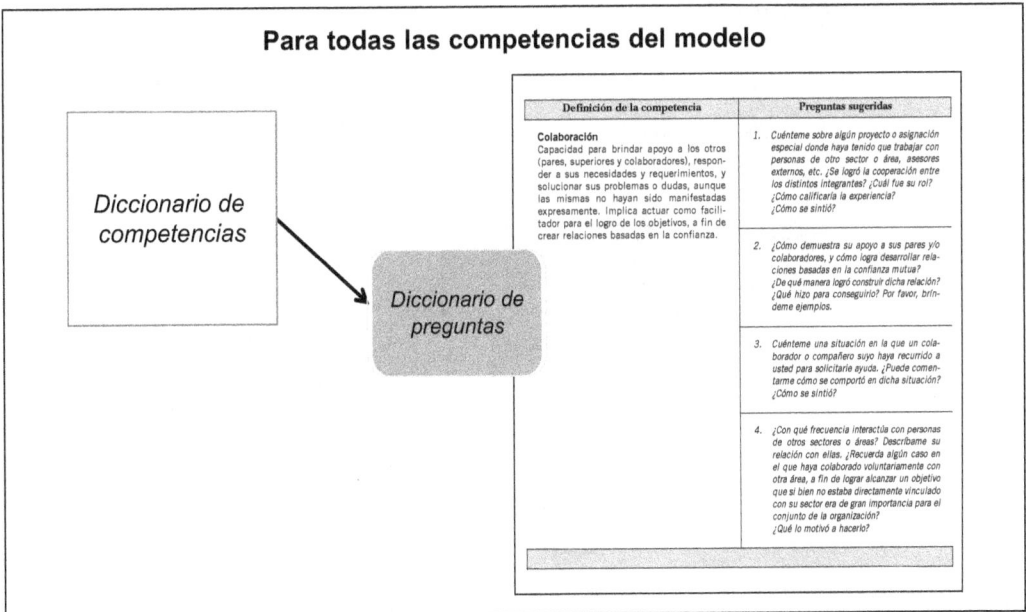

Para todas las competencias del modelo

Las preguntas diseñadas deberán permitir evaluar competencias en el transcurso de una entrevista.

El armado final del modelo se completa con la asignación de competencias a los diversos puestos de la organización.

La asignación de competencias a puestos

La asignación de competencias a puestos se hace a partir del *Diccionario de competencias.* En los *Descriptivos de puestos,* las competencias se indican con su nombre y grado o nivel. La definición de las competencias, así como su apertura en grados, se encuentran en el documento denominado *Diccionario de competencias,* confeccionado a medida de cada organización.

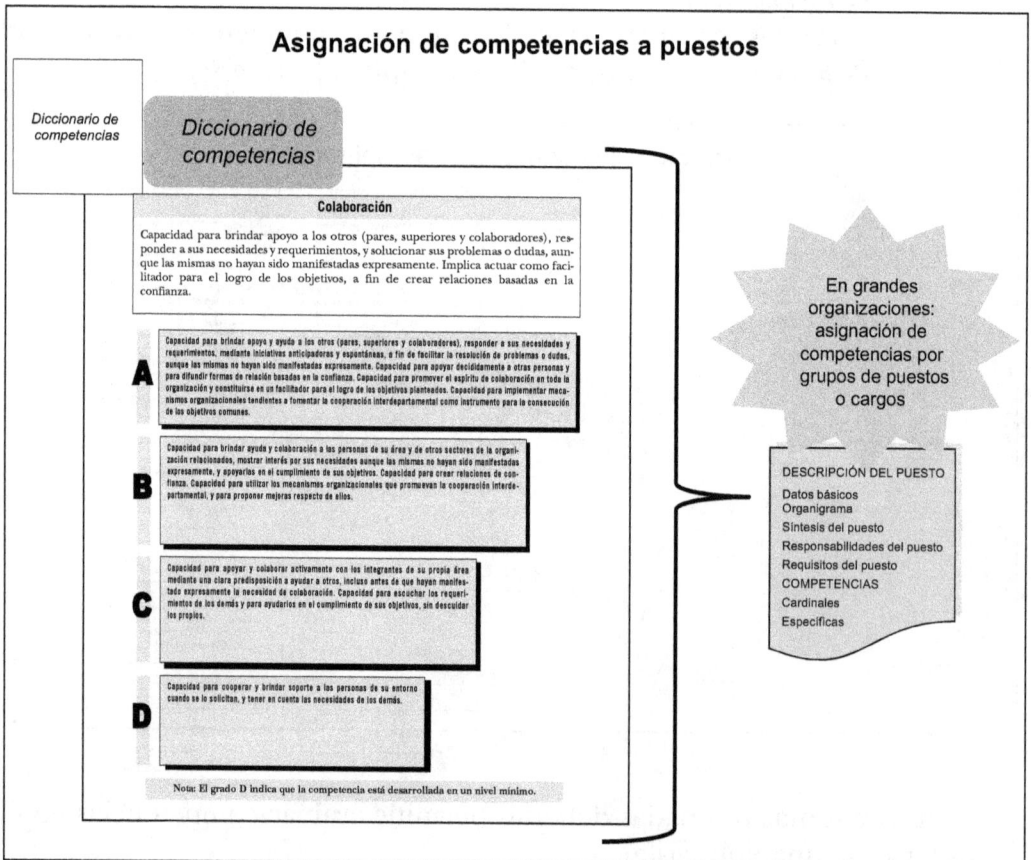

Asignación de competencias a puestos

Es importante remarcar cómo se define cada competencia, ya que con frecuencia hay organizaciones que, como producto de incorrectas definiciones del modelo, trabajan de manera equivocada. Si los distintos niveles se definen sólo con una palabra (por ejemplo, "grado A como un nivel excelente de la competencia"), sin una definición del grado y sin los ejemplos de comportamientos observables, no se dispone realmente de un modelo de competencias.

Para todos aquellos que no estén familiarizados con estos temas, queremos precisar una vez más qué es una competencia y la importancia de su apertura en grados.

En una primera instancia, y frente a una pregunta concreta, cualquier futuro jefe le dirá que *desea que su colaborador posea la máxima iniciativa, o iniciativa elevada o en alto grado.* Frente a una repregunta sobre el grado de decisión que, por ejemplo, el vendedor posee, casi con certeza le responderá que deberá tener iniciativa "dentro de las pautas", es decir, cumpliendo las directivas recibidas. Por lo tanto, la iniciativa tiene un límite de referencia, es decir, un grado definido de la misma que –generalmente– no coincide con la primera descripción.

Una vez que se han descrito las competencias junto con sus grados, se realiza la asignación de competencias a puestos. Como es fácil apreciar, el análisis realizado en párrafos anteriores será definitorio en esta instancia.

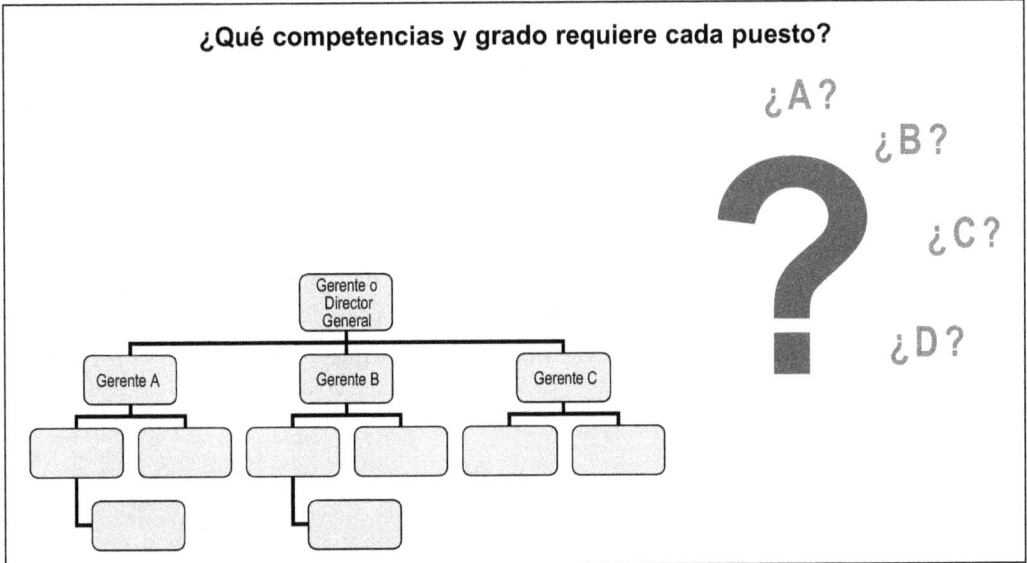

¿Qué competencias y grado requiere cada puesto?

Si se hubiese optado por la definición de competencias específicas por área o por procesos, estas deberán asignarse, en todos los casos, a los puestos y, para ello, se deberá consignarlas en los *Descriptivos de puestos*.

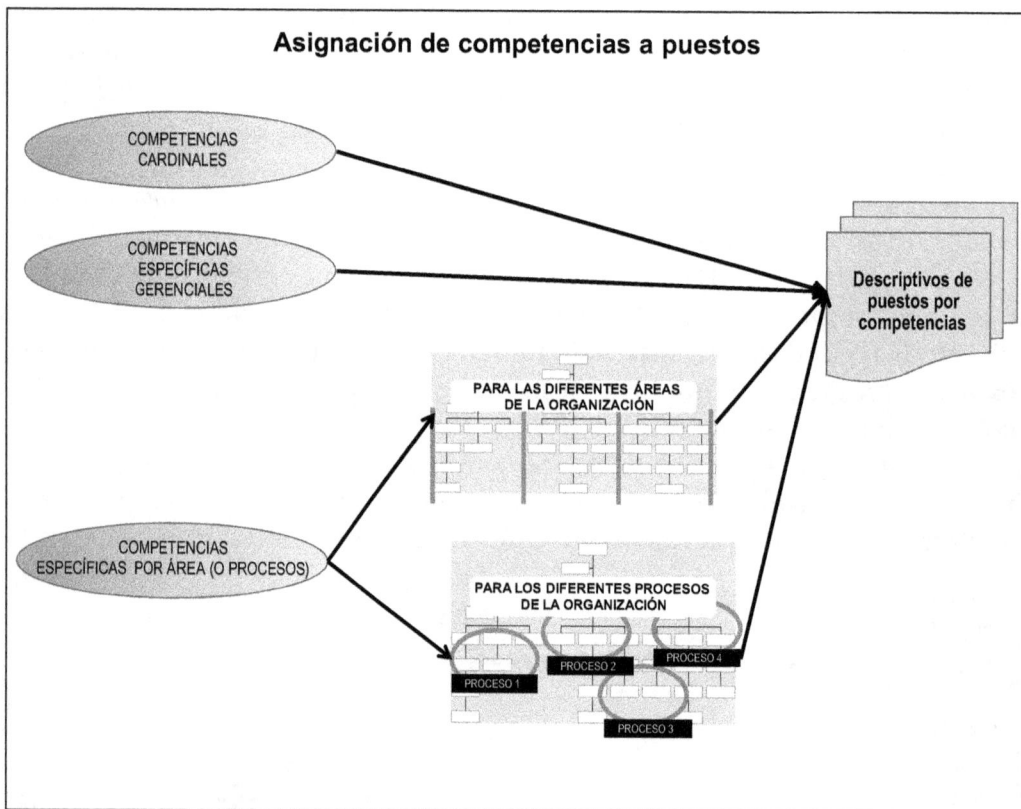

Asignación de competencias a puestos

COMPETENCIAS CARDINALES

COMPETENCIAS ESPECÍFICAS GERENCIALES

COMPETENCIAS ESPECÍFICAS POR ÁREA (O PROCESOS)

PARA LAS DIFERENTES ÁREAS DE LA ORGANIZACIÓN

PARA LOS DIFERENTES PROCESOS DE LA ORGANIZACIÓN

PROCESO 1

PROCESO 2

PROCESO 3

PROCESO 4

Descriptivos de puestos por competencias

A continuación se expone un ejemplo de asignación de competencias a puestos. El lector encontrará una explicación más detallada respecto de este tema en esta misma obra, en el capítulo titulado *Diccionario de preguntas. Cómo utilizarlo.*

Competencias asignadas a un puesto

DESCRIPCIÓN DEL PUESTO

Datos básicos
Organigrama
Síntesis del puesto
Responsabilidades del puesto
Requisitos del puesto
COMPETENCIAS
Cardinales
Específicas

ÁREA DE RECURSOS HUMANOS

PUESTO: GERENTE DE RRHH

Competencias cardinales	A	B	C	D
Calidad y mejora continua	X			
Colaboración	X			
Competencias específicas gerenciales				
Conducción de personas		X		
Competencias específicas área RRHH				
Aprendizaje continuo		X		
Capacidad para entender a los demás	X			
Credibilidad técnica	X			

Nota: Sólo se consignan 6 competencias para la presentación del tema en un gráfico

Cuando se implanta un modelo de competencias, los distintos subsistemas de Recursos Humanos resultan afectados, y se relacionan con él.

Gestión de Recursos Humanos por Competencias

Modelo de competencias.
Armado e implantación

La implantación del modelo requiere ciertos pasos iniciales, a los cuales hemos dedicado las páginas precedentes. El armado del modelo comienza por la definición de competencias, junto con su apertura en grados, y a continuación se asignan estas competencias (con sus correspondientes grados) a los diferentes puestos.

En resumen se podría decir que los pasos iniciales son:

1. Definición de competencias, en base a la misión, la visión y la estrategia de la organización. Se sugiere considerar, además, los valores organizacionales.

2. Preparar diccionarios *(Trilogía)*.

3. Asignar competencias a puestos.

4. Inventario. Determinación de brechas.

Una vez que se han cumplimentado estos pasos, se sugiere hacer un relevamiento del grado de desarrollo de competencias de todos los colaboradores de la organización. A este paso lo denominamos *Inventario*. Su propósito es determinar, por comparación (el inventario *versus* las competencias asignadas a cada puesto), las brechas existentes entre lo requerido y lo real. Para el *Inventario* se utilizan las *Fichas de evaluación* (ver Anexo III, *Herramientas de la Metodología Martha Alles International para Gestión por competencias*).

Esta determinación de brechas se realiza con un único propósito: diseñar acciones de desarrollo a la mayor brevedad posible.

Pasos iniciales

① **Definir competencias**
En base a misión, visión y estrategia

MODELO DE COMPETENCIAS

② **Preparar diccionarios**
Trilogía

TRILOGÍA → ASIGNACIÓN A PUESTOS → INVENTARIO

Diccionario de competencias

③ **Asignar competencias a puestos**

Diccionario de comportamientos

④ **Inventario**
Determinación de brechas

Diccionario de preguntas

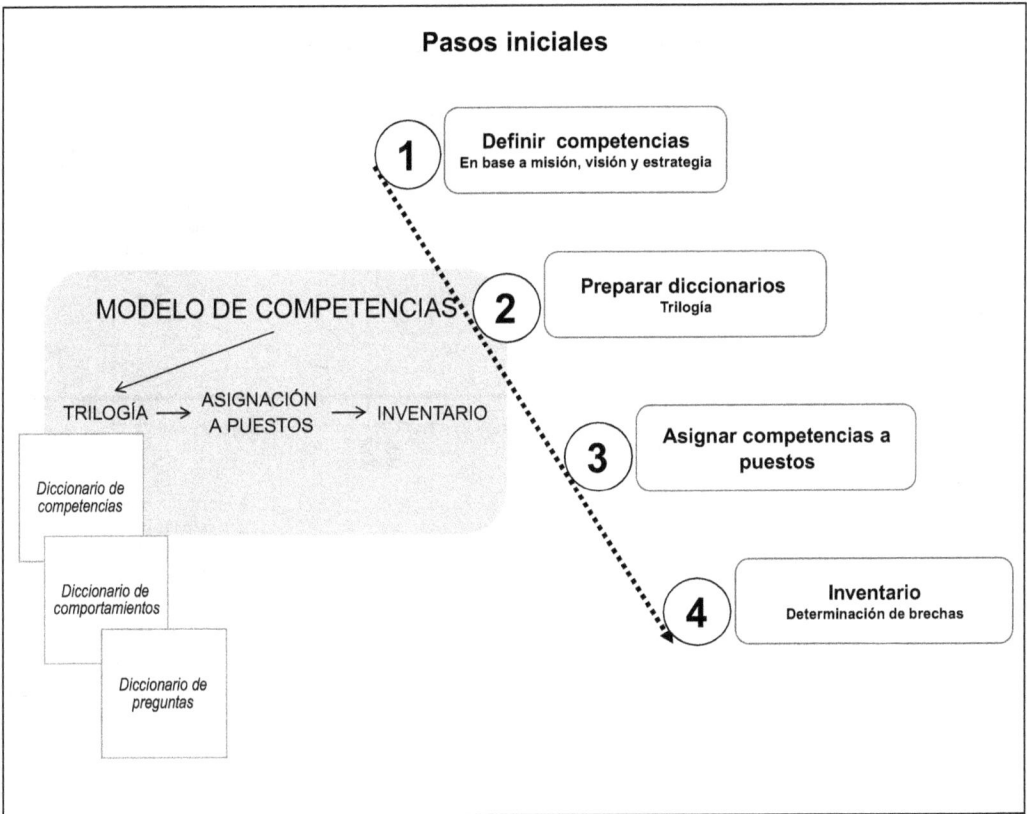

Para que se comprenda adecuadamente la importancia de este paso (determinación de brechas al inicio de la implantación del modelo), sugerimos al lector tomar en cuenta el gráfico de la página siguiente.

Sobre la izquierda del gráfico se ven los pasos iniciales para el armado del modelo. Una vez finalizadas dichas instancias, y de manera inmediata, es posible comenzar con las acciones de desarrollo de competencias a fin de achicar o reducir las brechas determinadas en el paso 4, *Inventario* (ver gráfico *Pasos iniciales*).

Luego de armado el modelo, este puede ser utilizado en la evaluación del desempeño, cuyos resultados estarán disponibles al final del período evaluado (en este supuesto, luego de 12 meses). Una vez finalizado el proceso de evaluación, se estará en condiciones de realizar acciones de desarrollo de competencias basadas en el resultado obtenido.

Determinación de brechas al inicio

Inicio del proceso de
evaluación del desempeño.
Resultados al final del
ejercicio

Resultado de las
evaluaciones del
desempeño en los
primeros meses del
segundo año a partir
de la puesta en
marcha del modelo

MODELO DE COMPETENCIAS

TRILOGÍA → ASIGNACIÓN A PUESTOS → INVENTARIO

Año 1

0

12

Año 2

Acciones de desarrollo al inicio
de Gestión por competencias

Acciones de
desarrollo después de la
evaluación del desempeño

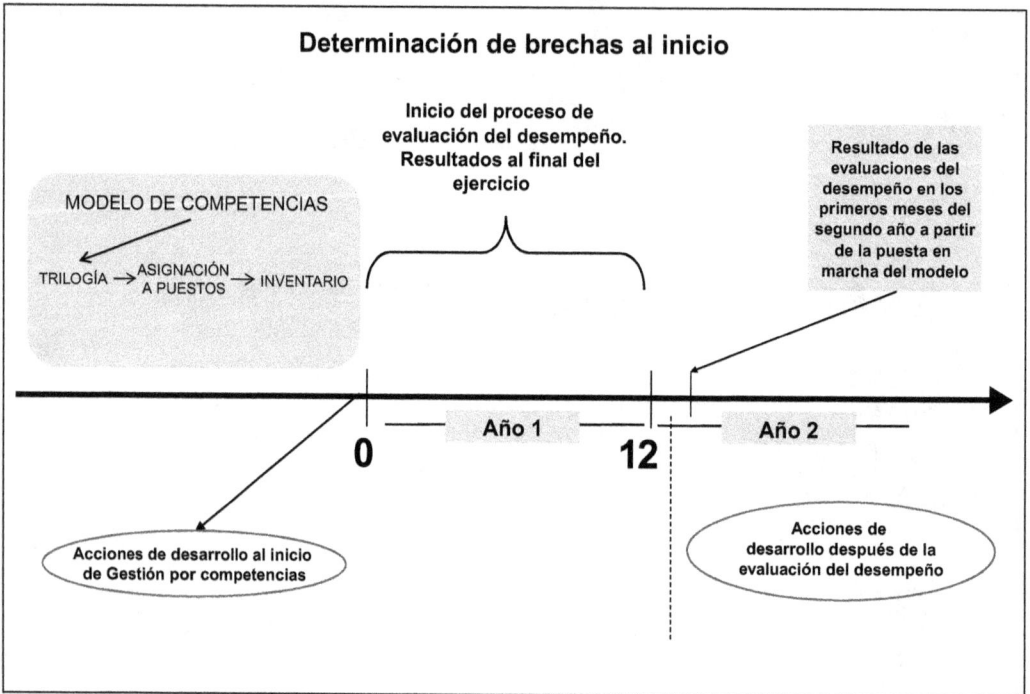

Aplicación del modelo

Cuando el modelo de Gestión por competencias está funcionando, uno de los pilares –como se verá a continuación– es Selección; es decir que, a través de diversos métodos, se debe lograr que no ingresen a la organización personas que no posean las competencias necesarias y en el grado requerido, según el modelo de competencias y el puesto de trabajo a ocupar. Por lo tanto, los nuevos colaboradores serán seleccionados en función del modelo de competencias.

Además, el desempeño se evaluará en función del modelo de competencias, así como las acciones de formación y desarrollo relacionadas deberán definirse teniéndolo como guía. Veamos el gráfico siguiente.

Aplicación del modelo

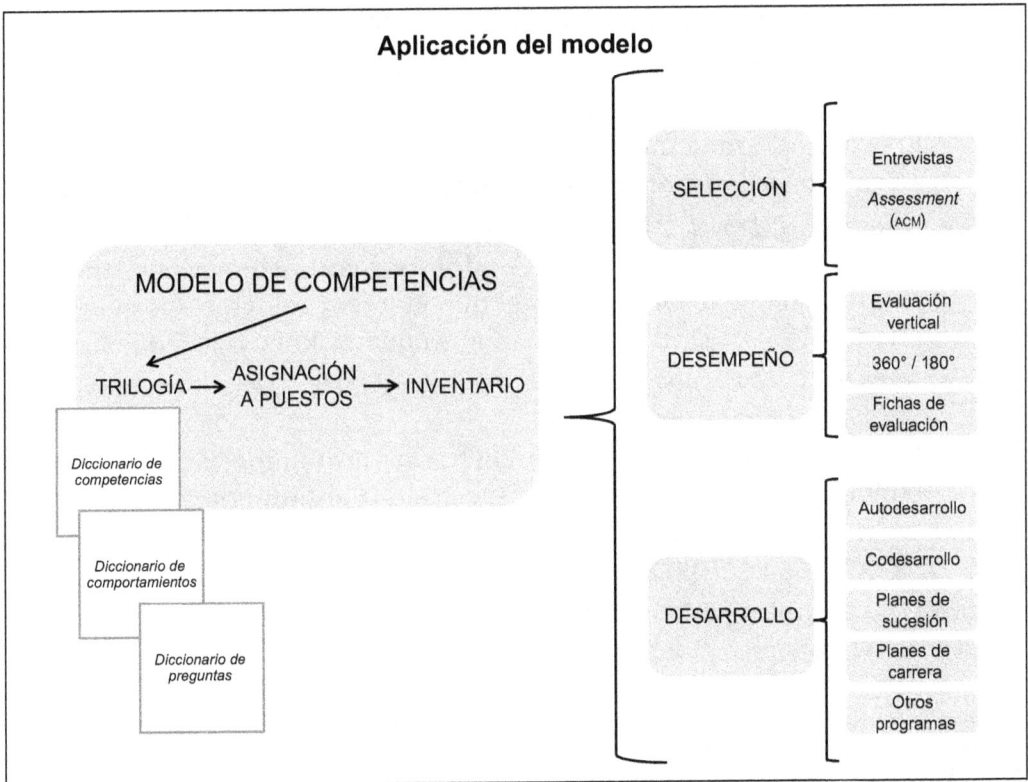

Una vez que se completó el armado del modelo de competencias, se observa que los tres grandes pilares de su implementación son Selección, Desempeño y Desarrollo. En cada uno de ellos se pueden mencionar los principales temas relacionados.

- *Selección.* Entrevistas y *Assessment Center Method.*

- *Desempeño.* Evaluación vertical, evaluaciones de 360° y 180°, fichas de evaluación y diagnósticos circulares.

- *Desarrollo.* Autodesarrollo, codesarrollo, planes de sucesión, planes de carrera, otros programas.

Sólo hemos mencionado algunos de los aspectos más relevantes en relación con competencias; no son los únicos.

Le sugerimos al lector, como complemento de este capítulo, la lectura de los tres anexos siguientes:

- Anexo I. *Cómo tratan la temática de competencias otros autores*
  En esta sección, a modo de estado del arte, se presentan los diversos autores que han tratado la temática, desde diferentes vertientes.

- Anexo II. *Libros de Martha Alles relacionados con Gestión por competencias*
  Se ha tratado la temática de Gestión por competencias en una serie de libros de la autora previos al que el lector tiene en sus manos. En esta sección se explica el tratamiento que se le ha dado en ellos.

- Anexo III. *Herramientas de la Metodología Martha Alles International para Gestión por competencias*
  En esta sección se describen las diferentes herramientas diseñadas para poner en práctica los distintos aspectos de Gestión por competencias.

PARA TODOS LOS LECTORES

Disponible en formato digital un Anexo donde se ha realizado un análisis detallado de libros y subsistemas que complementa las temáticas abordadas en esta obra.

PARA PROFESORES

La *Trilogía* está compuesta por tres obras relacionadas entre sí:

- ❖ *Diccionario de competencias*
- ❖ *Diccionario de comportamientos*
- ❖ *Diccionario de preguntas*

Para una mejor explicación de la aplicación práctica de la *Trilogía* hemos preparado:

- → Casos prácticos y/o ejercicios para una mejor comprensión de los temas tratados.
- → Material de apoyo para el dictado de clases.

Los profesores que hayan adoptado esta obra para sus cursos, tanto de grado como de posgrado, pueden solicitar de manera gratuita las obras:

- *Trilogía*. CASOS PRÁCTICOS
- *Trilogía*. CLASES

Únicamente disponibles en formato digital en *www.marthaalles.com*

Glosario de términos de Gestión por competencias

El glosario de términos que se incluye a continuación está tomado de la obra *Diccionario de términos de Recursos Humanos.*

Assessment Center Method (ACM)	Método o herramienta situacional para evaluar competencias mediante el cual, a través de la administración de casos y ejercicios, se plantea a los participantes la resolución práctica de situaciones conflictivas similares a las que deberán enfrentar en sus puestos de trabajo.
Autodesarrollo	Acciones que realiza una persona, por su propia iniciativa, para mejorar.
Autodesarrollo dentro del trabajo	Acciones que realiza una persona, por su propia iniciativa, para mejorar dentro del ámbito laboral y en relación con su puesto de trabajo.
Autodesarrollo dirigido	La organización ofrece a su personal una serie de "ideas" para el autodesarrollo de competencias y/o conocimientos. Usualmente se realiza a través de las guías de desarrollo que se difunden en la intranet de la organización.
Autodesarrollo fuera del trabajo	Acciones que realiza una persona, por su propia iniciativa, para mejorar fuera del ámbito laboral y sin relación alguna ni con su puesto de trabajo ni con actividades laborales.
Behavioral Event Interview (BEI) **Entrevista por eventos conductuales o Entrevista por incidentes críticos**	Entrevista estructurada que evalúa competencias en profundidad explorando los incidentes críticos y los comportamientos de cada persona.
Brecha	Distancia entre lo requerido y la evaluación de la persona. El término se aplica en relación con los diferentes tipos de capacidades.
Capacidades	El término incluye conocimientos, competencias y experiencia.

Cargo	Ver *Puesto.*
Carrera	Camino que una persona recorre en el ámbito de una organización y que contempla los intereses de ambas partes, empleado-empleador, en una relación ganar-ganar.
Carrera como especialista	Documento organizacional que describe esta modalidad de carrera organizacional, sus diferentes niveles o estratos, sus relaciones con otros niveles de la misma organización, así como sus principales responsabilidades y funciones. Señala y destaca la importancia de los especialistas en el ámbito de una organización ofreciendo a estos oportunidades de crecimiento a través de la profundización de sus puestos de trabajo. Los distintos niveles o estratos de la carrera como especialista se relacionan con la escala de remuneraciones de la organización.
Carrera gerencial	Documento organizacional que describe los distintos niveles o estratos organizacionales, sus relaciones, principales responsabilidades y funciones. Señala un camino a seguir y permite que una persona vaya recorriéndolo ascendiendo hacia la Dirección de la organización. Los distintos niveles o estratos de la carrera gerencial se relacionan con la escala de remuneraciones de la organización.
Cliente externo	Organización o personas que adquiere/n los productos o servicios de la organización oferente. Por extensión se utiliza para denominar a aquellos que reciben un determinado servicio brindado por una ONG, entidad de bien público de cualquier tipo, un organismo del Estado, etcétera.
Cliente interno	Áreas o personas de la misma organización que interactúan con la propia, puede ser en rol de cliente interno estrictamente dicho, recibiendo un producto o servicio, o bien ser un proveedor.

Codesarrollo	Acciones concretas que de manera conjunta realiza el sujeto que asiste a una actividad de formación guiado por un instructor para el desarrollo de sus competencias y/o conocimientos. El codesarrollo implica un ciclo: 1) taller de codesarrollo; 2) seguimiento; 3) segundo taller de codesarrollo.
Codesarrollo, Taller de	Ver *Taller de codesarrollo.*
Competencia	Hace referencia a las características de personalidad, devenidas en comportamientos, que generan un desempeño exitoso en un puesto de trabajo.
Competencia cardinal	Competencia aplicable a todos los integrantes de la organización. Las competencias cardinales representan su esencia y permiten alcanzar la visión organizacional.
Competencia específica	Competencia aplicable a colectivos específicos, por ejemplo, un área de la organización o un cierto nivel, como el gerencial.
Comportamiento	Aquello que una persona hace (acción física) o dice (discurso). Sinónimo: conducta.
Comportamiento observable	Ver *Comportamiento.* Aquel comportamiento que puede ser visto (acción física) u oído (en un discurso).
Conducta	Ver *Comportamiento.*
Conducta observable	Ver *Comportamiento observable.*
Conocimiento	Conjunto de saberes ordenados sobre un tema en particular, materia o disciplina.
Cultura	Conjunto de supuestos, convicciones, valores y normas que comparten los miembros de una organización.
Desarrollo	Acción de hacer crecer algo, por ejemplo, una competencia o un conocimiento.

Desarrollo de competencias	Acciones tendientes a alcanzar el grado de madurez o perfección deseado en función del puesto de trabajo que la persona ocupa en el presente o se prevé que ocupará más adelante.
Desarrollo de conocimientos	Acciones tendientes a acrecentar un conocimiento, usualmente a través de su utilización (puesta en práctica).
Descripción de puestos	Acción de analizar y describir los diferentes puestos de la organización.
Descriptivo del cargo	Ver *Descriptivo del puesto.*
Descriptivo del puesto	Documento interno donde se consignan las principales responsabilidades y tareas de un puesto de trabajo. Adicionalmente se registran los requisitos necesarios para desempeñarlo con éxito: conocimientos, experiencia y competencias.
Desempeño	Concepto integrador del conjunto de comportamientos y resultados obtenidos por un colaborador en un determinado período de tiempo.
Diagramas de reemplazo	Programa organizacional por el cual se reconocen puestos clave, luego se identifican posibles participantes del programa y se los evalúa para, a continuación, designar posibles reemplazos (sucesores), pero sólo para aquellas personas que ocupan puestos clave y tienen una fecha cierta de retiro, usualmente por la edad avanzada del ocupante del puesto. Pueden darse por otras razones (por ejemplo, traslado a otro país). Para asegurar la eficacia del programa se realiza un seguimiento de los participantes y se les provee de asistencia y ayuda para la reducción de brechas entre el puesto actual y el que se prevé ocupar.
Diccionario de competencias	Documento interno organizacional en el cual se presentan las competencias definidas en función de la estrategia.

Diccionario de comportamientos	Documento interno en el cual se consignan ejemplos de los comportamientos observables asociados o relacionados con las competencias del modelo organizacional.
Diccionario de preguntas	Documento interno de la organización en el cual se consignan ejemplos de preguntas que permiten evaluar las competencias del modelo en una entrevista.
E-learning	Método de aprendizaje utilizando la tecnología, usualmente la intranet de la organización.
Entrenador	Experto en un determinado tema o competencia que ayuda a otros a desarrollar un conocimiento o una competencia.
Entrenamiento	Proceso de aprendizaje mediante el cual los participantes adquieren competencias y conocimientos necesarios para alcanzar objetivos definidos.
Entrenamiento experto	Programa organizacional para el aprendizaje mediante el cual, a través de una relación interpersonal, un individuo con mayor conocimiento o experiencia en un determinado tema, lo transmite a otro. Cada uno de los participantes del programa cumple un rol: entrenador o aprendiz. Un entrenador podrá tener a su cargo varios aprendices; sin embargo, en todos los casos brindará su entrenamiento de manera personalizada e individualmente. Para que el entrenamiento experto se verifique es necesario que el entrenador sea un experto en la temática o que posea un alto grado de desarrollo de la competencia en cuestión, según corresponda. Los objetivos son específicos y el plazo, acotado (usualmente, unos pocos meses).
Entrevista estructurada	Conjunto de preguntas e indicaciones para realizar una entrevista de selección. Usualmente se diseña por niveles y en función del modelo de competencias.

Entrevista por competencias	Entrevista estructurada que permite evaluar a un candidato que participa en un proceso de selección considerando, especialmente, sus competencias, a través de preguntas específicas.
Estado del arte	Recopilación ordenada y sistemática de todo lo que se sabe de un tema determinado.
Evaluación de 360°	Proceso estructurado para medir las competencias de los colaboradores de una organización, con un propósito de desarrollo, en el cual participan múltiples evaluadores. Toma el nombre de 360° en alusión a que una persona es evaluada por sus superiores, pares y subordinados, además de por ella misma (autoevaluación). En ocasiones la evaluación incluye la opinión de clientes internos y/o externos.
Evaluación de 180°	Similar a *Evaluación de 360°;* su propósito es el desarrollo. Toma el nombre de 180° en alusión a que una persona es evaluada por sus superiores y pares, además de realizar su propia autoevaluación. En ocasiones puede incluir la opinión de clientes internos y/o externos.
Evaluación del desempeño	Proceso estructurado para medir el desempeño de los colaboradores.
Evaluación vertical (del desempeño)	Medición del desempeño realizada por el jefe o superior, que se complementa con la autoevaluación del propio colaborador y la revisión del nivel superior al jefe directo ("jefe del jefe").
Experiencia	Práctica prolongada de una actividad (laboral, deportiva, etc.) que permite incorporar nuevos conocimientos e incrementar la eficacia en la aplicación de los conocimientos y las competencias existentes, todo lo cual redunda en la optimización de los resultados de dicha actividad.

Experto	Se trata de la persona que domina un tema en toda su gama y profundidad; tiene experiencia junto con el conocimiento teórico que la sustenta.
Familia de puestos	Conjunto de puestos dentro de una misma especialidad.
Feedback	Ver *Retroalimentación.*
Feedback 360°	Ver *Evaluación de 360°.*
Ficha de evaluación	Documento de medición de comportamientos/conocimientos estructurado y basado en el modelo de competencias/valores/conocimientos de la organización.
Ficha de evaluación reducida	Documento de medición de comportamientos/conocimientos estructurado y basado en el modelo de competencias/valores/conocimientos de la organización. Se diferencia de la *Ficha de evaluación* en su extensión. Al ser más breve, su administración y procesamiento se realiza en un tiempo más corto.
Formación	Acción de educar y/o instruir a una persona con el propósito de perfeccionar sus facultades intelectuales a través de la explicación de conceptos, ejercicios, ejemplos, etcétera. Incluye conceptos tales como codesarrollo y capacitación.
Formador de formadores	Instructor que imparte una actividad a otros instructores para que estos puedan –a su vez– impartir una determinada actividad de acuerdo con materiales e instructivos específicos.
Gap	Ver *Brecha.*
Gestión por competencias	Modelo de gestión que permite alinear a las personas que integran una organización (directivos y demás niveles organizacionales) en pos de los objetivos estratégicos.

Guías de desarrollo dentro del trabajo	Acciones que se sugiere incorporar en la actividad cotidiana, a fin de alcanzar comportamientos más altos en relación con la competencia a desarrollar.
Guías de desarrollo fuera del trabajo	Ideas que permiten desarrollar las competencias del modelo organizacional en otras actividades no relacionadas con el ámbito laboral, poniendo en juego la competencia.
Herramientas	Cuestionarios, manuales, guías y otros materiales de apoyo de probada eficacia para la resolución práctica de un determinado problema o situación.
High potential	Ver *Programa de personas clave.*
Indicadores sobre comportamientos	Indicadores o ejemplos de conductas que permiten a una persona determinar el comportamiento de otra (o de sí misma).
Jefe	Persona que tiene a otras a su cargo dentro de una estructura jerárquica. Un jefe, a su vez, puede tener diferentes niveles, desde el número uno de la organización hasta otro con pocos colaboradores a su cargo.
Jefe entrenador	El concepto *jefe entrenador* implica que el jefe es una persona que al mismo tiempo que cumple el *rol de jefe* lleva adelante otra función respecto de sus colaboradores: ser guía y consejero en una relación orientada al aprendizaje. Lo hace de manera deliberada, desea hacerlo y está convencido de los resultados a obtener.
Key people	Ver *Programa de personas clave.*
Manual de *Assessment Center Method* (ACM)	Conjunto de teoría, casos, ejercicios y formularios que permiten la aplicación práctica de la herramienta *Assessment Center Method* (ACM). Puede ser diseñado a medida de la organización.

Manual para *Formador de formadores*	Documentos e instructivos específicos y detallados que permiten a una persona (instructor) la impartición de un determinado taller o curso.
Manuales para *Formador de formadores* **Metodología** MACH	Documentos e instructivos específicos y detallados que permiten a una persona (instructor) la impartición de un determinado taller de codesarrollo. El mismo incluye: 1) Material para proyección. 2) Cuadernillo del participante. 3) Manual del instructor.
Mentor	Consejero o guía. Persona de mayor experiencia que ayuda y aconseja a otros con menos experiencia, por un período de tiempo.
Método	Conjunto de procedimientos ordenados y sistemáticos en relación con un determinado tema.
Metodología	Conjunto de métodos que se siguen en una determinada disciplina.
Misión	El porqué de lo que la empresa hace, la razón de ser de la organización, su propósito. Dice aquello por lo cual, en última instancia, la organización quiere ser recordada.
Modelo	Conjunto de relaciones basadas en términos lógicos.
Modelo de competencias	Conjunto de procesos relacionados con las personas que integran la organización que tienen como propósito alinearlas en pos de los objetivos organizacionales o empresariales.
Modelo de conocimientos	Conjunto de procesos relacionados con las personas que integran la organización que permiten definir los conocimientos necesarios para los diferentes puestos.
Modelo de valores	Conjunto de procesos relacionados con las personas que integran la organización que permiten incorporar a los subsistemas de Recursos Humanos los valores organizacionales.

Perfil de la búsqueda	Conjunto de capacidades requeridas para un puesto de trabajo, necesario para realizar la selección de su futuro ocupante. Puede incluir, además, factores adicionales.
Perfil del postulante	Conjunto de capacidades de una persona, incluyendo sus estudios formales, conocimientos, competencias y experiencia, así como su motivación tanto en relación con su carrera como para el cambio laboral.
Performance	Ver *Desempeño.*
Persona bajo tutoría	Individuo que adhiere a un programa de *mentoring,* para desarrollarse.
Plan de jóvenes profesionales (JP)	Implica el diseño de un esquema teórico sobre cuál sería el crecimiento esperado de un JP en un lapso definido, usualmente uno o dos años. Para ello se establecen los diferenciales deseados tanto en conocimientos como en competencias y las acciones concretas a realizar para alcanzarlos, conformando de este modo los pasos a seguir por todos los participantes del programa. Estos programas abastecen de personas formadas para ocupar nuevos puestos y asumir nuevas responsabilidades para otros programas organizacionales, por ejemplo, Carrera gerencial, Planes de sucesión o Diagramas de reemplazo.
Planes de carrera	Implica el diseño de un esquema teórico sobre cuál sería la carrera dentro de un área determinada para una persona que ingresa a ella, usualmente desde la posición inicial. Para ello se definen los requisitos para ir pasando de un nivel a otro, instancias que conformarán los pasos a seguir por todos los participantes del programa.

Planes de sucesión	Programa organizacional por el cual se reconocen puestos clave, luego se identifican posibles participantes del programa y se los evalúa para, a continuación, designar posibles sucesores de otras personas que ocupan los mencionados puestos clave, sin una fecha cierta de asunción de las nuevas funciones. Para asegurar la eficacia del programa se realiza un seguimiento de los participantes y se les provee asistencia y ayuda para la reducción de brechas entre el puesto actual y el que eventualmente ocuparán.
Pool de talentos	Ver *Programa de personas clave.*
Programas de desarrollo	Conjunto de programas relacionados con las personas que una organización lleva a cabo con el objetivo principal de formar a sus integrantes para luego, si la situación lo requiere, ofrecerles otra posición –usualmente, de un nivel superior–.
Programas de *mentoring*	Programa organizacional estructurado, de varios años de duración, mediante el cual un ejecutivo de mayor nivel y experiencia ayuda a otro en su crecimiento.
Programa de personas clave	Programa organizacional donde primero se elige –en base a ciertos parámetros definidos por cada organización– un grupo de personas a las cuales se considerará relevantes para la organización. Luego, a estas se les ofrecerán oportunidades de formación diferenciales.
Programa *Jefe entrenador*	Programa mediante el cual se desarrolla en todos los jefes la competencia *Entrenador.* De este modo, todos los jefes, en su contacto cotidiano con sus colaboradores, ayudan a estos en su crecimiento, tanto en competencias como en conocimientos.
Promoción	Conjunto de acciones, planeadas o no, mediante las cuales una persona es elevada a un nivel superior al que poseía.
Puesto	Lugar que una persona ocupa en una organización. Implica cumplir responsabilidades y tareas claramente definidas.

Puestos clave	Conjunto de puestos dentro de una organización que esta considera relevantes o importantes por algún factor claramente definido, usualmente en función de sus niveles de responsabilidad y decisión.
Reclutamiento	Es un conjunto de procedimientos para atraer e identificar a candidatos potencialmente calificados y capaces para ocupar el puesto ofrecido, a fin de seleccionar a alguno/s de ellos para que reciba/n el ofrecimiento de empleo.
Recursos Humanos	Disciplina que estudia todo lo atinente a la actuación de las personas en el marco de una organización.
Recursos Humanos, Área de	Dirección, gerencia o división responsable de todas las funciones organizacionales relacionadas con las personas.
Requisito	Característica o condición necesaria para desempeñar un determinado puesto con eficacia y que será tomada como un criterio para evaluar y luego seleccionar personas.
Restricción	Elemento a tomar en cuenta como una limitación, por el cual se deja fuera de un proceso de selección a ciertos candidatos o postulantes que presenten ese factor limitante. Ejemplos: salario, lugar de residencia (si esto fuese un elemento a tomar en cuenta), y aun otros que, si bien pueden ser considerados como discriminatorios, en algunas organizaciones o circunstancias específicas pueden ser tenidos en cuenta, como el sexo.
Retroalimentación	Acción por la cual se le comunica a otro sobre aquello que hace bien y aquello que debe mejorar.
Reunión de retroalimentación	Es uno de los pasos de la evaluación de desempeño, en el cual un jefe o superior le comunica al colaborador el resultado de dicha evaluación.
Rol del jefe	Concepto integrador de las diversas facetas de la actividad de todo jefe. Enfoca su papel dentro de la organización, agregando a sus funciones tradicionales las responsabilidades y tareas inherentes a esta condición, por ejemplo: seleccionar colaboradores, evaluar su desempeño y entrenarlos, sólo por nombrar algunas.

Selección	Es un conjunto de procedimientos para evaluar y medir las capacidades de los candidatos a fin de, luego, elegir en base a criterios preestablecidos (perfil de la búsqueda) a aquellos que presentan mayor posibilidad de adaptarse al puesto disponible, de acuerdo con las necesidades de la organización.
Talento	Conjunto de competencias y conocimientos.
Taller	Actividad de formación estructurada durante la cual se intercalan exposiciones teóricas con ejercitación práctica, siendo esta última la predominante.
Taller de codesarrollo	Actividad estructurada donde el participante realiza acciones concretas de manera conjunta con su instructor para el desarrollo de sus competencias y/o conocimientos. Un taller de codesarrollo consta de los siguientes pasos: 1) Presentar el tema. 2) Poner en juego la competencia o en práctica un conocimiento. 3) Reflexión y autoevaluación. 4) Plan de acción. El paso 5), Seguimiento, se realiza con posterioridad al taller de codesarrollo.
Valores	Aquellos principios que representan el sentir de la organización, sus objetivos y prioridades estratégicas.
Visión	La imagen del futuro deseado por la organización.

Encontrará más definiciones relacionadas en la obra *Diccionario de términos de Recursos Humanos.*

Martha Alles

DICCIONARIO
DE TÉRMINOS

RECURSOS
HUMANOS

La Trilogía: los tres diccionarios en Gestión por competencias. Su aplicación práctica

En la definición del modelo de competencias y para su posterior aplicación práctica se recomienda la elaboración de los siguientes tres diccionarios, que hemos denominado *Trilogía*.

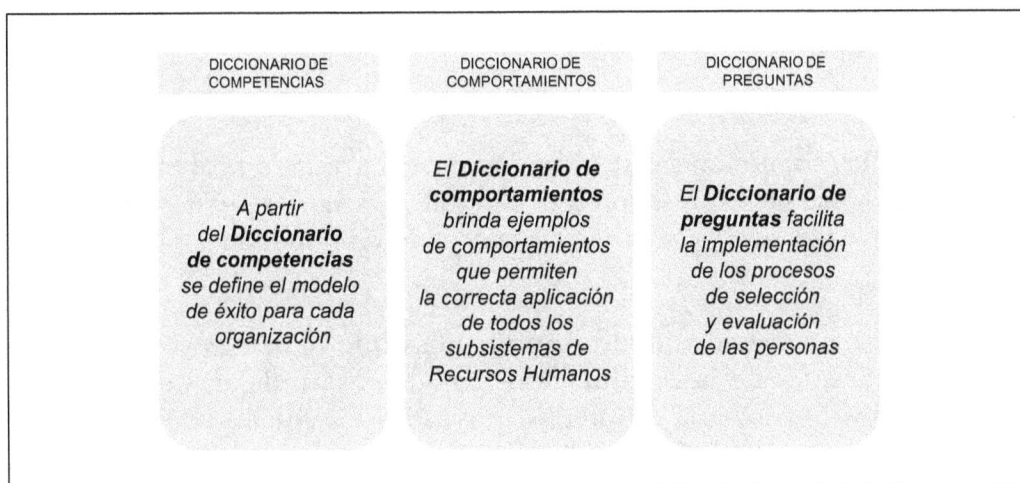

DICCIONARIO DE COMPETENCIAS	DICCIONARIO DE COMPORTAMIENTOS	DICCIONARIO DE PREGUNTAS
A partir del **Diccionario de competencias** se define el modelo de éxito para cada organización	El **Diccionario de comportamientos** brinda ejemplos de comportamientos que permiten la correcta aplicación de todos los subsistemas de Recursos Humanos	El **Diccionario de preguntas** facilita la implementación de los procesos de selección y evaluación de las personas

Como se desprende del gráfico precedente, cada uno de estos diccionarios cumple un propósito diferente y todos ellos se construyen para todas las competencias del modelo adoptado.

La organización define, en primera instancia, su *Diccionario de competencias* en base a su misión, visión, valores y planes estratégicos. La utilización de un diccionario estándar de competencias ayuda a acortar los tiempos de armado del modelo.

Las competencias son de diferente tipo. Como puede apreciarse en el gráfico siguiente, se pueden distinguir competencias cardinales, específicas gerenciales y específicas por área.

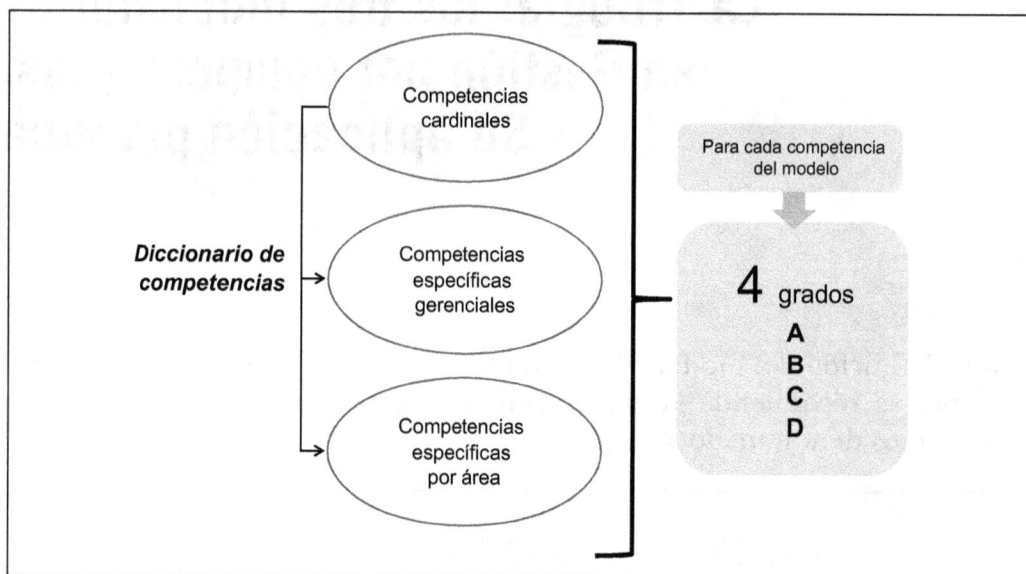

Todas las competencias se abren en cuatro grados o niveles.

Como ya se ha expresado en el capítulo *Las buenas prácticas en Recursos Humanos. Gestión por competencias,* las competencias pueden ser cardinales o específicas.

- Competencias cardinales son aquellas que deben poseer todos los integrantes de la organización. Usualmente reflejan valores o conceptos ligados a la estrategia, que todos los colaboradores deberán evidenciar en algún grado.

- Competencias específicas gerenciales. Aplicables a ciertos grupos de personas o colectivos, en este caso con relación a un rol, el de jefe o superior de colaboradores. En organizaciones con dotaciones numerosas los niveles gerenciales pueden segmentarse, a su vez, en dos categorías: altos ejecutivos y restantes niveles de conducción o dirección de personas.

- Competencias específicas por área, aplicables a ciertos grupos de personas o colectivos, en este caso, en función de las necesidades de los diferentes sectores en que se divide la organización. Por ejemplo: Ventas, Producción, Administración –sólo por mencionar tres–. La idea se expresa a continuación.

Competencias específicas por áreas

Diccionario de competencias

COMPETENCIAS ESPECÍFICAS POR ÁREA

PARA LAS DIFERENTES ÁREAS DE LA ORGANIZACIÓN

VENTAS   PRODUCCIÓN   ADMINISTRACIÓN

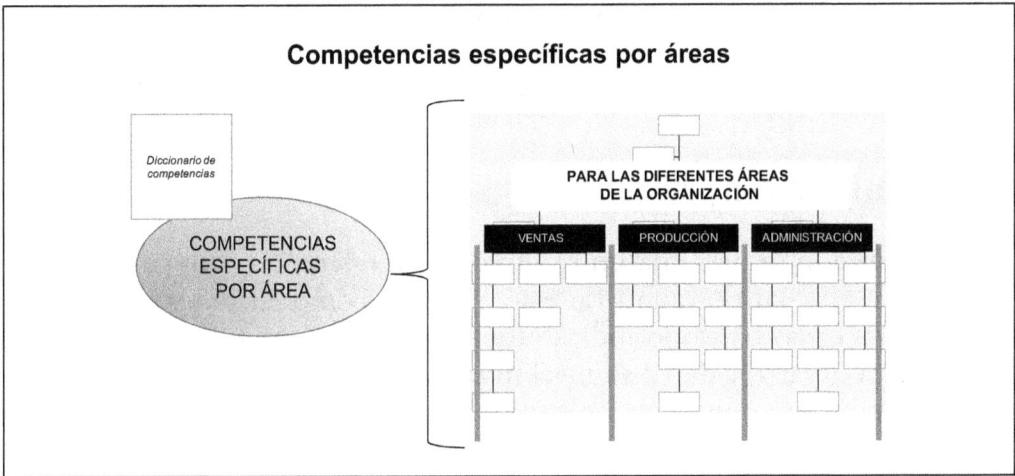

De ser necesario y según las prácticas organizacionales, se podrían definir competencias específicas *por procesos*. La idea se grafica a continuación.

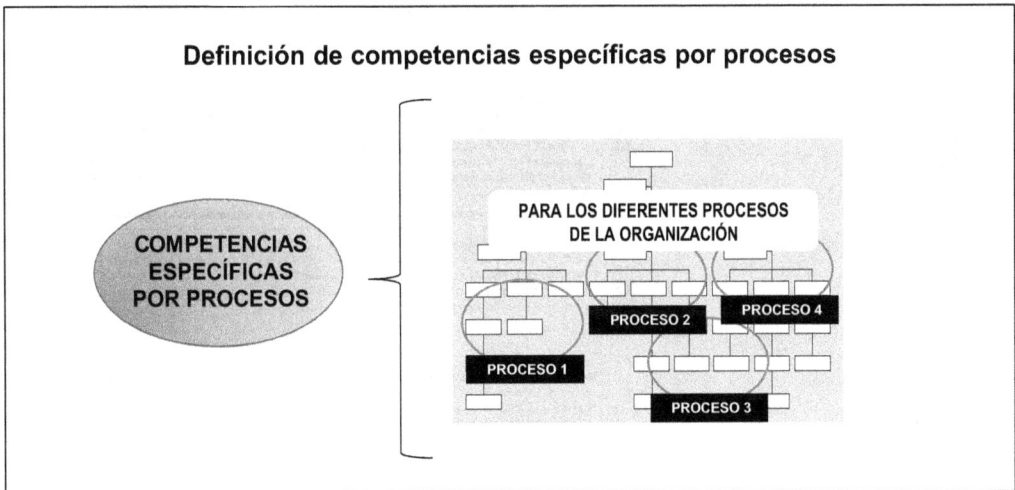

Definición de competencias específicas por procesos

COMPETENCIAS ESPECÍFICAS POR PROCESOS

PARA LOS DIFERENTES PROCESOS DE LA ORGANIZACIÓN

PROCESO 4

PROCESO 2

PROCESO 1

PROCESO 3

Por último, es muy importante destacar que los modelos se diseñan a medida de cada organización; así, una competencia que en una empresa es cardinal, en otra podrá ser específica de un área en particular, y viceversa. Por ello no pueden existir modelos estándar de competencias, sólo es posible escribir una obra donde se incluyan los conceptos más frecuentemente utilizados, pero la combinación estandarizada de los mismos, tal cual una fórmula matemática, no existe, sino que su elaboración dependerá de cada organización, de su estrategia, valores, cultura, etcétera.

Diccionario de competencias

A continuación se presenta un ejemplo de competencia, con su definición y apertura en cuatro grados. En este ejemplo, como en todos los casos, el Grado D (el más bajo) no indica ausencia de la competencia, sino que la misma está desarrollada en su nivel mínimo.

Es importante destacar, respecto de esto, que en muchas ocasiones este "nivel mínimo" es bastante alto y retador.

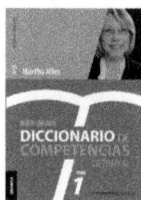

Fuente: *Diccionario de competencias. La Trilogía. Tomo 1.* Obra citada.

Colaboración

Capacidad para brindar apoyo a los otros (pares, superiores y colaboradores), responder a sus necesidades y requerimientos, y solucionar sus problemas o dudas, aunque las mismas no hayan sido manifestadas expresamente. Implica actuar como facilitador para el logro de los objetivos, a fin de crear relaciones basadas en la confianza.

A Capacidad para brindar apoyo y ayuda a los otros (pares, superiores y colaboradores), responder a sus necesidades y requerimientos, mediante iniciativas anticipadoras y espontáneas, a fin de facilitar la resolución de problemas o dudas, aunque las mismas no hayan sido manifestadas expresamente. Capacidad para apoyar decididamente a otras personas y para difundir formas de relación basadas en la confianza. Capacidad para promover el espíritu de colaboración en toda la organización y constituirse en un facilitador para el logro de los objetivos planteados. Capacidad para implementar mecanismos organizacionales tendientes a fomentar la cooperación interdepartamental como instrumento para la consecución de los objetivos comunes.

B Capacidad para brindar ayuda y colaboración a las personas de su área y de otros sectores de la organización relacionados, mostrar interés por sus necesidades aunque las mismas no hayan sido manifestadas expresamente, y apoyarlas en el cumplimiento de sus objetivos. Capacidad para crear relaciones de confianza. Capacidad para utilizar los mecanismos organizacionales que promuevan la cooperación interdepartamental, y para proponer mejoras respecto de ellos.

C Capacidad para apoyar y colaborar activamente con los integrantes de su propia área mediante una clara predisposición a ayudar a otros, incluso antes de que hayan manifestado expresamente la necesidad de colaboración. Capacidad para escuchar los requerimientos de los demás y para ayudarlos en el cumplimiento de sus objetivos, sin descuidar los propios.

D Capacidad para cooperar y brindar soporte a las personas de su entorno cuando se lo solicitan, y tener en cuenta las necesidades de los demás.

Nota: El grado D indica que la competencia está desarrollada en un nivel mínimo.

En el *Diccionario de competencias* se definen las competencias como la "capacidad para...", tal como se podrá apreciar en los 60 ejemplos expuestos en la obra *Diccionario de competencias. La Trilogía. Tomo 1.*

El *Diccionario de competencias* de la organización será el documento que se utilizará para la asignación de competencias a puestos, de manera directa o por niveles de asignación.

Diccionario de comportamientos

La *Trilogía* se completa con el *Diccionario de comportamientos,* donde por cada grado de cada competencia se presentan ejemplos de comportamientos o conductas que lo representan. Tiene como principal objetivo brindar ejemplos, ya que sería dificultoso describir todos los comportamientos posibles con relación a las distintas competencias y sus grados.

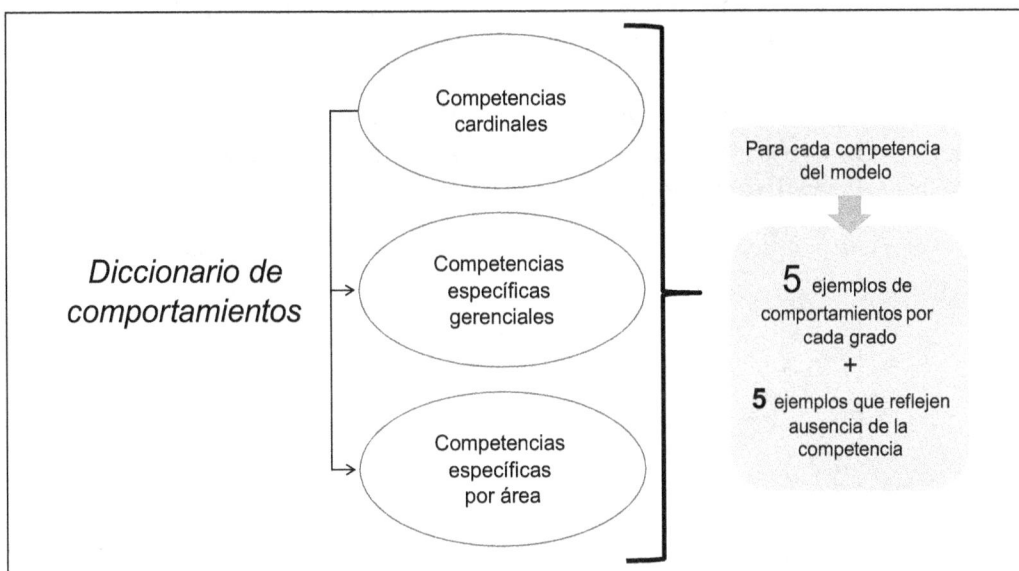

En una organización, el *Diccionario de comportamientos* se construye del mismo modo que se han preparado estos libros, es decir, definiendo y redactando los comportamientos y las preguntas en relación directa con el

Diccionario de competencias –en este caso, el específico de la organización en cuestión–.

A continuación se presenta un ejemplo de competencia y sus comportamientos relacionados. Los ejemplos por cada grado son cinco, a los que se suman otros cinco que reflejan la *ausencia* de la competencia. A estos últimos los hemos identificado como grado "No desarrollado", y son necesarios al momento de medir el nivel de desarrollo –o la ausencia– de la competencia respectiva. En resumen, por cada competencia el lector encontrará 25 comportamientos tal como surge del esquema siguiente:

- Grado A: 5 ejemplos de comportamientos que representan el grado.

- Grado B: 5 ejemplos de comportamientos que representan el grado.

- Grado C: 5 ejemplos de comportamientos que representan el grado.

- Grado D: 5 ejemplos de comportamientos que representan el grado.

- No desarrollado: 5 ejemplos de comportamientos que representan ausencia de la competencia.

Si usted no está familiarizado con la utilización de ejemplos de comportamientos dentro de un modelo de competencias le sugiero considerar la metáfora del gráfico siguiente.

Comportamientos como unidad de medida

Diccionario de comportamientos

Colaboración

Capacidad para brindar apoyo a los otros (pares, superiores y colaboradores), responder a sus necesidades y requerimientos y solucionar sus problemas o dudas, aunque las mismas no hayan sido manifestadas expresamente. Implica actuar como facilitador para el logro de los objetivos, a fin de crear relaciones basadas en la confianza.

Comportamientos cotidianos relativos a la vinculación con otras personas, de su área, de otras áreas, clientes, proveedores u otras relacionadas con su puesto de trabajo	Los comportamientos se ubican en: Grado
• Brinda apoyo y ayuda a otros (pares, superiores y colaboradores), y responde así a las necesidades y requerimientos que presentan. • Facilita la resolución de problemas o dudas, mediante iniciativas anticipadoras y espontáneas. • Apoya decididamente a otras personas y difunde formas de relacionamiento basadas en la confianza. • Promueve el espíritu de colaboración en toda la organización, y logra constituirse en un facilitador para el logro de los objetivos. • Implementa mecanismos organizacionales tendientes a fomentar la cooperación interdepartamental como instrumento para el logro de los objetivos comunes.	GRADO A
• Brinda ayuda y colaboración a las personas de su área y de otras relacionadas. • Muestra interés por las necesidades de sus colaboradores y los apoya en el cumplimiento de sus objetivos. • Crea relaciones de confianza. • Promueve activamente la cooperación en el interior de su área y con otras relacionadas. • Utiliza los mecanismos organizacionales que promueven la cooperación interdepartamental y propone mejoras relativas a ellos.	GRADO B
• Apoya y colabora activamente con los integrantes de su propia área. • Posee buena predisposición para ayudar a otros. • Coopera activamente con los integrantes de su área en el cumplimiento de los objetivos comunes. • Es considerado una persona de confianza dentro de su sector de trabajo. • Escucha los requerimientos de los demás para ayudarlos en el cumplimiento de sus objetivos, sin descuidar los propios.	GRADO C
• Coopera y brinda soporte a las personas de su entorno cuando se lo solicitan. • Tiene en cuenta las necesidades de los demás. • Mantiene una buena relación con sus compañeros y establece buenos vínculos. • Presta colaboración a su grupo de trabajo en temas de su especialidad. • Está atento y bien dispuesto ante los requerimientos de su grupo de trabajo.	GRADO D Competencia en su grado mínimo
o No demuestra interés por las necesidades de otros sectores y mantiene una actitud poco colaborativa hacia ellos en la consecución de sus objetivos. o Es individualista en su trabajo, no tiene en cuenta las necesidades de los demás. o Muestra poca inclinación para contribuir con otros si eso no es parte de sus responsabilidades. o Colabora con los integrantes de su equipo sólo si resulta estrictamente necesario. o No logra crear relaciones sólidas con las personas con las que interactúa, dado que no logra generar en ellas la suficiente confianza en su desempeño profesional y/o personal.	NO DESARROLLADA Competencia NO desarrollada

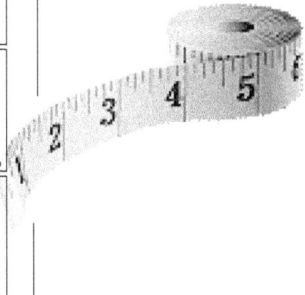

El *Diccionario de comportamientos* representa un patrón de comportamientos a alcanzar para lograr la estrategia organizacional o el cambio deseado, o ambos, según corresponda en cada caso. Para medir el desempeño de las personas, para medir competencias en particular, se utilizan ejemplos de comportamientos a modo de referencia o escala de medida.

Por esta razón, es necesario contar con ejemplos de todos los grados e, igualmente, los que permitan identificar la ausencia de la competencia.

Fuente: *Diccionario de comportamientos. La Trilogía. Tomo 2.* Obra citada.

COLABORACIÓN: Capacidad para brindar apoyo a los otros (pares, superiores y colaboradores), responder a sus necesidades y requerimientos, y solucionar sus problemas o dudas, aunque las mismas no hayan sido manifestadas expresamente. Implica actuar como facilitador para el logro de los objetivos, a fin de crear relaciones basadas en la confianza.

Comportamientos cotidianos relativos a la vinculación con otras personas, de su área, de otras áreas, clientes, proveedores u otras relacionadas con su puesto de trabajo	Los comportamientos se ubican en: Grado

• Brinda apoyo y ayuda a otros (pares, superiores y colaboradores), y responde así a las necesidades y requerimientos que presentan.
• Facilita la resolución de problemas o dudas, mediante iniciativas anticipadoras y espontáneas.
• Apoya decididamente a otras personas y difunde formas de relacionamiento basadas en la confianza.
• Promueve el espíritu de colaboración en toda la organización, y logra constituirse en un facilitador para el logro de los objetivos.
• Implementa mecanismos organizacionales tendientes a fomentar la cooperación interdepartamental como instrumento para el logro de los objetivos comunes.

100%
G R A D O

A

• Brinda ayuda y colaboración a las personas de su área y de otras relacionadas.
• Muestra interés por las necesidades de sus colaboradores y los apoya en el cumplimiento de sus objetivos.
• Crea relaciones de confianza.
• Promueve activamente la cooperación en el interior de su área y con otras relacionadas.
• Utiliza los mecanismos organizacionales que promueven la cooperación interdepartamental y propone mejoras relativas a ellos.

75%
G R A D O

B

• Apoya y colabora activamente con los integrantes de su propia área.
• Posee buena predisposición para ayudar a otros.
• Coopera activamente con los integrantes de su área en el cumplimiento de los objetivos comunes.
• Es considerado una persona de confianza dentro de su sector de trabajo.
• Escucha los requerimientos de los demás para ayudarlos en el cumplimiento de sus objetivos, sin descuidar los propios.

50%
G R A D O

C

• Coopera y brinda soporte a las personas de su entorno cuando se lo solicitan.
• Tiene en cuenta las necesidades de los demás.
• Mantiene una buena relación con sus compañeros y establece buenos vínculos.
• Presta colaboración a su grupo de trabajo en temas de su especialidad.
• Está atento y bien dispuesto ante los requerimientos de su grupo de trabajo.

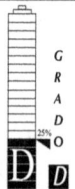

25%
G R A D O

D

Competencia en su grado mínimo

○ No demuestra interés por las necesidades de otros sectores y mantiene una actitud poco colaborativa hacia ellos en la consecución de sus objetivos.
○ Es individualista en su trabajo, no tiene en cuenta las necesidades de los demás.
○ Muestra poca inclinación para contribuir con otros si eso no es parte de sus responsabilidades.
○ Colabora con los integrantes de su equipo solo si resulta estrictamente necesario.
○ No logra crear relaciones sólidas con las personas con las que interactúa, dado que no logra generar en ellas la suficiente confianza en su desempeño profesional y/o personal.

no
D E S A R R O L L A D A
0%

Competencia NO desarrollada

El *Diccionario de comportamientos* será el que utilizará el cliente interno en los distintos subsistemas de Recursos Humanos.

A continuación se mencionarán los principales subsistemas de Recursos Humanos y la utilización de los distintos diccionarios en cada uno de ellos.

Diccionario de preguntas

Para seleccionar personal se deben evaluar las competencias de los postulantes; con ese fin la metodología propone diferentes preguntas referidas a las competencias sobre las cuales se desea investigar. El *Diccionario de pregun-*

tas presenta cuatro preguntas por competencia, formuladas considerando los niveles de la posición (ejecutivos, intermedios, etcétera).

A continuación se presenta un ejemplo de competencia y cuatro preguntas relacionadas. Las preguntas pueden ser adaptadas al lenguaje del entrevistador y a las circunstancias en las que se formulen.

Fuente: *Diccionario de preguntas. La Trilogía. Tomo 3.* Pág. 168.

Definición de la competencia	Preguntas sugeridas
Colaboración Capacidad para brindar apoyo a los otros (pares, superiores y colaboradores), responder a sus necesidades y requerimientos, y solucionar sus problemas o dudas, aunque las mismas no hayan sido manifestadas expresamente. Implica actuar como facilitador para el logro de los objetivos, a fin de crear relaciones basadas en la confianza.	1. Cuénteme sobre algún proyecto o asignación especial donde haya tenido que trabajar con personas de otro sector o área, asesores externos, etc. ¿Se logró la cooperación entre los distintos integrantes? ¿Cuál fue su rol? ¿Cómo calificaría la experiencia? ¿Cómo se sintió?
	2. ¿Cómo demuestra su apoyo a sus pares y/o colaboradores, y cómo logra desarrollar relaciones basadas en la confianza mutua? ¿De qué manera logró construir dicha relación? ¿Qué hizo para conseguirlo? Por favor, bríndeme ejemplos.
	3. Cuénteme una situación en la que un colaborador o compañero suyo haya recurrido a usted para solicitarle ayuda. ¿Puede comentarme cómo se comportó en dicha situación? ¿Cómo se sintió?
	4. ¿Con qué frecuencia interactúa con personas de otros sectores o áreas? Descríbame su relación con ellas. ¿Recuerda algún caso en el que haya colaborado voluntariamente con otra área, a fin de lograr alcanzar un objetivo que si bien no estaba directamente vinculado con su sector era de gran importancia para el conjunto de la organización? ¿Qué lo motivó a hacerlo?

Para tener en cuenta

Durante la entrevista preste atención tanto a los grandes temas como a otros que parezcan, en una primera instancia, menores o de detalle. En ambos casos podrá observar comportamientos.

Asignación de competencias a puestos

Se denomina "armado" o "arquitectura" a los primeros pasos o etapas de su construcción. El armado del modelo culmina con la asignación de competencias a puestos, para lo cual se utilizará el *Diccionario de competencias.*

Asignación de competencias a puestos

Diccionario de competencias

Diccionario de competencias

Colaboración

Capacidad para brindar apoyo a los otros (pares, superiores y colaboradores), responder a sus necesidades y requerimientos, y solucionar sus problemas o dudas, aunque las mismas no hayan sido manifestadas expresamente. Implica actuar como facilitador para el logro de los objetivos, a fin de crear relaciones basadas en la confianza.

A
Capacidad para brindar apoyo y ayuda a los otros (pares, superiores y colaboradores), responder a sus necesidades y requerimientos, mediante iniciativas anticipadoras y espontáneas, a fin de facilitar la resolución de problemas o dudas, aunque las mismas no hayan sido manifestadas expresamente. Capacidad para apoyar decididamente a otras personas y para difundir formas de relación basadas en la confianza. Capacidad para promover el espíritu de colaboración en toda la organización y constituirse en un facilitador para el logro de los objetivos planteados. Capacidad para implementar mecanismos organizacionales tendientes a fomentar la cooperación interdepartamental como instrumento para la consecución de los objetivos comunes.

B
Capacidad para brindar ayuda y colaboración a las personas de su área y de otros sectores de la organización relacionados, mostrar interés por sus necesidades aunque las mismas no hayan sido manifestadas expresamente, y apoyarlas en el cumplimiento de sus objetivos. Capacidad para crear relaciones de confianza. Capacidad para utilizar los mecanismos organizacionales que promuevan la cooperación interdepartamental, y para proponer mejoras respecto de ellos.

C
Capacidad para apoyar y colaborar activamente con los integrantes de su propia área mediante una clara predisposición a ayudar a otros, incluso antes de que hayan manifestado expresamente la necesidad de colaboración. Capacidad para escuchar los requerimientos de los demás y para ayudarlos en el cumplimiento de sus objetivos, sin descuidar los propios.

D
Capacidad para cooperar y brindar soporte a las personas de su entorno cuando se lo solicitan, y tener en cuenta las necesidades de los demás.

Nota: El grado D indica que la competencia está desarrollada en un nivel mínimo.

En grandes organizaciones: asignación de competencias por grupos de puestos o cargos

DESCRIPCIÓN DEL PUESTO

Datos básicos
Organigrama
Síntesis del puesto
Responsabilidades del puesto
Requisitos del puesto
COMPETENCIAS
Cardinales
Específicas

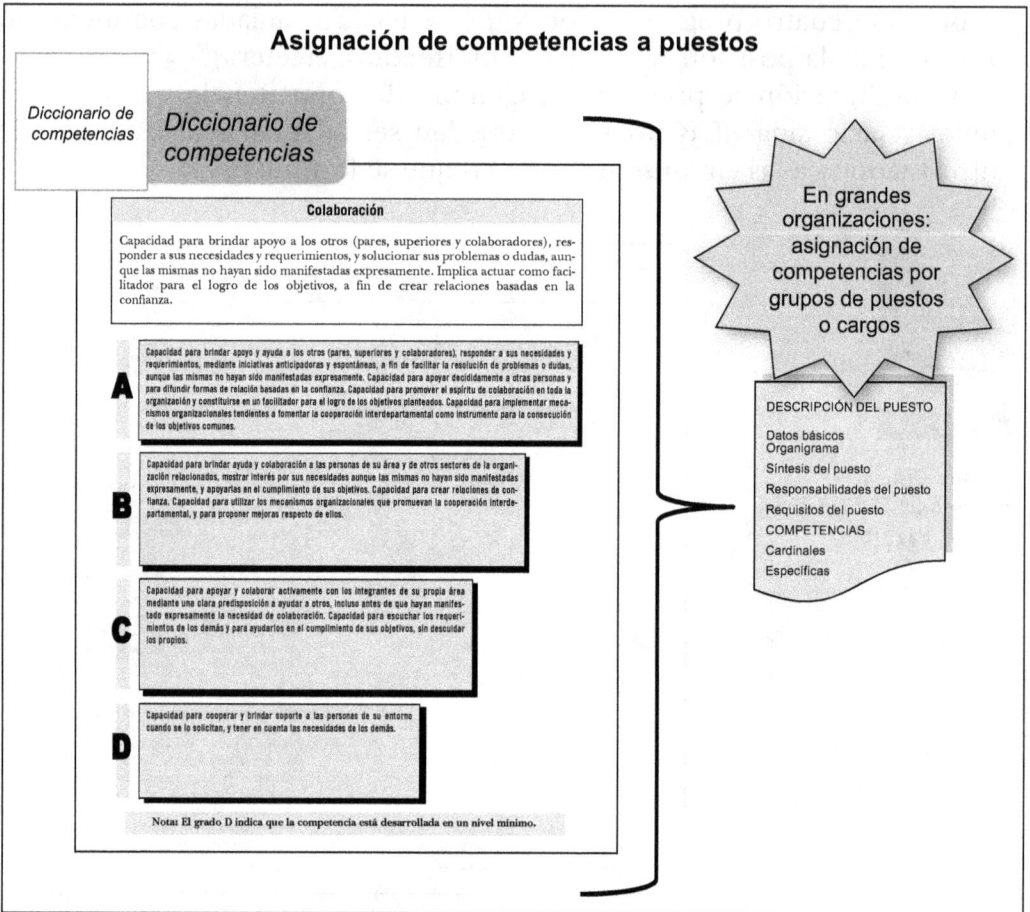

En grandes organizaciones la asignación de competencias se puede realizar por grupos de puestos o cargos.

La Trilogía y sus aplicaciones prácticas

Los tres diccionarios que conforman *La Trilogía* poseen una serie de aplicaciones muy variadas en los distintos subsistemas de Recursos Humanos. En esta sección sólo nos referiremos a las más habituales.

Una vez que se ha implantado un modelo, su aplicación se basará en tres pilares: Selección, Desempeño y Desarrollo.

Los diccionarios se utilizan en cada uno de ellos. A continuación se brinda una explicación resumida al respecto.

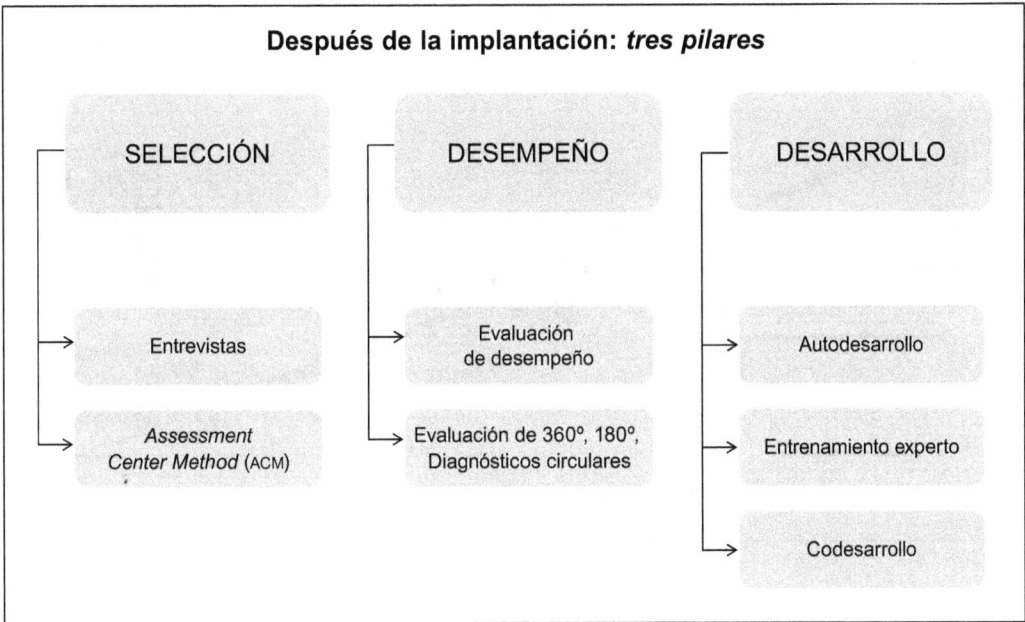

Después de la implantación: *tres pilares*

SELECCIÓN	DESEMPEÑO	DESARROLLO
→ Entrevistas	→ Evaluación de desempeño	→ Autodesarrollo
→ *Assessment Center Method* (ACM)	→ Evaluación de 360°, 180°, Diagnósticos circulares	→ Entrenamiento experto
		→ Codesarrollo

Selección por competencias

Se ha destinado una obra a este tema en particular; como se expresara más arriba, en esta sección sólo se dará una breve explicación del rol de los diccionarios en los distintos subsistemas.

En Selección el orden de utilización de los tres diccionarios de *La Trilogía* es el siguiente:

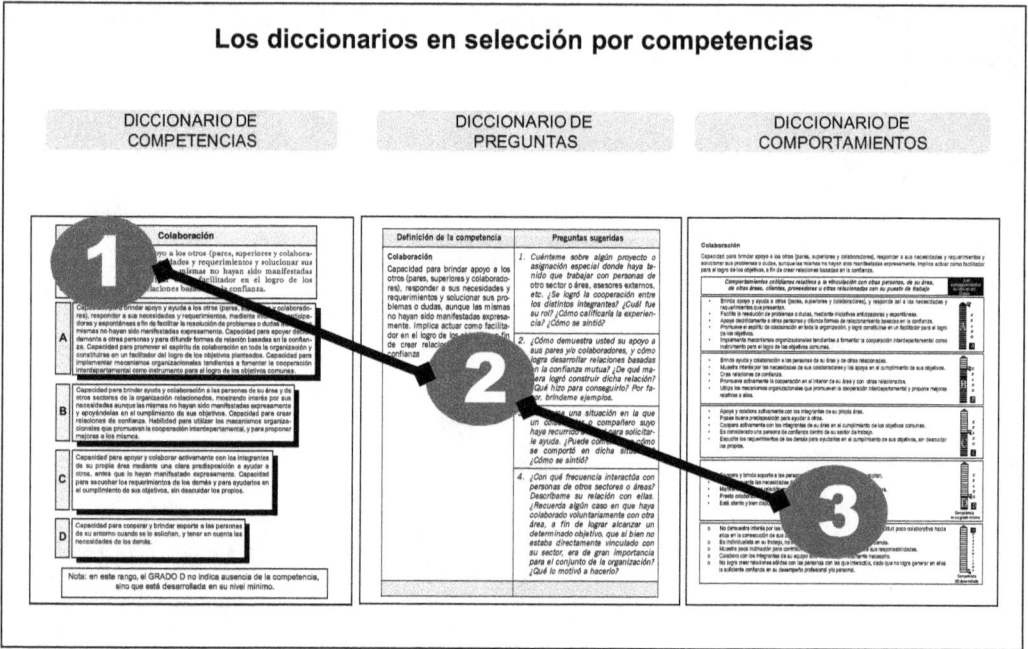

Los diccionarios en selección por competencias

Como surge del gráfico precedente, primero la organización deberá contar con un *Diccionario de competencias.* En base a este se confeccionan los diccionarios de *comportamientos* y *preguntas.*

La entrevista por competencias

La entrevista es fundamental en un proceso de selección, se utilicen o no competencias. Cuando una organización ha diseñado un modelo de competencias, la entrevista explora acerca de estas utilizando, como ya se expresara, el *Diccionario de preguntas* y el *Diccionario de comportamientos.*

Por ejemplo, en una entrevista por competencias, primero se le formulan al entrevistado las preguntas relacionadas con cada competencia a evaluar, utilizando para ello el *Diccionario de preguntas,* teniendo en cuenta el nivel del entrevistado. A partir del relato obtenido como respuesta a las preguntas es posible "observar comportamientos". Luego estos se comparan con los ejemplos definidos en el *Diccionario de comportamientos* y se establece la relación entre unos y otros para identificar el grado correspondiente.

Las entrevistas pueden ser de diferente tipo. La más utilizada es la denominada *entrevista por competencias*. Existe otra, más profunda, que se denomina BEI (por la sigla *Behavioral Event Interview*, o Entrevista por incidentes críticos). En cualquiera de los dos casos, la utilización de los diccionarios es semejante, y se ilustra en el gráfico siguiente.

Selección. La entrevista.
Relacionar preguntas con comportamientos

Comportamientos observados

Preguntas por competencias

El entrevistado, como respuesta a las preguntas, relata comportamientos

Se formulan preguntas según las definiciones de las competencias

Diccionario de preguntas

El análisis del resultado obtenido, en cualquiera de los dos tipos de entrevista mencionados, se explica en el gráfico que sigue.

Selección. Cómo analizar las respuestas

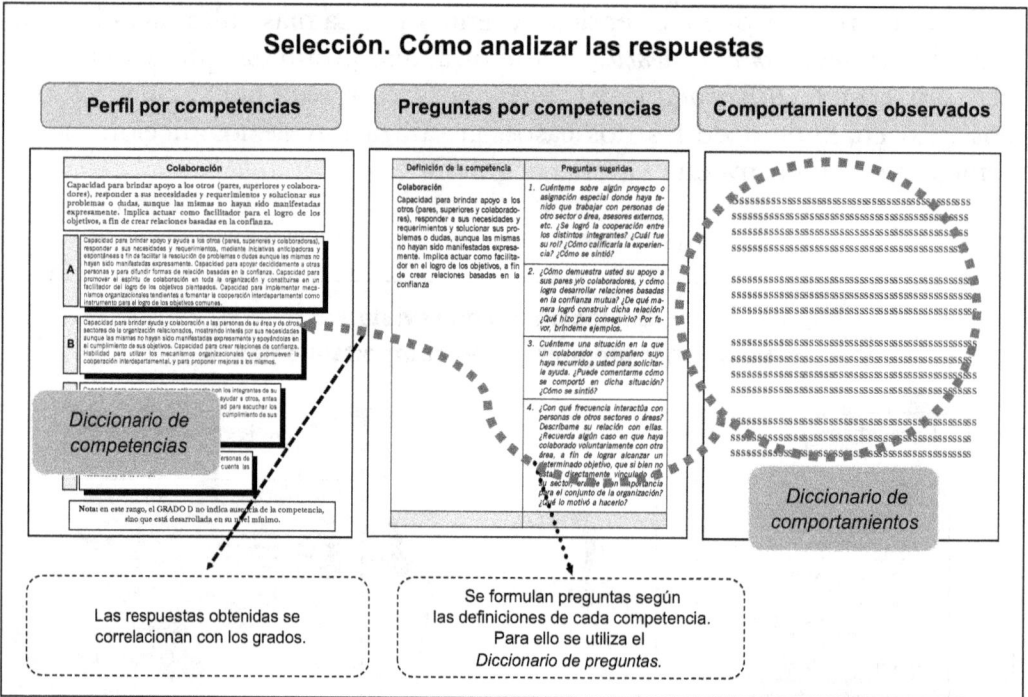

Perfil por competencias	Preguntas por competencias	Comportamientos observados

Perfil por competencias

Colaboración

Capacidad para brindar apoyo a los otros (pares, superiores o colaboradores), responder a sus necesidades y requerimientos y solucionar sus problemas o dudas, aunque las mismas no hayan sido manifestadas expresamente. Implica actuar como facilitador para el logro de los objetivos, a fin de crear relaciones basadas en la confianza.

A — Capacidad para brindar apoyo y ayuda a los otros (pares, superiores y colaboradores), responder a sus necesidades y requerimientos, mediante iniciativas anticipadoras y espontáneas a fin de facilitar la resolución de problemas o dudas aunque las mismas no hayan sido manifestadas expresamente. Capacidad para apoyar decididamente a otras personas y para difundir formas de relación basadas en la confianza. Capacidad para promover el espíritu de colaboración en toda la organización y constituirse en un facilitador del logro de los objetivos planteados. Capacidad para implementar mecanismos organizacionales tendientes a fomentar la cooperación interdepartamental como instrumento para el logro de los objetivos comunes.

B — Capacidad para brindar ayuda y colaboración a las personas de su área y de otros sectores de la organización relacionadas, mostrando interés por sus necesidades aunque las mismas no hayan sido manifestadas expresamente y apoyándolas en el cumplimiento de sus objetivos. Capacidad para crear relaciones de confianza, habilidad para utilizar los mecanismos organizacionales que promueven la cooperación interdepartamental, y para proponer mejoras a las mismas.

Diccionario de competencias

Nota: en este rango, el GRADO D no indica ausencia de la competencia, sino que está desarrollada en su nivel mínimo.

Preguntas por competencias

Definición de la competencia	Preguntas sugeridas
Colaboración — Capacidad para brindar apoyo a los otros (pares, superiores y colaboradores), responder a sus necesidades y requerimientos y solucionar sus problemas o dudas, aunque las mismas no hayan sido manifestadas expresamente. Implica actuar como facilitador en el logro de los objetivos, a fin de crear relaciones basadas en la confianza.	1. Cuénteme sobre algún proyecto o asignación especial donde haya tenido que trabajar con personas de otro sector o área, asesores externos, etc. ¿Se logró la cooperación entre los distintos integrantes? ¿Cuál fue su rol? ¿Cómo calificaría la experiencia? ¿Cómo se sintió?
	2. ¿Cómo demuestra usted su apoyo a sus pares y/o colaboradores, y cómo logra desarrollar relaciones basadas en la confianza mutua? ¿De qué manera logró construir dicha relación? ¿Qué hizo para conseguirlo? Por favor, bríndeme ejemplos.
	3. Cuénteme una situación en la que un colaborador o compañero suyo haya recurrido a usted para solicitarle ayuda. ¿Puede comentarme cómo se comportó en dicha situación? ¿Cómo se sintió?
	4. ¿Con qué frecuencia interactúa con personas de otros sectores o áreas? Describa su relación con ellas. ¿Recuerda algún caso en que haya colaborado voluntariamente con otra área, a fin de lograr alcanzar un determinado objetivo, que si bien no estaba directamente vinculado con su sección, era de importancia para el conjunto de la organización? ¿Qué lo motivó a hacerlo?

Comportamientos observados

Diccionario de comportamientos

Las respuestas obtenidas se correlacionan con los grados.

Se formulan preguntas según las definiciones de cada competencia. Para ello se utiliza el *Diccionario de preguntas.*

En la obra *Diccionario de preguntas* el lector encontrará cuatro ejemplos de preguntas por cada competencia. Nuestra sugerencia es respetar el estilo y, a partir de ellas, preparar las propias, adaptadas a sus propias circunstancias. Los diccionarios de preguntas se preparan a medida del modelo de cada organización.

Asimismo, las preguntas pueden ser diseñadas para medir valores. El esquema sugerido para ello es similar al descrito para la evaluación de competencias.

Se suministra más información sobre herramientas prácticas en el Anexo III.

Mediciones específicas de competencias

Las organizaciones necesitan medir competencias en diferentes momentos y por distintos motivos. Las dos herramientas más utilizadas son las *Fichas de evaluación* (ver Anexo III sobre herramientas) y los *Assessment* –término de uso generalizado que designa al método denominado *Assessment Center Method* (ACM)–.

Assessment Center Method (ACM)

Para ser eficaz, la técnica de medición de competencias conocida como *Assessment Center Method* debe ser diseñada a medida de cada organización. Los casos comprendidos deben:

1. Ser situacionales –es decir, en relación con la tarea actual o futura del evaluado–.

2. Estar relacionados con el modelo de competencias –es decir, tomando en cuenta las competencias del modelo de la organización– y ser diseñados específicamente para medir en particular los comportamientos referidos a ellas.

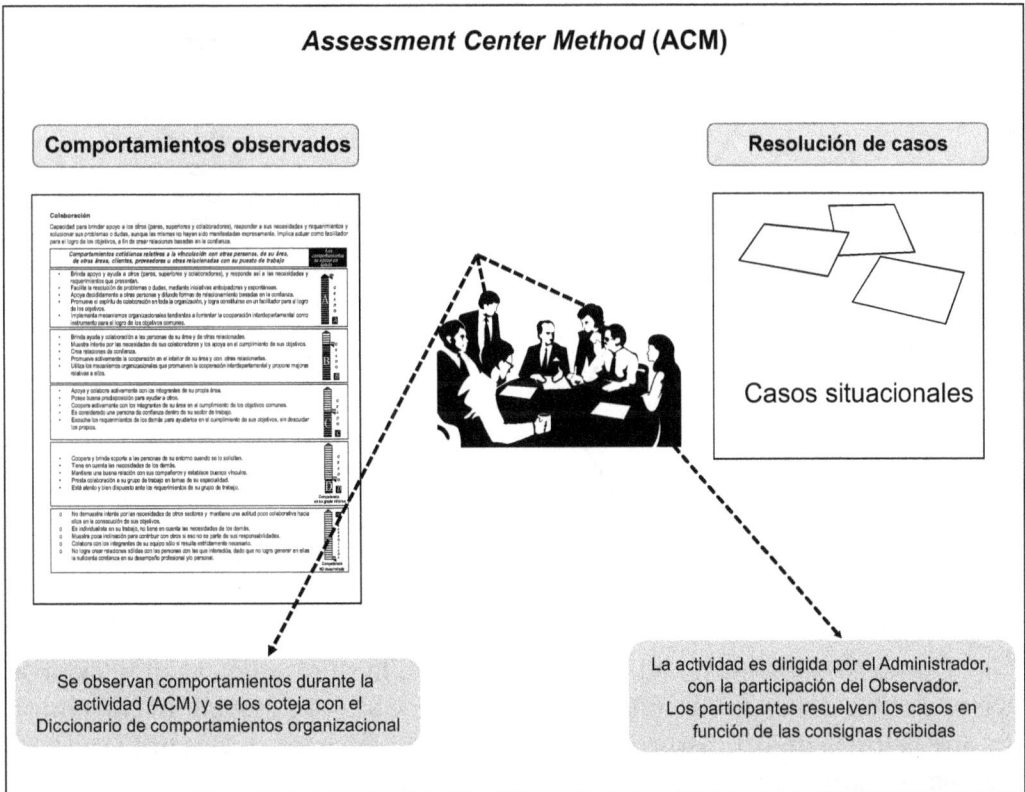

Assessment Center Method (ACM)

Comportamientos observados

Resolución de casos

Casos situacionales

Se observan comportamientos durante la actividad (ACM) y se los coteja con el Diccionario de comportamientos organizacional

La actividad es dirigida por el Administrador, con la participación del Observador. Los participantes resuelven los casos en función de las consignas recibidas

Como se puede apreciar en el gráfico precedente, los casos se relacionan con el *Diccionario de comportamientos.* Durante un *assessment* se observan los comportamientos de los evaluados, que luego son cotejados con los ejemplos que ofrece el mencionado diccionario.

La técnica de *assessment* es muy conocida por su utilización en procesos de selección. Sin embargo, se aplica en muchas otras situaciones, siendo una herramienta muy valiosa. Se sugiere analizar el siguiente gráfico explicativo de las diferentes opciones posibles –al menos, las más frecuentes–.

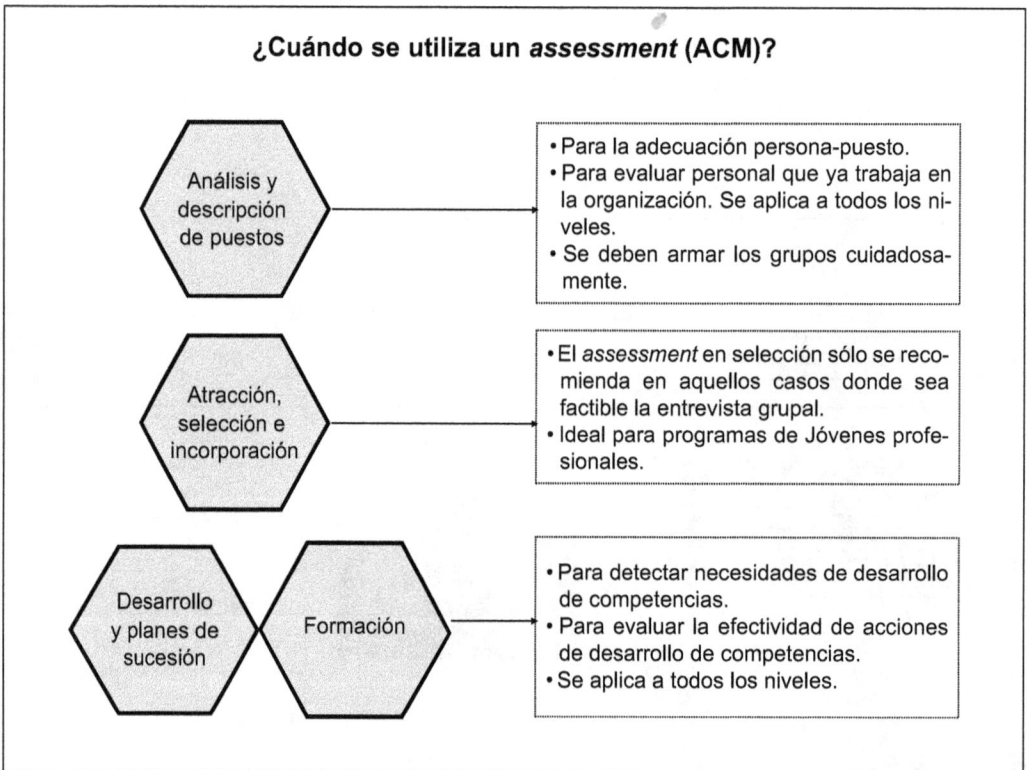

¿Cuándo se utiliza un *assessment* (ACM)?

Análisis y descripción de puestos	• Para la adecuación persona-puesto. • Para evaluar personal que ya trabaja en la organización. Se aplica a todos los niveles. • Se deben armar los grupos cuidadosamente.
Atracción, selección e incorporación	• El *assessment* en selección sólo se recomienda en aquellos casos donde sea factible la entrevista grupal. • Ideal para programas de Jóvenes profesionales.
Desarrollo y planes de sucesión / **Formación**	• Para detectar necesidades de desarrollo de competencias. • Para evaluar la efectividad de acciones de desarrollo de competencias. • Se aplica a todos los niveles.

Como se desprende del gráfico siguiente, la sugerencia es que las pruebas situacionales sean diseñadas a medida de cada organización. Esto implica que se trate de un caso relacionado con su actividad y contemplando sus propias competencias.

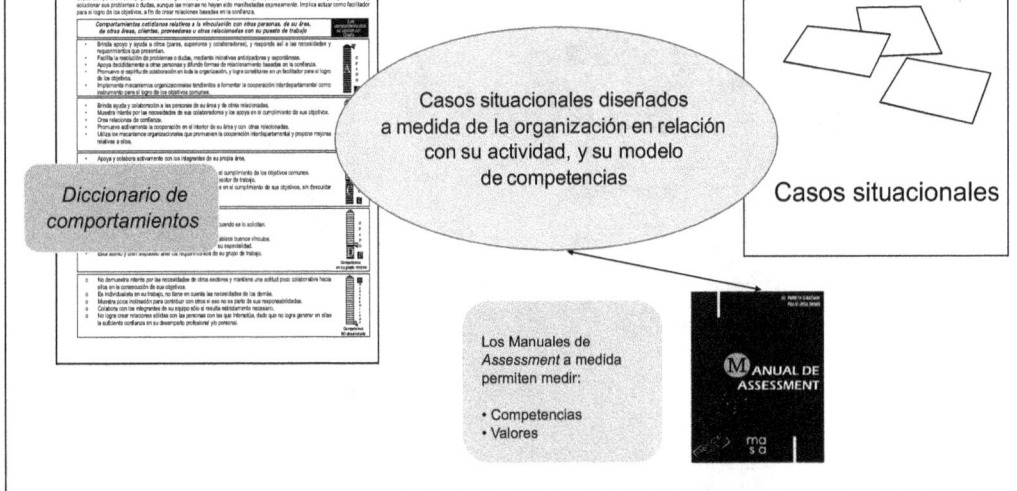

Pruebas situacionales en el *assessment* diseñadas a medida de cada organización

Si bien esta obra está destinada especialmente a la temática de competencias, es importante destacar que un *assessment* diseñado a medida puede ser utilizado también para medir valores, si es que estos han sido considerados en la elaboración de la herramienta. En cualquiera de los casos mencionados, los resultados obtenidos durante el *assessment* se analizan del siguiente modo:

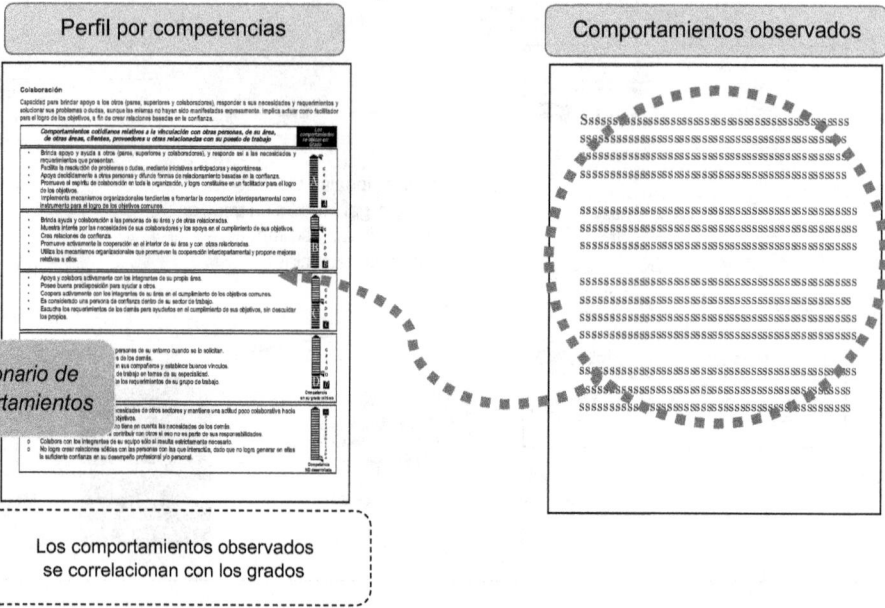

Assessment (ACM): cómo analizar los resultados

Perfil por competencias

Comportamientos observados

Diccionario de comportamientos

Los comportamientos observados se correlacionan con los grados

Desempeño por competencias

En la serie de libros de Recursos Humanos el lector podrá encontrar uno específicamente relacionado con la temática; por lo tanto, aquí sólo se dará una breve descripción sobre los diccionarios relacionados. Sugerimos además la lectura del Anexo III sobre herramientas.

Para medir el desempeño por competencias pueden utilizarse diversas herramientas:

- Evaluación vertical.
- Evaluación de 360°.
- Evaluación de 180°.

- Diagnósticos circulares.

- Fichas de evaluación, aplicables a mediciones específicas o como apoyo a las cuatro anteriores.

La evaluación de desempeño

En la evaluación de desempeño vertical, usualmente, se combinan objetivos y competencias. Para estas últimas se deben observar comportamientos, dentro del período o ejercicio en evaluación, según puede verse en el siguiente gráfico.

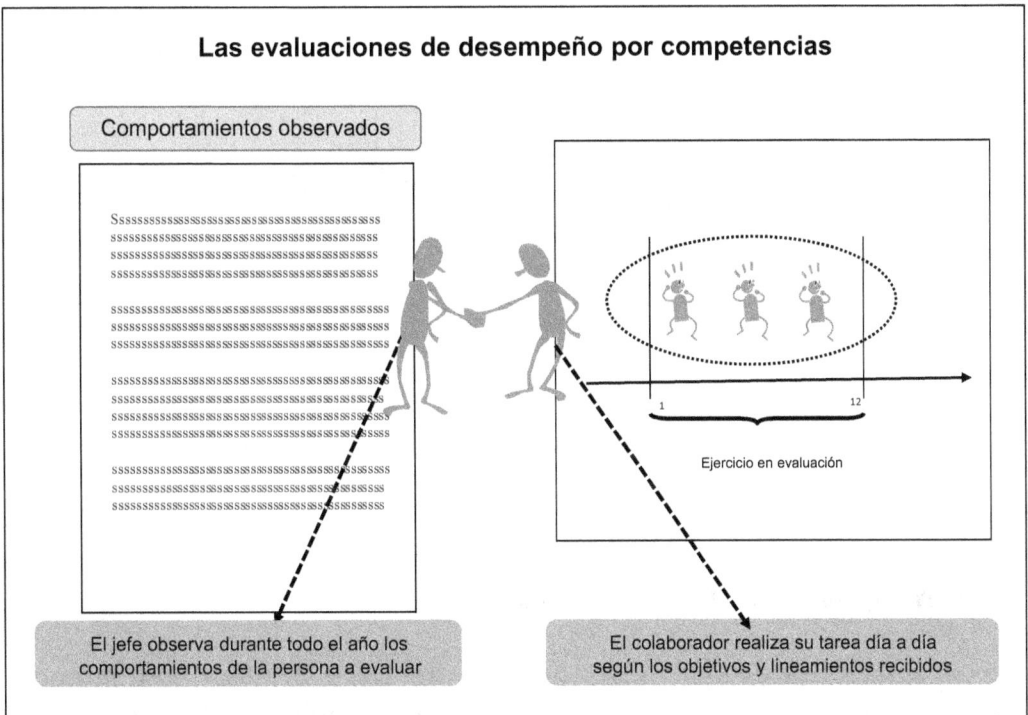

Las evaluaciones de desempeño por competencias

Comportamientos observados

Ejercicio en evaluación

El jefe observa durante todo el año los comportamientos de la persona a evaluar

El colaborador realiza su tarea día a día según los objetivos y lineamientos recibidos

El análisis de las competencias se realiza del siguiente modo.

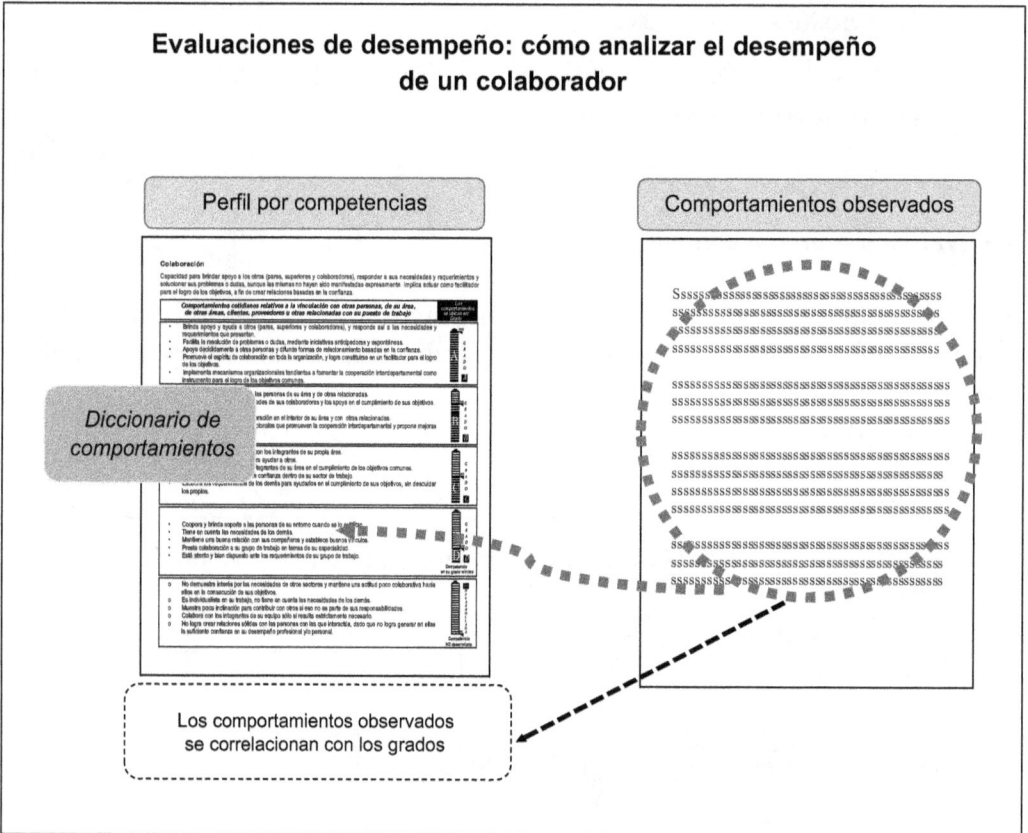

Evaluaciones de desempeño: cómo analizar el desempeño de un colaborador

Los comportamientos observados se relacionan con las competencias asignadas al puesto de trabajo.

Otras evaluaciones para medir competencias

Las evaluaciones de 360° (así como las de 180°) evalúan competencias con vistas a su desarrollo. En una evaluación de 360° una serie de evaluadores observan el desempeño de una persona. Del mismo modo sucede en la evaluación de 180° y en los diagnósticos circulares.

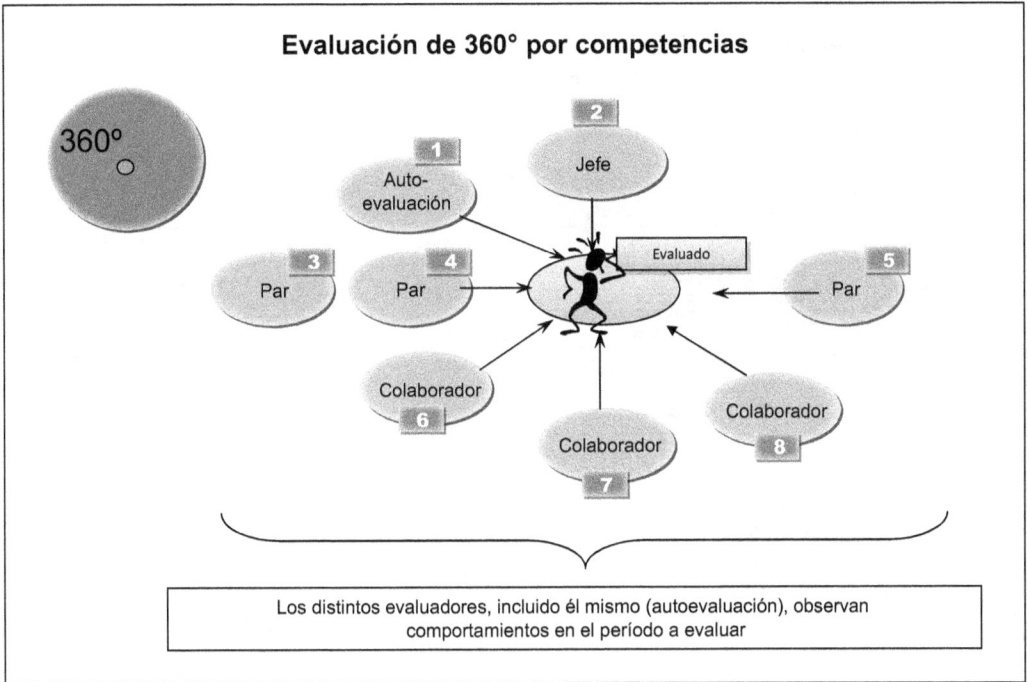

Evaluación de 360° por competencias

Los distintos evaluadores, incluido él mismo (autoevaluación), observan comportamientos en el período a evaluar

En las diferentes evaluaciones mencionadas se observan comportamientos y estos se relacionan con los descritos en el *Diccionario de comportamientos* (ver gráfico en la página siguiente).

Es importante señalar que si la evaluación de 360° no se diseña sobre la base del *Diccionario de comportamientos* de la empresa en cuestión, no estará midiendo a los ejecutivos u otros funcionarios en base al modelo de la organización y, desde ya, no medirá su desempeño en relación con aquello definido como necesario para alcanzar la estrategia organizacional.

Evaluaciones de 360°: cómo analizar los comportamientos de la persona evaluada

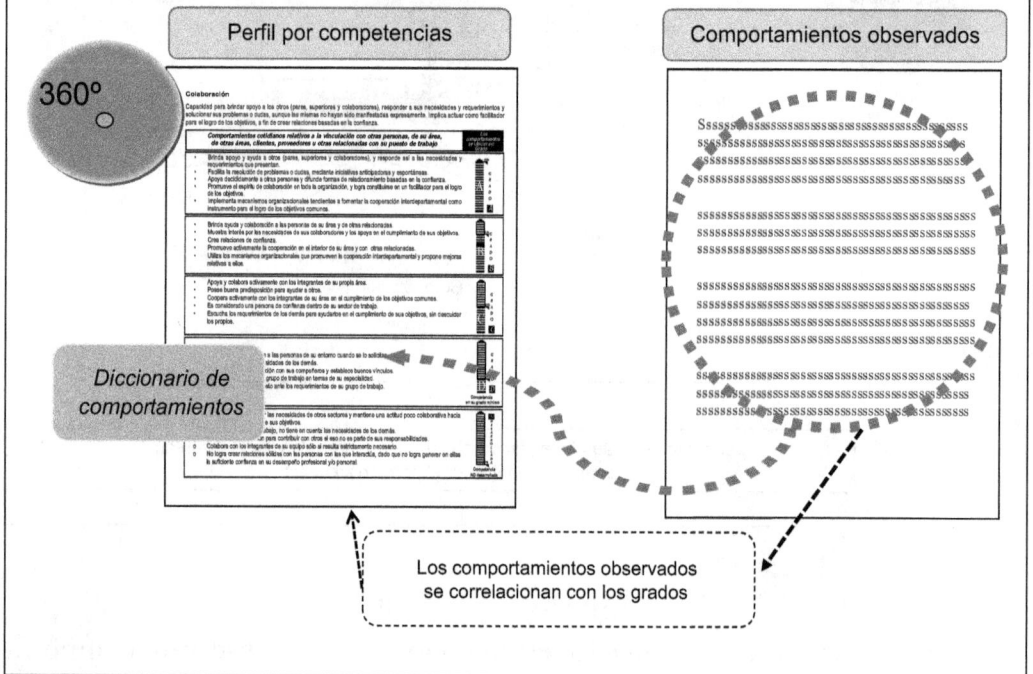

Desarrollo de personas

Los diccionarios, en especial el de comportamientos, pueden ser aplicados en otras actividades relacionadas con las personas.

Formación en competencias

En el momento de implantar el modelo es necesario difundirlo o darlo a conocer y, además, enseñar de qué manera debe utilizarse. La información de esta sección será de utilidad para explicar el mejor uso de los distintos herramentales necesarios para poner en marcha el modelo de competencias.

Desarrollo de competencias

Una vez que se han medido las competencias de los distintos integrantes de la organización, se habrán determinado brechas entre el nivel de competencias de cada colaborador y lo requerido por su puesto de trabajo. A partir de allí se deberán realizar acciones de desarrollo de competencias. Los distintos métodos se muestran en el gráfico siguiente, y en los libros de la serie Recursos Humanos podrá encontrar varios textos destinados a este tema en particular.

Desarrollo de competencias

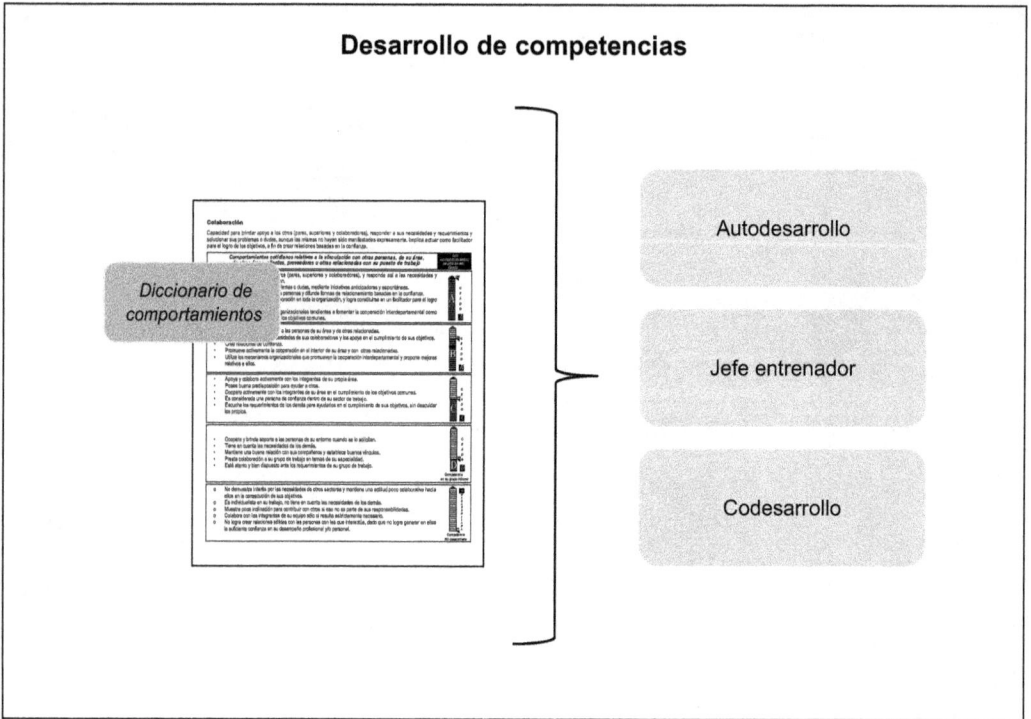

Diccionario de comportamientos

Autodesarrollo

Jefe entrenador

Codesarrollo

Mapa y ruta de talentos

En función de las capacidades de las personas, es decir, a partir de un *mapa de talentos,* es posible diseñar *rutas internas* para el crecimiento de ese talento dentro de la organización, contemplando desde las capacidades de las personas hasta sus proyectos personales. Los diferentes programas organizacionales, tratados en la obra *Construyendo talento,* se muestran en el gráfico siguiente.

Mapa y ruta de talentos

Carrera gerencial y especialista

Planes de carrera

Diagramas de reemplazo

Plan de Jóvenes Profesionales

Planes de sucesión

DESARROLLO DE PERSONAS DENTRO DE LA ORGANIZACIÓN

Personas clave

Entrenamiento experto

Jefe entrenador

Mentoring

Si bien esta obra está referida a competencias, es importante destacar que para los diferentes programas organizacionales incluidos dentro de *Mapa y ruta de talentos* se consideran:

- Conocimientos.

- Competencias.

- Experiencia.

Para mayor detalle sobre los diferentes aspectos relacionados con el desarrollo de personas, se sugiere leer el Anexo III de esta misma obra.

PARA TODOS LOS LECTORES

Disponible en formato digital un Anexo donde se ha realizado un análisis detallado de libros y subsistemas que complementa las temáticas abordadas en esta obra.

PARA PROFESORES

La *Trilogía* está compuesta por tres obras relacionadas entre sí:

* ❖ *Diccionario de competencias*
* ❖ *Diccionario de comportamientos*
* ❖ *Diccionario de preguntas*

Para una mejor explicación de la aplicación práctica de la *Trilogía* hemos preparado:

* → Casos prácticos y/o ejercicios para una mejor comprensión de los temas tratados.
* → Material de apoyo para el dictado de clases.

Los profesores que hayan adoptado esta obra para sus cursos, tanto de grado como de posgrado, pueden solicitar de manera gratuita las obras:

* • *Trilogía. CASOS PRÁCTICOS*
* • *Trilogía. CLASES*

Únicamente disponibles en formato digital en *www.marthaalles.com*

Diccionario de preguntas.
Cómo utilizarlo

Las preguntas en un modelo de competencias

Cuando se diseña un modelo de competencias se preparan tres diccionarios, que son documentos internos organizacionales. Usted tiene en sus manos un libro con sugerencias en materia de preguntas, por lo tanto, su contenido no representa un modelo de competencias en sí mismo. En esta sección, a medida que se explican las mejores prácticas, se realizarán comentarios sobre cómo deben aplicarse estos conceptos a una organización en particular.

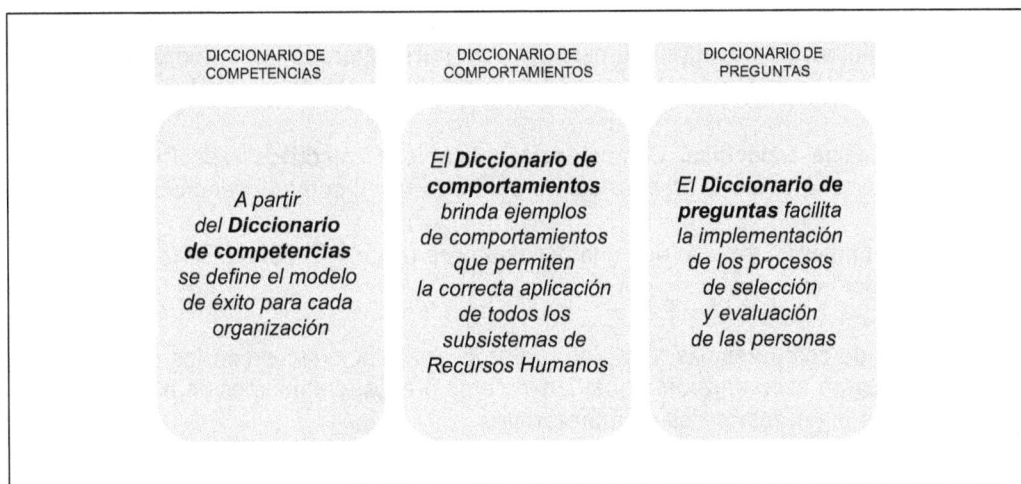

DICCIONARIO DE COMPETENCIAS	DICCIONARIO DE COMPORTAMIENTOS	DICCIONARIO DE PREGUNTAS
A partir del **Diccionario de competencias** se define el modelo de éxito para cada organización	El **Diccionario de comportamientos** brinda ejemplos de comportamientos que permiten la correcta aplicación de todos los subsistemas de Recursos Humanos	El **Diccionario de preguntas** facilita la implementación de los procesos de selección y evaluación de las personas

Esta obra se ha preparado con un doble propósito: presentar nuevos conceptos sumamente requeridos en este momento y, además, ofrecer una selección de las competencias más utilizadas.

Las competencias se presentan en tres grupos:

* Competencias cardinales.

* Competencias específicas gerenciales.

* Competencias específicas por área.

Los conceptos pueden intercambiarse. Por ejemplo, la competencia cardinal *Ética y sencillez* podría ser considerada como específica por área y la competencia específica por área *Desarrollo de personas* podría ser considerada como cardinal. La presente obra es un libro y debe ser tomada como tal.

Definiciones

Competencia. Hace referencia a las características de personalidad, devenidas en comportamientos, que generan un desempeño exitoso en un puesto de trabajo.

Competencia cardinal. Competencia aplicable a todos los integrantes de la organización. Representan su esencia y permiten alcanzar la visión organizacional.

Competencia específica. Competencia aplicable a colectivos específicos, por ejemplo, un área de la organización o un cierto nivel, como el gerencial.

Comportamiento. Aquello que una persona hace (acción física) o dice (discurso). Sinónimo: conducta.

Modelo de competencias. Conjunto de procesos relacionados con las personas que integran la organización que tienen como propósito alinearlas en pos de los objetivos organizacionales o empresariales.

Modelo de valores. Conjunto de procesos relacionados con las personas que integran la organización que permiten incorporar a los subsistemas de Recursos Humanos los valores organizacionales.

Valores. Aquellos principios que representan el sentir de la organización, sus objetivos y prioridades estratégicas.

El Diccionario de competencias

El modelo de competencias se plasma en un primer documento: *Diccionario de competencias.* Allí cada competencia se define con una frase y se abre en cuatro grados o niveles a los cuales hemos denominado A, B, C y D.

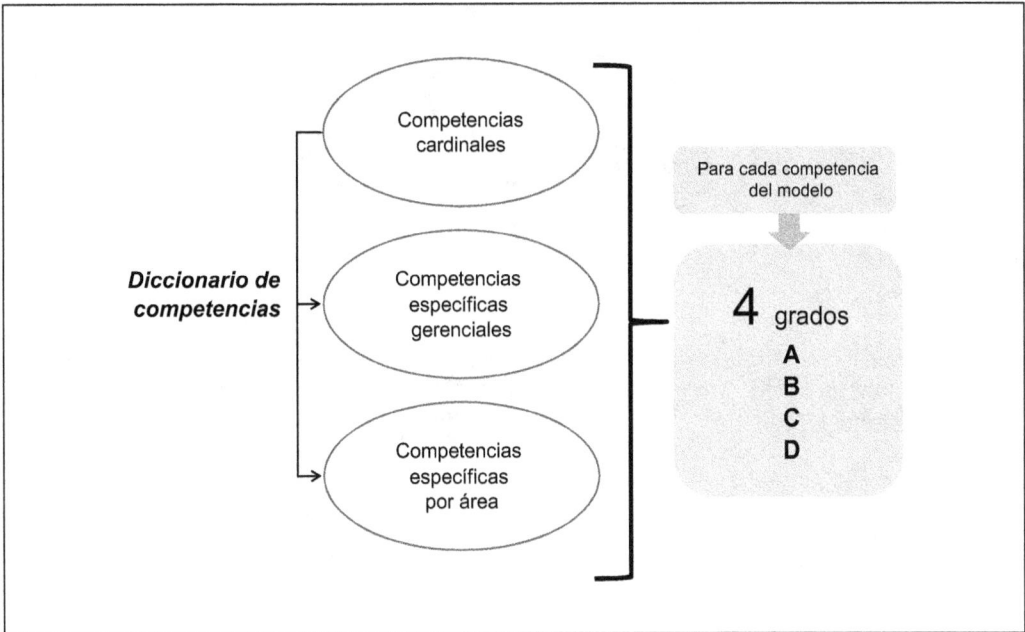

Como puede observarse en el gráfico siguiente, las competencias que conforman un modelo son de distinto tipo. Las competencias *cardinales* son aplicables a todos los integrantes de la organización; no así las *específicas,* que sólo se relacionan con algún colectivo y se subdividen en: competencias *específicas gerenciales* y competencias *específicas por área.*

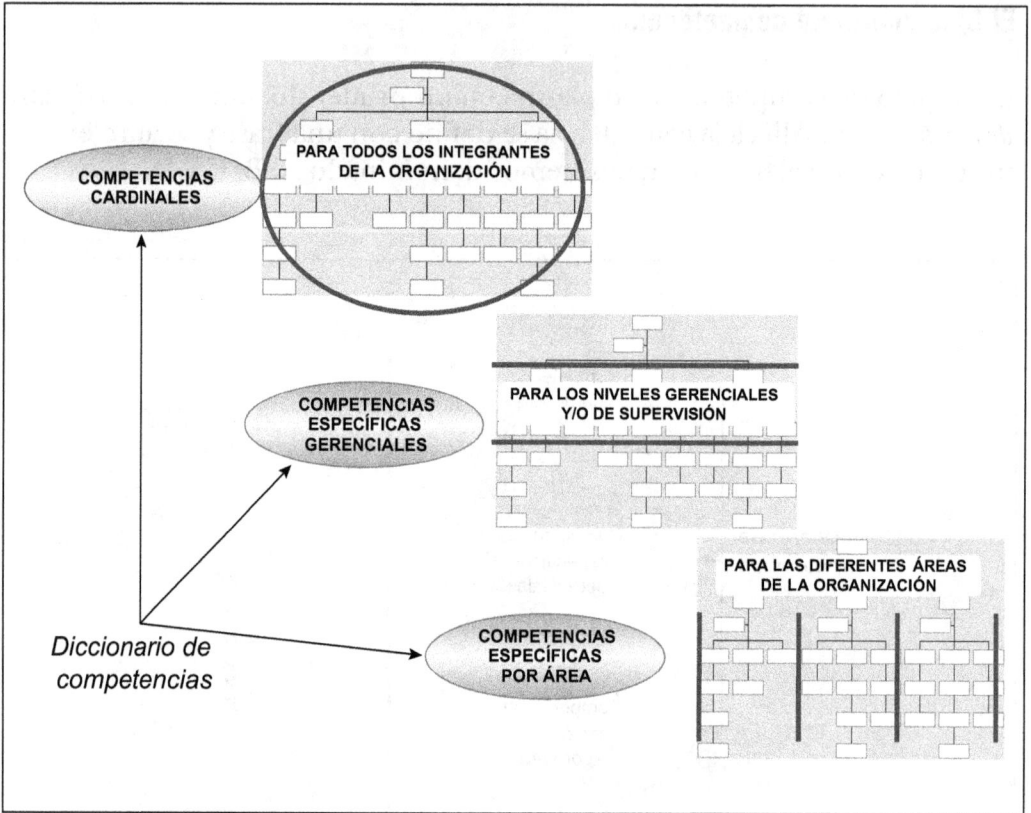

El *Diccionario de preguntas* en Gestión por competencias

Para todas las competencias que conforman un modelo se preparan ejemplos de preguntas destinadas a su posterior evaluación, especialmente en procesos de selección.

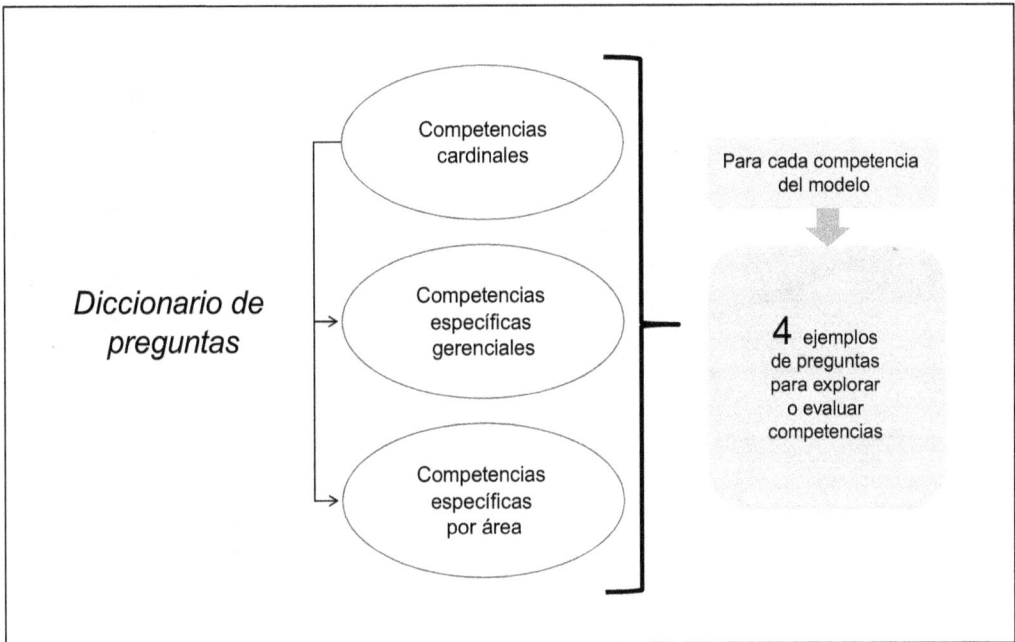

Un *Diccionario de preguntas* contiene, esencialmente, *ejemplos de preguntas relacionadas con cada una de las competencias que integran el modelo de la organización.*

Para una eficaz utilización del *Diccionario de preguntas* se debe tener en cuenta que:

- Las preguntas deben formularse de modo tal que mediante las correspondientes respuestas se obtengan comportamientos (que tuvieron lugar en el pasado, o en el presente) del entrevistado; para ello se debe utilizar el verbo de cada pregunta en pasado o en presente (*¿Qué hizo cuando...?*, o *¿Qué hace en aquellos momentos en que...?*) y nunca ser hipotéticas (*¿Qué haría si...?*), ni expresarse en tiempo futuro (*¿Qué hará cuando...?*).

En un modelo de competencias se implementan tres diccionarios diferentes que en Selección se utilizan en el siguiente orden: *Diccionario de competencias, Diccionario de preguntas y Diccionario de comportamientos.*

Los diccionarios en Selección por competencias

Antes de explicar más en detalle el *Diccionario de preguntas* y cómo utilizarlo se hará una breve mención al *Diccionario de competencias,* recordando al lector que siempre es el que debe confeccionarse primero.

A continuación se presenta, a modo de ejemplo, la competencia *Colaboración,* tal como debe ser presentada en el *Diccionario de competencias.*

Colaboración

Capacidad para brindar apoyo a los otros (pares, superiores y colaboradores), responder a sus necesidades y requerimientos, y solucionar sus problemas o dudas, aunque las mismas no hayan sido manifestadas expresamente. Implica actuar como facilitador para el logro de los objetivos, a fin de crear relaciones basadas en la confianza.

A Capacidad para brindar apoyo y ayuda a los otros (pares, superiores y colaboradores), responder a sus necesidades y requerimientos, mediante iniciativas anticipadoras y espontáneas, a fin de facilitar la resolución de problemas o dudas, aunque las mismas no hayan sido manifestadas expresamente. Capacidad para apoyar decididamente a otras personas y para difundir formas de relación basadas en la confianza. Capacidad para promover el espíritu de colaboración en toda la organización y constituirse en un facilitador para el logro de los objetivos planteados. Capacidad para implementar mecanismos organizacionales tendientes a fomentar la cooperación interdepartamental como instrumento para la consecución de los objetivos comunes.

B Capacidad para brindar ayuda y colaboración a las personas de su área y de otros sectores de la organización relacionados, mostrar interés por sus necesidades aunque las mismas no hayan sido manifestadas expresamente, y apoyarlos en el cumplimiento de sus objetivos. Capacidad para crear relaciones de confianza. Capacidad para utilizar los mecanismos organizacionales que promuevan la cooperación interdepartamental, y para proponer mejoras respecto de ellos.

C Capacidad para apoyar y colaborar activamente con los integrantes de su propia área mediante una clara predisposición a ayudar a otros, incluso antes de que hayan manifestado expresamente la necesidad de colaboración. Capacidad para escuchar los requerimientos de los demás y para ayudarlos en el cumplimiento de sus objetivos, sin descuidar los propios.

D Capacidad para cooperar y brindar soporte a las personas de su entorno cuando se lo solicitan, y tener en cuenta las necesidades de los demás.

Nota: El grado D indica que la competencia está desarrollada en un nivel mínimo.

Como ya se comentara, cada competencia se abre en cuatro grados.

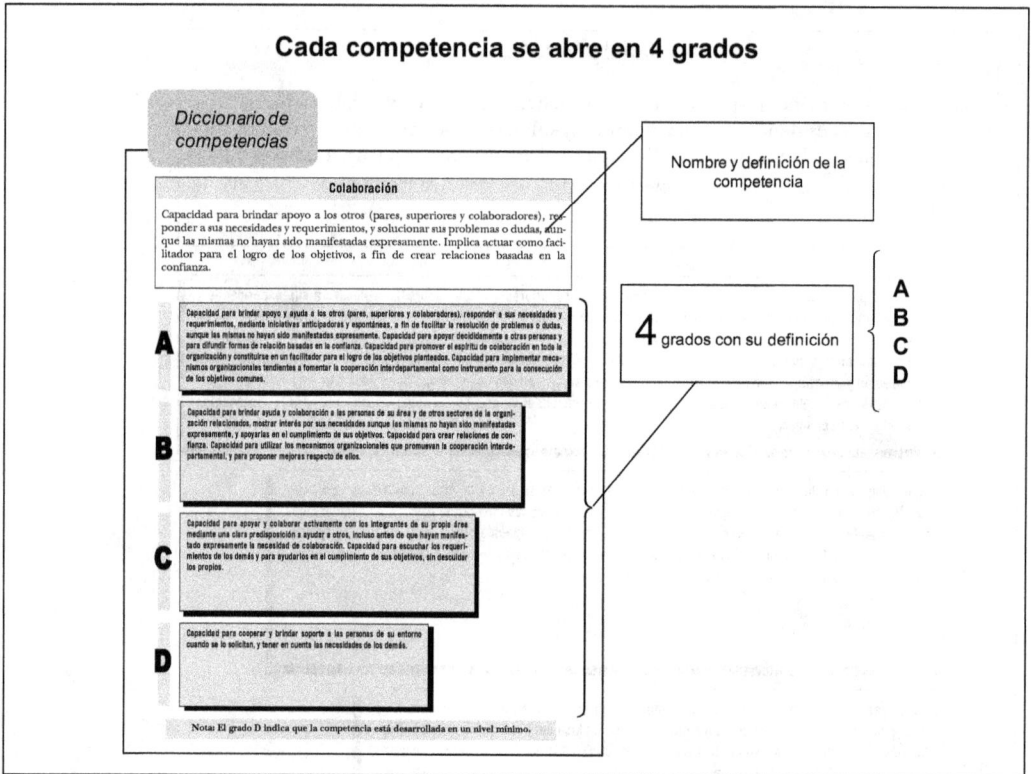

Cada competencia se abre en 4 grados

El grado D, el mínimo en este caso, tiene la siguiente definición.

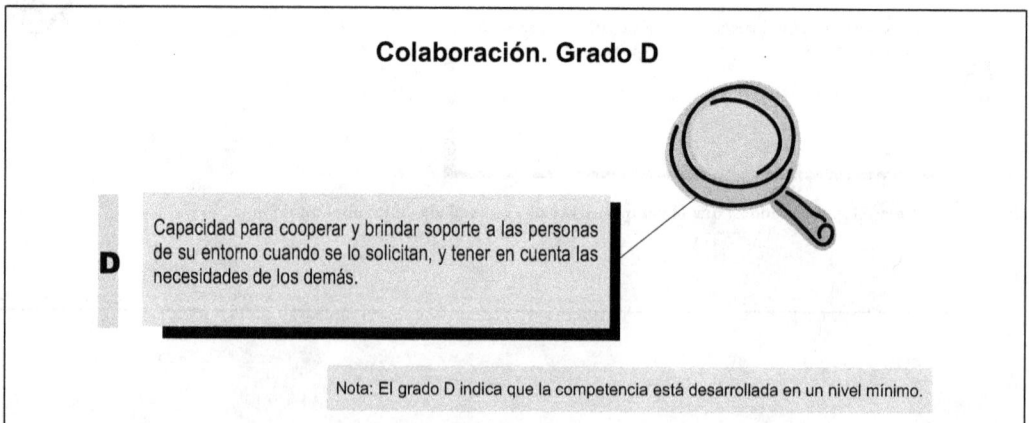

Colaboración. Grado D

D Capacidad para cooperar y brindar soporte a las personas de su entorno cuando se lo solicitan, y tener en cuenta las necesidades de los demás.

Nota: El grado D indica que la competencia está desarrollada en un nivel mínimo.

¿Por qué hacer una mención al grado menor de la competencia –en nuestra denominación, Grado D–? Con el propósito de enfatizar al lector que aunque sea el grado más bajo –en nuestra clasificación–, igualmente es positivo e importante. Para muchos de los puestos de una organización el grado D no sólo es aceptable, sino que muchas veces resulta deseable, es decir, sería muy bueno que las personas que integran la organización posean, como mínimo, este nivel.

El *Diccionario de comportamientos* en Gestión por competencias

Una vez que se ha preparado el *Diccionario de competencias* se confecciona otro documento relacionado, el *Diccionario de comportamientos*. Para cada una de las competencias del modelo se presentan:

- Cinco ejemplos de comportamientos para cada uno de los grados de la competencia: A, B, C y D.

- Cinco ejemplos de comportamientos que reflejan la ausencia de la competencia (grado que hemos denominado "no desarrollado").

El formato final de una competencia y sus comportamientos se expone en el gráfico siguiente.

Colaboración

Capacidad para brindar apoyo a los otros (pares, superiores y colaboradores), responder a sus necesidades y requerimientos y solucionar sus problemas o dudas, aunque las mismas no hayan sido manifestadas expresamente. Implica actuar como facilitador para el logro de los objetivos, a fin de crear relaciones basadas en la confianza.

Comportamientos cotidianos relativos a la vínculación con otras personas, de su área, de otras áreas, clientes, proveedores u otras relacionadas con su puesto de trabajo	Los comportamientos se ubican en: Grado
• Brinda apoyo y ayuda a otros (pares, superiores y colaboradores), y responde así a las necesidades y requerimientos que presentan. • Facilita la resolución de problemas o dudas, mediante iniciativas anticipadoras y espontáneas. • Apoya decididamente a otras personas y difunde formas de relacionamiento basadas en la confianza. • Promueve el espíritu de colaboración en toda la organización, y logra constituirse en un facilitador para el logro de los objetivos. • Implementa mecanismos organizacionales tendientes a fomentar la cooperación interdepartamental como instrumento para el logro de los objetivos comunes.	GRADO **A**
• Brinda ayuda y colaboración a las personas de su área y de otras relacionadas. • Muestra interés por las necesidades de sus colaboradores y los apoya en el cumplimiento de sus objetivos. • Crea relaciones de confianza. • Promueve activamente la cooperación en el interior de su área y con otras relacionadas. • Utiliza los mecanismos organizacionales que promueven la cooperación interdepartamental y propone mejoras relativas a ellos.	GRADO **B**
• Apoya y colabora activamente con los integrantes de su propia área. • Posee buena predisposición para ayudar a otros. • Coopera activamente con los integrantes de su área en el cumplimiento de los objetivos comunes. • Es considerado una persona de confianza dentro de su sector de trabajo. • Escucha los requerimientos de los demás para ayudarlos en el cumplimiento de sus objetivos, sin descuidar los propios.	GRADO **C**
• Coopera y brinda soporte a las personas de su entorno cuando se lo solicitan. • Tiene en cuenta las necesidades de los demás. • Mantiene una buena relación con sus compañeros y establece buenos vínculos. • Presta colaboración a su grupo de trabajo en temas de su especialidad. • Está atento y bien dispuesto ante los requerimientos de su grupo de trabajo.	GRADO **D** Competencia en su grado mínimo
o No demuestra interés por las necesidades de otros sectores y mantiene una actitud poco colaborativa hacia ellos en la consecución de sus objetivos. o Es individualista en su trabajo, no tiene en cuenta las necesidades de los demás. o Muestra poca inclinación para contribuir con otros si eso no es parte de sus responsabilidades. o Colabora con los integrantes de su equipo sólo si resulta estrictamente necesario. o No logra crear relaciones sólidas con las personas con las que interactúa, dado que no logra generar en ellas la suficiente confianza en su desempeño profesional y/o personal.	no DESARROLLADA Competencia NO desarrollada

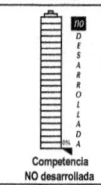

Continuando con el ejemplo de la competencia *Colaboración*, observamos que el Grado D se abre, a su vez, en cinco ejemplos de comportamientos observables, como se expone a continuación.

Colaboración
Cada grado se abre en comportamientos. Ejemplo Grado D

COMPORTAMIENTOS. Grado D

- Coopera y brinda soporte a las personas de su entorno cuando se lo solicitan.
- Tiene en cuenta las necesidades de los demás.
- Mantiene una buena relación con sus compañeros y establece buenos vínculos.
- Presta colaboración a su grupo de trabajo en temas de su especialidad.
- Está atento y bien dispuesto ante los requerimientos de su grupo de trabajo.

Antes de utilizar el *Diccionario de preguntas*

Como ya se mencionó, la aplicación del modelo de competencias se basa en tres documentos, los *diccionarios:*

- *Diccionario de competencias.*
- *Diccionario de comportamientos.*
- *Diccionario de preguntas.*

En conjunto constituyen el herramental práctico más importante para la aplicación del modelo de competencias de una organización, y deben ser confeccionados a la medida de esta.

Asignación de competencias a puestos

La asignación de competencias a puestos se realiza sobre la base del *Diccionario de competencias* de la organización. No es propósito de esta obra tratar este tema; no obstante, y sólo a modo de ejemplo, se expondrán tres asignaciones de competencias a puestos, dentro de una misma área.

En los ejemplos sólo se consigna el nombre de la competencia. Sin embargo, para su asignación se deberá considerar tanto la definición de la competencia como el grado específico en que esta debe presentarse.

A continuación se exponen tres puestos del área de Recursos Humanos. En el gráfico "Competencias asignadas a un puesto - I" se pueden ver las competencias (con sus grados) requeridas para el puesto de *Gerente de Recursos Humanos*.

Para este puesto se han asignado cuatro competencias en su nivel máximo, Grado A, y dos en Grado B.

Competencias asignadas a un puesto - I

DESCRIPCIÓN DEL PUESTO

Datos básicos
Organigrama
Síntesis del puesto
Responsabilidades del puesto
Requisitos del puesto
COMPETENCIAS
Cardinales
Específicas

ÁREA DE RECURSOS HUMANOS

PUESTO: GERENTE DE RRHH

Competencias cardinales	A	B	C	D
Calidad y mejora continua	X			
Colaboración	X			
Competencias específicas gerenciales				
Conducción de personas		X		
Competencias específicas área RRHH				
Aprendizaje continuo		X		
Capacidad para entender a los demás	X			
Credibilidad técnica	X			

NOTA: Sólo se consignan seis competencias para la presentación del tema en un gráfico.

En el gráfico "Competencias asignadas a un puesto - II" se pueden ver las competencias (y sus grados) requeridas para el puesto de *Jefe de reclutamiento y selección*.

Para esta posición el grado definido como requerido de cada competencia varía respecto del puesto de *Gerente del área*. Como puede observarse, las competencias específicas del área son requeridas en un nivel más alto que las otras.

Competencias asignadas a un puesto - II

DESCRIPCIÓN DEL PUESTO

Datos básicos
Organigrama
Síntesis del puesto
Responsabilidades del puesto
Requisitos del puesto
COMPETENCIAS
Cardinales
Específicas

ÁREA DE RECURSOS HUMANOS

PUESTO: JEFE DE RECLUTAMIENTO Y SELECCIÓN

Competencias cardinales	A	B	C	D
Calidad y mejora continua		X		
Colaboración			X	
Competencias específicas gerenciales				
Conducción de personas				X
Competencias específicas área RRHH				
Aprendizaje continuo		X		
Capacidad para entender a los demás	X			
Credibilidad técnica		X		

NOTA: Sólo se consignan seis competencias para la presentación del tema en un gráfico.

En el gráfico "Competencias asignadas a un puesto - III" se pueden ver las competencias (y los grados) requeridas para el puesto de *Analista de Recursos Humanos*.

En este ejemplo, la competencia específica gerencial aparece sombreada, es decir, no es posible asignarle un grado a la misma, dado que el puesto de analista no pertenece al colectivo gerencial, por lo cual la competencia no le corresponde.

También se puede observar –al igual que en el caso del *Jefe de reclutamiento y selección*– que las competencias específicas por área tienen un nivel requerido más alto que las cardinales.

Es importante destacar que los tres puestos y sus competencias son sólo ejemplos, y no necesariamente la asignación de grados se hará de esta forma. Del mismo modo, no necesariamente las competencias específicas por área tendrán más peso que las cardinales. La confección del modelo, de los diccionarios y de la asignación de competencias a puestos varía de organización en organización, según las necesidades y características de cada una de ellas.

Competencias asignadas a un puesto - III

DESCRIPCIÓN DEL PUESTO

Datos básicos
Organigrama
Síntesis del puesto
Responsabilidades del puesto
Requisitos del puesto
COMPETENCIAS
Cardinales
Específicas

ÁREA DE RECURSOS HUMANOS

PUESTO: ANALISTA DE RRHH

Competencias cardinales	A	B	C	D
Calidad y mejora continua				X
Colaboración				X
Competencias específicas gerenciales				
Conducción de personas				
Competencias específicas área RRHH				
Aprendizaje continuo		X		
Capacidad para entender a los demás		X		
Credibilidad técnica				X

NOTA: Sólo se consignan seis competencias para la presentación del tema en un gráfico.

Cómo utilizar el *Diccionario de preguntas*

El primer concepto que debe tenerse en cuenta es que siempre el *Diccionario de preguntas* tiene relación con el *Diccionario de competencias;* por esta razón, este libro ha sido diseñado siguiendo la misma estructura que la obra *Diccionario de competencias. La Trilogía. Tomo 1.*

Asimismo, la obra *Diccionario de comportamientos. La Trilogía. Tomo 2* presenta una estructura análoga a la que el lector tiene en sus manos.

La correlación entre el *Diccionario de preguntas* y el *Diccionario de comportamientos*

En una explicación simple y rápida podríamos decir que las posibles respuestas a las preguntas de este *Diccionario* se pueden encontrar en el *Diccionario de comportamientos*. La idea se expresa en el gráfico siguiente.

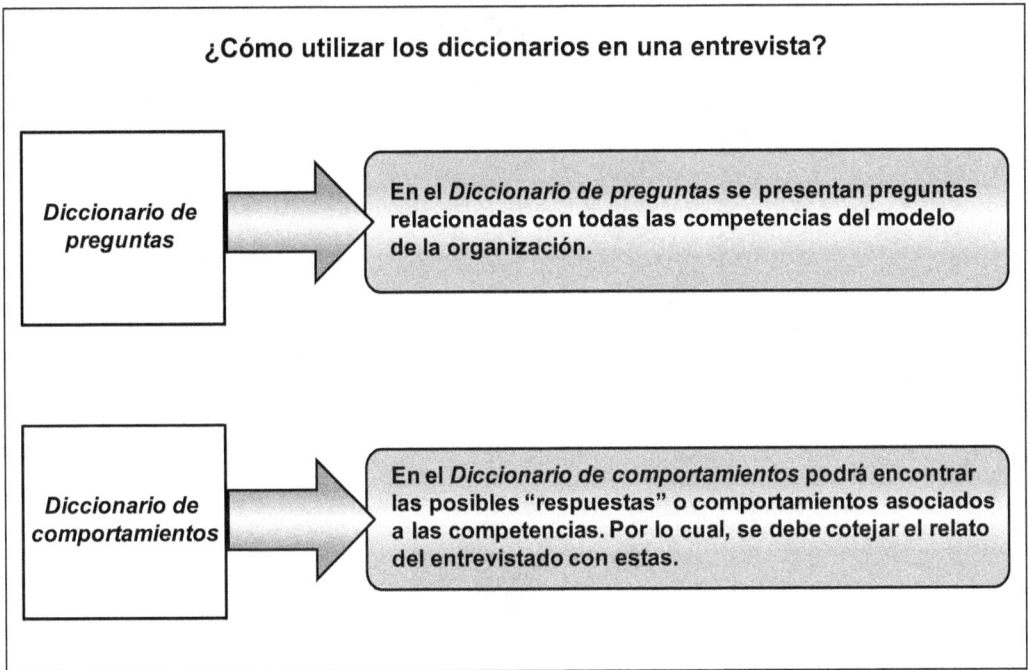

¿Cómo utilizar los diccionarios en una entrevista?

Diccionario de preguntas	→	En el *Diccionario de preguntas* se presentan preguntas relacionadas con todas las competencias del modelo de la organización.
Diccionario de comportamientos	→	En el *Diccionario de comportamientos* podrá encontrar las posibles "respuestas" o comportamientos asociados a las competencias. Por lo cual, se debe cotejar el relato del entrevistado con estas.

En las afirmaciones precedentes radica la importancia de la preparación a medida de los respectivos diccionarios. Cuando se confeccionan de esta forma, es decir, a medida de las necesidades de cada organización, en su puesta en práctica será factible medir las capacidades necesarias para desempeñarse en un determinado puesto de trabajo.

Para explicar mejor esta idea se presentarán a continuación dos casos, que hemos denominado "Postulante 1" y "Postulante 2". A ambos un imaginario entrevistador les formulará las mismas preguntas para evaluar la competencia *Colaboración*.

Cómo observar comportamientos en un relato. Postulante 1

El entrevistador formula una pregunta y el entrevistado responde.

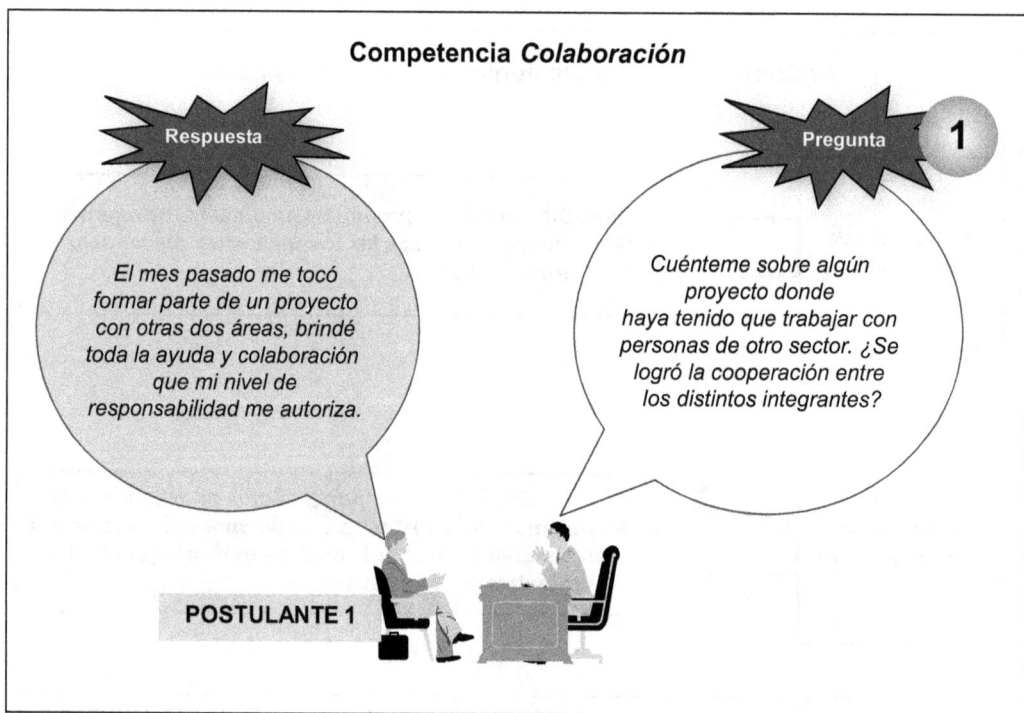

Competencia *Colaboración*

Respuesta

El mes pasado me tocó formar parte de un proyecto con otras dos áreas, brindé toda la ayuda y colaboración que mi nivel de responsabilidad me autoriza.

Pregunta 1

Cuénteme sobre algún proyecto donde haya tenido que trabajar con personas de otro sector. ¿Se logró la cooperación entre los distintos integrantes?

POSTULANTE 1

Con relación a la misma pregunta, el entrevistador repregunta (profundiza sobre la base de la respuesta previa) y el entrevistado continúa con su relato.

Competencia *Colaboración*

Respuesta

Pregunta **1**

Era uno más del equipo, conformado por tres jefes de sector. La experiencia fue muy positiva, todos nos apoyamos y eso nos permitió lograr el objetivo propuesto.

¿Cuál fue su rol?

¿Cómo calificaría la experiencia?

POSTULANTE 1

Para completar la evaluación de la misma competencia *(Colaboración)* el entrevistador formula otra pregunta relacionada con el mismo tema y el entrevistado continúa con su relato.

Competencia *Colaboración*

Respuesta

Al mismo tiempo que estaba en el proyecto que le comenté hace un momento, dos de mis colaboradores estaban en uno similar. Si bien estaba muy ocupado, los apoyé para que ellos también lograran sus objetivos y así fue. Fue un mes muy bueno para todos.

Pregunta   2

¿Cómo demuestra usted su apoyo a sus pares y/o colaboradores?

POSTULANTE 1

En relación con la pregunta anterior, el entrevistador repregunta y el entrevistado continúa con su relato.

Competencia *Colaboración*

Respuesta

Uno de mis colaboradores necesitaba material sobre un tema en particular y lo ayudé a buscarlo y el otro necesitó un permiso especial cuatro viernes consecutivos. Para suplir esta ausencia, distribuí una de las tareas asignándosela a otro compañero.

Pregunta   2

¿Cómo demostró su apoyo a esos colaboradores? (En relación con los dos colaboradores mencionados por el entrevistado anteriormente.)

POSTULANTE 1

Sobre el mismo tema, el entrevistador vuelve a repreguntar.

Competencia *Colaboración*

Respuesta

Todos mis colaboradores ven mi esfuerzo tanto personal, es decir, cuando hace falta trabajo horas adicionales, como mi apertura para que ellos puedan alcanzar sus propios objetivos. Creo genuinamente en las ventajas de la colaboración y así trato de demostrárselo a ellos a través de acciones concretas.

Pregunta **2** CONTINUACIÓN

¿Cómo logra desarrollar relaciones basadas en la confianza mutua?

POSTULANTE 1

En función de las respuestas a las dos preguntas con sus respectivas repreguntas, pueden observarse en el relato del entrevistado comportamientos Grado B de la competencia *Colaboración*, según la definición y apertura en grados, con sus respectivos comportamientos, que se registran en la obra *Diccionario de comportamientos*.

Competencia *Colaboración*

Ejemplos de comportamientos
que evidencian la competencia
en Grado B

**Brinda ayuda y colaboración a las personas de su área y
de otras relacionadas.
Muestra interés por las necesidades de sus colaboradores
y los apoya en el cumplimiento de sus objetivos.
Crea relaciones de confianza.
Promueve activamente la cooperación en el interior de su
área y con otras relacionadas.**
Utiliza los mecanismos organizacionales que promueven la cooperación interdepartamental y propone mejoras a los mismos.

75% G
R
A
B D
O

B

Fuente. *Diccionario de comportamientos. La Trilogía. Tomo 2.*

Según puede apreciarse en el gráfico precedente, en letra **negrita** se han señalado los comportamientos observados en el relato del Postulante 1.

Cómo observar comportamientos en un relato. Postulante 2

El entrevistador formula una pregunta y el entrevistado responde.

Competencia *Colaboración*

Respuesta

Pregunta 1

El mes pasado
me tocó formar parte
de un proyecto
con otras dos áreas,
hice todo lo que me solicitaron
en tiempo y forma.

Cuénteme sobre algún proyecto
donde haya tenido que trabajar
con personas de otro sector
¿Se logró la cooperación
entre los distintos integrantes?

POSTULANTE 2

Con relación a la misma pregunta, el entrevistador repregunta y el entrevistado continúa con su relato.

Para completar la evaluación de la misma competencia –*Colaboración*– el entrevistador formula otra pregunta relacionada con el mismo tema y el entrevistado continúa con su relato.

Competencia *Colaboración*

Respuesta

Al mismo tiempo que estaba
en el proyecto que le comenté
hace un momento,
dos de mis colaboradores
estaban en uno similar.
Los apoyé en los temas
de mi especialidad.

Pregunta **2**

¿Cómo demuestra usted
su apoyo a sus pares
y/o colaboradores?

POSTULANTE 2

En relación con la pregunta anterior, el entrevistador repregunta y el entrevistado continúa con su relato.

Competencia *Colaboración*

Respuesta

Uno de mis colaboradores
necesitaba material
y le proporcioné materiales
que tenía en mi oficina sobre
algunos temas de mi especialidad
y el otro necesitaba un permiso
especial durante cuatro viernes,
le comenté que comprendía
sus necesidades pero
que se debía buscar
otra solución y así fue.

Pregunta **2**

¿Cómo demostró su apoyo
a esos colaboradores?
(En relación
con los dos colaboradores
mencionados por el entrevistado
anteriormente.)

POSTULANTE 2

Sobre el mismo tema, el entrevistador vuelve a repreguntar.

En función de las respuestas a las dos preguntas con sus respectivas repreguntas, pueden detectarse, en el relato del entrevistado, comportamientos Grado D de la competencia *Colaboración,* según la definición y apertura en grados, con sus respectivos comportamientos, que se registran en la obra *Diccionario de comportamientos.*

Según puede apreciarse en el gráfico precedente, en letra **negrita** se han señalado los comportamientos observados en el relato del Postulante 2.

En los dos ejemplos expuestos, Postulante 1 y Postulante 2, se evidencia que frente a las mismas preguntas y repreguntas pueden observarse comportamientos diferentes. La segunda observación que se desea destacar es que las posibles "respuestas" del *Diccionario de comportamientos* son las que permiten determinar el grado de la competencia en cada uno de los dos ejemplos.

Otras secciones del *Diccionario de preguntas*

Preguntas para explorar la motivación para el cambio

La presente obra ofrece una sección específica destinada a preguntas diseñadas para explorar la motivación de un entrevistado para el cambio de empleo. Es un tema de suma relevancia que no debe desatenderse.

Otras secciones del diccionario. Explorar la motivación para el cambio

Preguntas para evaluar motivación

	Preguntas sugeridas
Expectativas de desarrollo profesional	1. ¿Por qué quiere ingresar a _____? 2. ¿Qué posición desearía alcanzar más adelante en _____? 3. ¿Qué imagina estar haciendo dentro de tres años? 4. ¿Dónde podría realizar un mejor aporte a nuestra organización?
Motivaciones para el cambio	1. ¿Qué elementos consideraría para un cambio? ¿En qué orden de importancia? 2. En caso de una respuesta a un anuncio, indagar si está en una búsqueda intensa o contestó a esta por un interés particular. 3. ¿En cuántas búsquedas está participando? ¿Qué expectativas tiene respecto de ellas? 4. ¿Alguna vez le hicieron una contraoferta cuando usted presentó la renuncia? ¿Qué lo motivó a cambiar cuando se fue de _____?

Preguntas para niveles ejecutivos y niveles iniciales

Las preguntas del presente diccionario se han elaborado pensando, particularmente, en los denominados niveles intermedios. Por esta razón hemos incluido, en dos apartados específicos, preguntas orientadas a niveles ejecutivos, por un lado, y niveles iniciales, por el otro, para diez competencias elegidas al azar. No se han preparado preguntas relativas a la totalidad de las competencias a fin de no realizar una obra demasiado extensa.

Un *Diccionario de preguntas* se complementa con la *Entrevista estructurada,* que usualmente se diseña a medida de cada organización. La idea se expresa en el gráfico siguiente.

Competencia	Preguntas sugeridas
Compromiso Capacidad para sentir como propios los objetivos de la organización y cumplir con las obligaciones personales, profesionales y organizacionales. Capacidad para apoyar e instrumentar decisiones consustanciado por completo con el logro de objetivos comunes, y prevenir y superar obstáculos que interfieran con el logro de los objetivos del negocio. Implica adhesión a los valores de la organización.	1. La organización donde usted trabaja actualmente (o trabajaba en el pasado) tiene ciertos objetivos. ¿Qué opina usted sobre ellos? 2. ¿Alguna vez no compartió los objetivos organizacionales? Si fue así, ¿cómo se desempeñó? ¿Cómo se sintió? 3. Brindeme un ejemplo de una situación en la que usted haya aportado sugerencias que mejoraran la calidad o la eficiencia (dentro de su nivel o posición). 4. Cuénteme si alguna vez tuvo que defender objetivos de la organización frente a subordinados u otras personas que no los compartían. ¿Qué pasó? ¿Cómo lo hizo? ¿Cómo se sintió?

La entrevista estructurada

Competencia	Preguntas sugeridas
Empowerment Capacidad para otorgar poder al equipo de trabajo y compartir tanto los éxitos como las consecuencias negativas de los resultados, con todos los colaboradores. Capacidad para emprender acciones eficaces orientadas a mejorar y potenciar el talento de las personas, tanto en conocimientos como en competencias. Capacidad para obtener los mejores resultados, lograr la integración del grupo y aprovechar la diversidad de los miembros del equipo para obtener un valor añadido superior al negocio. Implica fijar objetivos de desempeño claros y medibles y asignar las responsabilidades correspondientes.	1. ¿Delega tareas de acuerdo con las capacidades de sus colaboradores? ¿Cómo identifica dichas capacidades (conocimientos y competencias)? ¿Determina necesidades de formación para sus colaboradores sobre la base de dichas capacidades? Brindeme un ejemplo. 2. ¿Cómo está compuesto su equipo de trabajo? Describa las características de sus colaboradores. Describase a usted mismo como conductor del grupo. 3. Describa una situación en la que haya tenido que incorporar a un colaborador o a un miembro de otro equipo. ¿Qué tuvo en cuenta para sumarlo a su grupo? ¿Está actualmente en el equipo? 4. ¿Qué grado de protagonismo tuvo usted en el cambio o desarrollo de su grupo?

Para una posición en particular se preparan una serie de preguntas específicas para evaluar competencias. Se sugieren varias preguntas por cada competencia y en relación con el perfil requerido.

Competencia	Preguntas sugeridas
Orientación al cliente interno y externo Capacidad para actuar con sensibilidad ante las necesidades de un cliente y/o conjunto de clientes, actuales o potenciales, externos o internos, que se pueda/n presentar en la actualidad o en el futuro. Implica una vocación permanente de servicio al cliente interno y externo, comprender adecuadamente sus demandas y generar soluciones efectivas a sus necesidades.	1. Defina quiénes son sus clientes (internos o externos) tanto dentro como fuera de la organización. ¿De qué forma determina sus necesidades? 2. ¿Qué relación tiene su área/sector con otros sectores? ¿Con qué áreas interactúa en su tarea habitual? 3. Describa alguna mejora que haya tenido que implementar por la insatisfacción particular de un cliente interno o externo. ¿Qué implicó esta mejora? 4. Cuénteme de algún trabajo en el que el sector o equipo a su cargo haya superado las expectativas de un cliente interno o externo.

Aplicación práctica
del *Diccionario de preguntas*
y su relación con los subsistemas
de Recursos Humanos

El *Diccionario de preguntas* se utiliza fundamentalmente en las entrevistas de un proceso de selección, en búsquedas tanto internas como externas. Por su simplicidad puede ser empleado por un especialista en Recursos Humanos así como por cualquier persona de otra área de la organización que deba entrevistar a un futuro colaborador.

El modelo de competencias se basa en tres pilares: Selección, Desempeño y Desarrollo, según puede apreciarse en el gráfico siguiente.

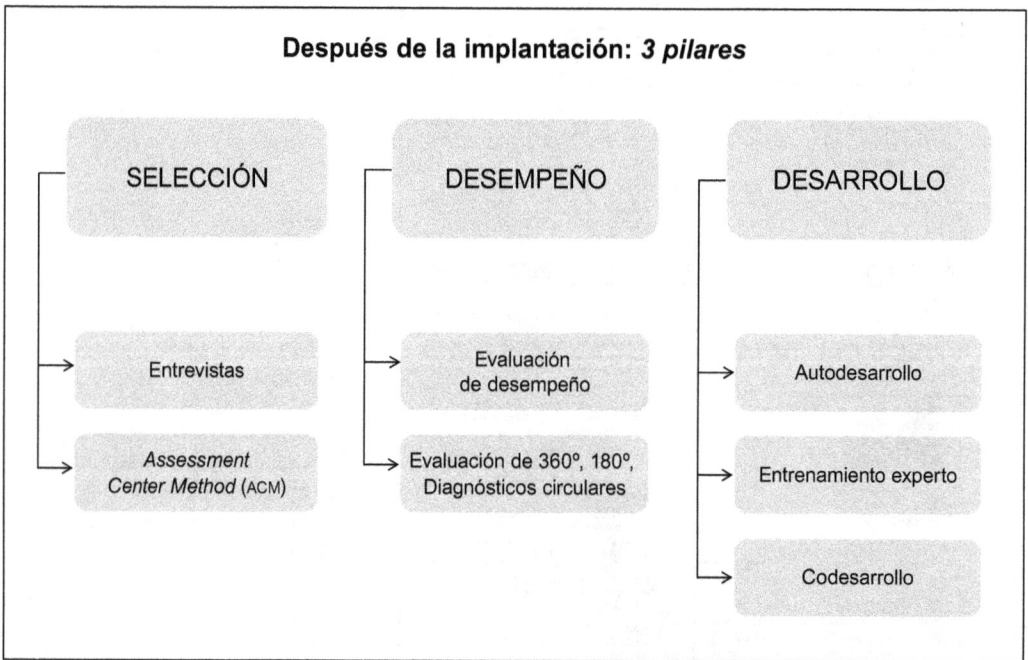

<table>
<tr><td colspan="3" align="center">**Después de la implantación:** *3 pilares*</td></tr>
<tr><td align="center">SELECCIÓN</td><td align="center">DESEMPEÑO</td><td align="center">DESARROLLO</td></tr>
<tr><td align="center">Entrevistas</td><td align="center">Evaluación de desempeño</td><td align="center">Autodesarrollo</td></tr>
<tr><td align="center">*Assessment Center Method* (ACM)</td><td align="center">Evaluación de 360°, 180°, Diagnósticos circulares</td><td align="center">Entrenamiento experto</td></tr>
<tr><td></td><td></td><td align="center">Codesarrollo</td></tr>
</table>

Nos referiremos a continuación a la aplicación del *Diccionario de preguntas* en Selección.

Selección y entrevista por competencias

Para la selección de personas se utiliza la *Entrevista por competencias,* que puede ser realizada tanto por los especialistas en Recursos Humanos como por los futuros jefes de los participantes en un proceso de búsqueda.

Las entrevistas pueden ser de diferente tipo. La más utilizada es la mencionada en el párrafo precedente: *Entrevista por competencias.* Existe otra, más profunda, que se denomina BEI (*Behavioral Event Interview,* o entrevista por incidentes críticos). La utilización de los diccionarios es similar en ambos casos.

El *Diccionario de preguntas,* al igual que los otros diccionarios de la metodología (*de competencias* y *de comportamientos*), se confecciona a la medida de cada organización. Este documento presenta cuatro preguntas para cada una de las competencias que integran el modelo. Se complementa con otra herramienta práctica denominada *Entrevista estructurada.* Ambos documentos serán de mucha utilidad tanto para los integrantes del área de Recursos Humanos como para los jefes que deban entrevistar a futuros colaboradores.

Durante la entrevista se formulan las preguntas (sobre la base del *Diccionario de preguntas* y la *Entrevista estructurada*) dirigidas a explorar competencias. Cuando se realiza una adecuada utilización de estas herramientas, del relato que realiza el entrevistado se obtienen los comportamientos de ese individuo (comportamientos observados) relativos a las competencias que se desea evaluar.

Relacionar preguntas con comportamientos

Selección. Cómo analizar las respuestas

Una vez finalizada la entrevista se comparan/cotejan las respuestas brindadas por el entrevistado –que representan los comportamientos observados– con los comportamientos descritos en el *Diccionario de comportamientos,* y se analiza entre cuáles de ellos hay coincidencia. De este modo es posible determinar el grado de la competencia. Una vez obtenida esta información, se compara con lo requerido por el puesto o perfil, para determinar si los niveles de competencias requeridos coinciden con los que la persona ha evidenciado en la/s entrevista/s.

En materia de competencias deben registrarse comportamientos. Luego se realiza la comparación con el *Diccionario de comportamientos* para determinar el grado de la competencia con el cual los comportamientos observados se corresponden.

Cómo registrar comportamientos en la entrevista

Registrar comportamientos
en relación con las
competencias
e identificar el grado de
desarrollo

Diccionario de
comportamientos

Una vez que se finalizaron las entrevistas a los posibles candidatos para cubrir el puesto en cuestión, llega el momento de comparar a los postulantes entre sí y a todos con lo requerido por la posición.

Cómo comparar a los diferentes postulantes en un proceso de selección

En el esquema expuesto a continuación se mencionan los principales aspectos que se deben tener en cuenta al comparar candidatos, dejando expresamente fuera de este análisis los aspectos económicos, los cuales son muy importantes pero no son el objeto específico de esta obra.

En primer término se comparan los requisitos excluyentes y no excluyentes. La comparación es sencilla, se considera requisito por requisito entre lo requerido y lo que ofrece cada uno de los postulantes.

En cuanto a competencias, en el descriptivo del puesto deberán constar las competencias necesarias para desempeñarse en él de manera adecuada, incluyendo el grado específico requerido de cada competencia. Al utilizar el *Diccionario de comportamientos* se contará con ejemplos de comportamientos observables. Cuando se registra cada entrevista se toma nota de los comportamientos observados en las diversas respuestas y relatos, los cuales serán comparados con los ejemplos de comportamientos del perfil requerido.

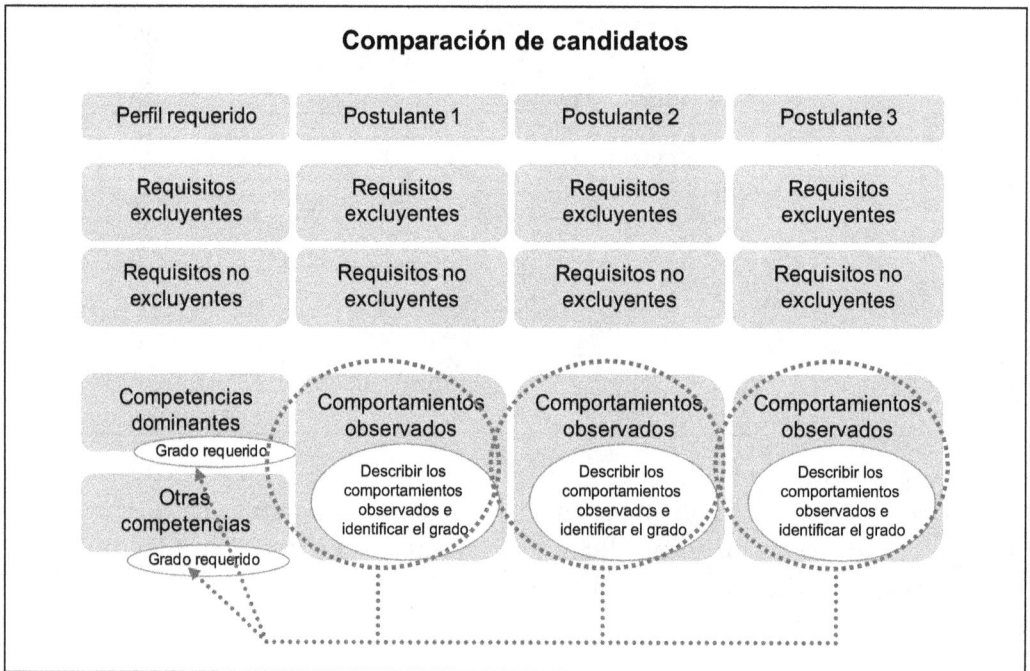

Comparación de candidatos

Perfil requerido	Postulante 1	Postulante 2	Postulante 3
Requisitos excluyentes	Requisitos excluyentes	Requisitos excluyentes	Requisitos excluyentes
Requisitos no excluyentes	Requisitos no excluyentes	Requisitos no excluyentes	Requisitos no excluyentes

Competencias dominantes
Grado requerido

Otras competencias
Grado requerido

Comportamientos observados	Comportamientos observados	Comportamientos observados
Describir los comportamientos observados e identificar el grado	Describir los comportamientos observados e identificar el grado	Describir los comportamientos observados e identificar el grado

Formación en competencias

Para asegurar la buena implementación de un modelo de competencias es fundamental la formación en competencias, tanto entre los especialistas del área de Recursos Humanos como para los que luego usarán el modelo –los clientes internos–. La formación en competencias puede hacerse desde muchas vertientes.

- Diplomado en Gestión por competencias.
- Programas de difusión:

– Libro organizacional con el modelo de competencias.

– Talleres de difusión del modelo.

– Talleres sobre cómo observar comportamientos.

– *E-learning* sobre cómo observar comportamientos.

- Actividades formativas sobre los tres pilares del modelo: Selección, Desempeño, Desarrollo.

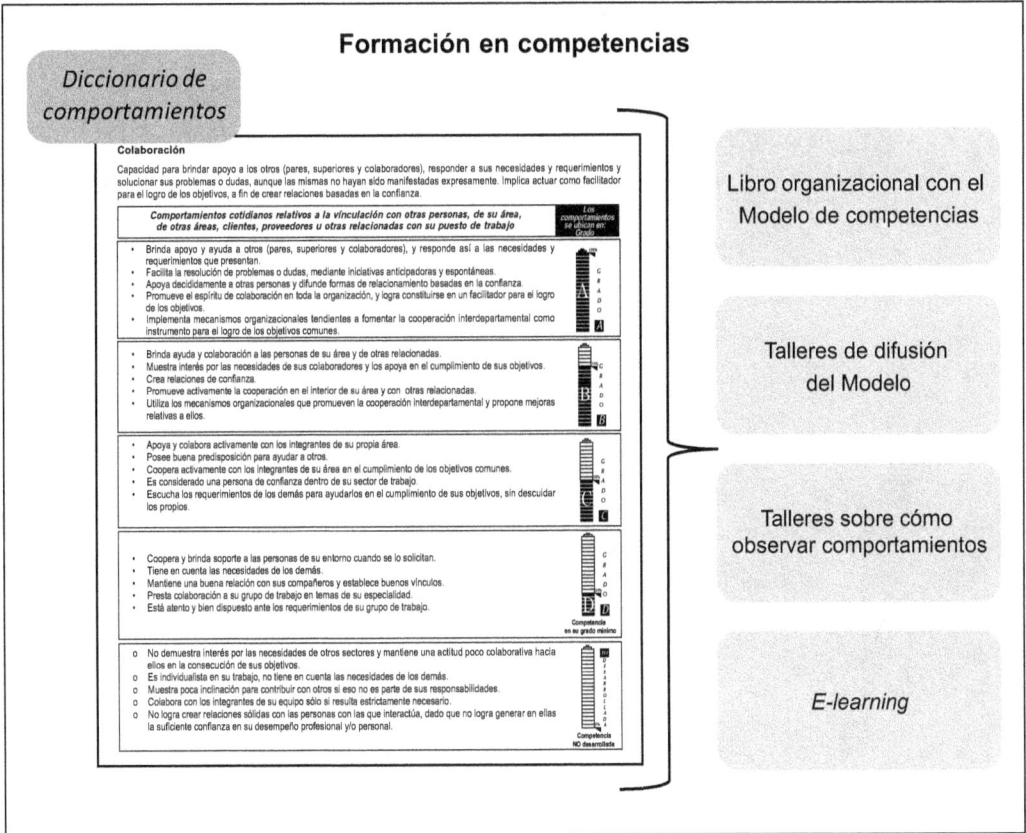

En el gráfico se exponen las actividades sugeridas para el programa de difusión del modelo de competencias.

Al lector interesado en conocer más sobre las diferentes herramientas que pueden diseñarse para cubrir los diferentes aspectos mencionados le sugerimos la lectura del Anexo III, así como complementar la información con el Anexo II.

DICCIONARIO DE PREGUNTAS

COMPETENCIAS CARDINALES

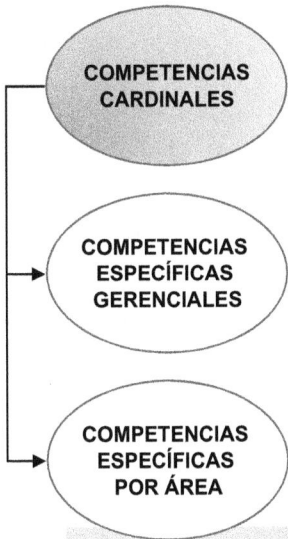

Diccionario de preguntas. Competencias cardinales

En este capítulo se presentarán ejemplos de preguntas relacionadas con las competencias cardinales. Como una breve introducción a la temática se incluyen a continuación algunas definiciones de conceptos relacionados.

Definiciones

Competencia. Hace referencia a las características de personalidad, devenidas en comportamientos, que generan un desempeño exitoso en un puesto de trabajo.

Competencia cardinal. Competencia aplicable a todos los integrantes de la organización. Las competencias cardinales representan su esencia y permiten alcanzar la visión organizacional.

Competencia específica. Competencia aplicable a colectivos específicos, por ejemplo, un área de la organización o un cierto nivel, como el gerencial.

Comportamiento. Aquello que una persona hace (acción física) o dice (discurso). Sinónimo: conducta.

Comportamiento observable. Aquel comportamiento que puede ser visto (acción física) u oído (en un discurso).

Modelo de competencias. Conjunto de procesos relacionados con las personas que integran la organización y que tienen como propósito alinearlas en pos de los objetivos organizacionales o empresariales.

Las competencias seleccionadas como ejemplos de *cardinales* para la preparación de esta obra son:

1. *Adaptabilidad a los cambios del entorno*

2. *Compromiso*

3. *Compromiso con la calidad de trabajo*

4. *Compromiso con la rentabilidad*

5. *Conciencia organizacional*

6. *Ética*

7. *Ética y sencillez*

8. *Flexibilidad y adaptación*

9. *Fortaleza*

10. *Iniciativa*

11. *Innovación y creatividad*

12. *Integridad*

13. *Justicia*

14. *Perseverancia en la consecución de objetivos*

15. *Prudencia*

16. *Respeto*

17. *Responsabilidad personal*

18. *Responsabilidad social*

19. *Sencillez*

20. *Temple*

Para la confección de esta obra hemos considerado unas competencias como cardinales y otras como específicas; sin embargo, es muy importante destacar que cualquiera de ellas puede ser considerada en una categoría u otra, según se requiera.

Las competencias mencionadas como cardinales podrían, también, ser consideradas específicas. Del mismo modo, cualquiera de las competencias mencionadas como específicas podrían ser consideradas cardinales.

Si bien no es tan frecuente, las competencias específicas gerenciales podrían ser consideradas cardinales tanto como específicas. Cada organización deberá diseñar su propio modelo de acuerdo con sus necesidades.

Una vez que se haya decidido el esquema final, en todos los casos los comportamientos asociados, que se reflejarán en el *Diccionario de comportamientos*, replicarán la misma categorización.

Además de los dos diccionarios mencionados –*de competencias* y *de comportamientos*–, generalmente se prepara, y así se recomienda, un *Diccionario de preguntas*. El uso principal de un *Diccionario de preguntas* es explorar acerca de comportamientos en el marco de una entrevista.

Las respuestas obtenidas al formular las mencionadas preguntas se correlacionan luego con los comportamientos. Encontrará una explicación más detallada en la sección *Diccionario de preguntas. Cómo utilizarlo*.

Usted tiene en sus manos un libro, no el modelo de una organización en particular. No obstante, se seguirá el lineamiento general consignado más arriba para la presentación de las competencias en las tres obras relacionadas: *Diccionario de competencias. La Trilogía. Tomo 1; Diccionario de comportamientos. La Trilogía. Tomo 2,* y *Diccionario de preguntas. La Trilogía. Tomo 3.*

Definición de la competencia	Preguntas sugeridas
Adaptabilidad a los cambios del entorno Capacidad para identificar y comprender rápidamente los cambios en el entorno de la organización, tanto interno como externo; transformar las debilidades en fortalezas, y potenciar estas últimas a través de planes de acción tendientes a asegurar en el largo plazo la presencia y el posicionamiento de la organización y la consecución de las metas deseadas. Implica la capacidad para conducir la empresa –o el área de negocios a cargo– en épocas difíciles, en las que las condiciones para operar son restrictivas y afectan tanto al propio sector de negocios como a todos en general, aprovechar una interpretación anticipada de las tendencias en juego.	1. *Cuénteme sobre alguna situación en la que haya participado en la formulación e implementación del plan estratégico de una compañía para la que trabajó. ¿Cuál fue su rol?*
	2. *Descríbame una situación en la que haya identificado oportunidades de negocio que posteriormente se tradujeron en importantes fuentes de ingresos para la organización, o bien en un mejor posicionamiento de esta en el mercado.* *¿Qué acciones emprendió para aprovechar las oportunidades existentes?*
	3. *¿Cuáles son (o eran) las responsabilidades estratégicas a su cargo (actualmente o en la última posición, según corresponda)? ¿Por qué las define como estratégicas?*
	4. *Reláteme una situación en la que la empresa para la cual usted trabaja (o trabajaba) se vio afectada por circunstancias que usted pueda catalogar como "difíciles". Bríndeme detalles.*

Para tener en cuenta

La competencia *Adaptabilidad a los cambios del entorno* no sólo es de aplicación entre aquellos que deben interactuar con agentes externos a la organización; por el contrario, puede serlo también para personas que trabajan de manera interna y en áreas de apoyo o servicio.

Definición de la competencia	Preguntas sugeridas
Compromiso Capacidad para sentir como propios los objetivos de la organización y cumplir con las obligaciones personales, profesionales y organizacionales. Capacidad para apoyar e instrumentar decisiones consustanciado por completo con el logro de objetivos comunes, y prevenir y superar obstáculos que interfieran con el logro de los objetivos del negocio. Implica adhesión a los valores de la organización.	1. *La organización donde usted trabaja actualmente (o trabajaba en el pasado) tiene ciertos objetivos. ¿Qué opina usted sobre ellos?*
	2. *¿Alguna vez no compartió los objetivos organizacionales? Si fue así, ¿cómo se desempeñó? ¿Cómo se sintió?*
	3. *Bríndeme un ejemplo de una situación en la que usted haya aportado sugerencias que mejoraran la calidad o la eficiencia (dentro de su nivel o posición).*
	4. *Cuénteme si alguna vez tuvo que defender objetivos de la organización frente a subordinados u otras personas que no los compartían. ¿Qué pasó? ¿Cómo lo hizo? ¿Cómo se sintió?*

Para tener en cuenta

La competencia *Compromiso* –en este caso, del entrevistado–, tanto respecto de la organización como en relación con otros ámbitos, por ejemplo los estudios, puede evidenciarse en diversos relatos o al responder a otras preguntas.

Definición de la competencia	Preguntas sugeridas
Compromiso con la calidad de trabajo Capacidad para actuar con velocidad y sentido de urgencia y tomar decisiones para alcanzar los objetivos organizacionales, o del área, o bien los propios del puesto de trabajo, y obtener, además, altos niveles de desempeño. Capacidad para administrar procesos y políticas organizacionales a fin de facilitar la consecución de los resultados esperados. Implica un compromiso constante por mantenerse actualizado en los temas de su especialidad y aportar soluciones para alcanzar los estándares de calidad adecuados.	1. *¿Cuánto hace que se desempeña en este puesto (o cuánto tiempo se desempeñó en el último puesto que ocupó)? Cuénteme sobre sus responsabilidades, personas a cargo, nivel de reporte, etcétera.*
	2. *Cuénteme si alguna vez tuvo que resolver / implementar un procedimiento que no conocía. ¿Qué hizo? ¿Cómo lo resolvió?*
	3. *¿Cuál es la dificultad que ha encontrado para usar .... (determinado sistema o procedimiento)? ¿Qué hizo frente a esas dificultades?*
	4. *¿Qué áreas lo consultan? ¿Sobre qué temas? Reláteme alguna situación en la que haya ofrecido su experiencia técnica al servicio de otros departamentos o sectores.*

Para tener en cuenta

Para la competencia *Compromiso con la calidad de trabajo* tiene importancia el interés en aprender, por lo tanto, se aconseja formular preguntas que permitan determinar las inquietudes del entrevistado.

Definición de la competencia	Preguntas sugeridas
Compromiso con la rentabilidad Capacidad para sentir como propios los objetivos de rentabilidad y crecimiento sostenido de la organización. Capacidad para orientar sus propias acciones y las de sus colaboradores al logro de la estrategia organizacional, racionalizar las actividades y fomentar el uso adecuado de los recursos, a fin de generar un resultado óptimo.	1. *La organización en la que usted trabaja actualmente (o trabajaba en el pasado) posee ciertos objetivos de rentabilidad. ¿Qué hace (o hacía) para actuar en concordancia con dichas metas y colaborar con su consecución? Bríndeme un ejemplo.*
	2. *Reláteme alguna situación en la que usted haya aportado sugerencias o bien haya llevado a cabo acciones concretas que se tradujeran en mejoras significativas para la productividad y eficiencia de las tareas a su cargo o de su sector o área (según corresponda).*
	3. *Cuénteme cómo administra los recursos que se le asignan para llevar a cabo sus tareas. ¿Cómo realiza la planificación de los gastos? ¿En qué criterios basa dicha planificación? Bríndeme un ejemplo.*
	4. *¿En alguna oportunidad debió estudiar la incorporación de su organización en un nuevo negocio, o bien la contratación de algún nuevo proveedor?* *Si la respuesta es afirmativa, preguntar: ¿Cuál fue el resultado obtenido?*

Para tener en cuenta

El término "rentabilidad" puede ser mal interpretado en algunos ámbitos. Sin embargo, la rentabilidad es esencial en todas las actividades, aun en aquellas organizaciones sin fines de lucro. Otro concepto a tener en cuenta es que la rentabilidad se alcanza tanto desde la generación de ganancias como desde la reducción de costos.

Definición de la competencia	Preguntas sugeridas
Conciencia organizacional Capacidad para reconocer los elementos constitutivos de la propia organización, así como sus cambios; y comprender e interpretar las relaciones de poder dentro de ella, al igual que en otras organizaciones –clientes, proveedores, etcétera–. Implica la capacidad de identificar tanto a aquellas personas que toman las decisiones como a las que pueden influir sobre las anteriores. Implica ser capaz de prever la forma en que los acontecimientos o las situaciones afectarán a las personas y grupos dentro de la organización.	1. *Cuénteme quién es el verdadero líder (director o conductor) en su empresa/organización (no necesariamente el líder formal).* *Si hubiese alguna razón por la cual el entrevistado no deseara hablar de la organización donde actualmente se desempeña, puede referirse a otra en la que haya trabajado en el pasado (hace no más de cinco años).*
	2. *Si la persona identificada en la respuesta anterior no fuese el jefe formal: ¿Usted qué piensa? ¿Eso era/es correcto?*
	3. *¿Qué efecto tienen/tenían sobre otras personas las acciones que llevan adelante sus supervisados, su área, sector o grupo de trabajo?*
	4. *Las decisiones de su líder/director/jefe, ¿eran/son revisadas por otra persona? En caso de respuesta afirmativa: ¿Qué opina usted de que sean sometidas a revisión?*

Para tener en cuenta

Según el *Diccionario de la Real Academia Española* (*DRAE*), en su primera acepción "conciencia" es la propiedad del espíritu humano de reconocerse en sus atributos esenciales y en todas las modificaciones que en sí mismo experimenta.

Definición de la competencia	Preguntas sugeridas
Ética Capacidad para sentir y obrar en todo momento de acuerdo con los valores morales y las buenas costumbres y prácticas profesionales, y respetar las políticas organizacionales. Implica sentir y obrar de este modo en todo momento, tanto en la vida profesional y laboral como en la vida privada, aun en forma contraria a supuestos intereses propios o del sector/organización al que pertenece, ya que las buenas costumbres y los valores morales están por encima de su accionar, y la organización así lo desea y lo comprende.	1. *Cuénteme alguna situación en la que usted haya sentido que se le pedía que obrara de manera contraria a sus costumbres o valores morales. ¿Qué hizo? ¿Cómo se sintió?* 2. *¿La organización donde usted trabaja (o trabajó) manifiesta explícitamente principios morales o éticos? ¿Usted cree que se cumplen? ¿Los comparte?* 3. *¿Qué piensa usted del concepto "los valores morales son diferentes en la vida personal y en la actividad empresaria"? Bríndeme ejemplos referidos al tema que se relacionen con su historia laboral o profesional.* 4. *¿Alguna vez tuvo que renunciar a un trabajo o vio afectada su labor por no compartir decisiones en relación con la ética? Bríndeme un ejemplo.*

Para tener en cuenta

Como competencia o como concepto en general, "ética" no debe asociarse –solamente– con principios o valores morales. En el presente se considera su inclusión como parte constitutiva y necesaria para la vida de las organizaciones y su sustentabilidad.

Definición de la competencia	Preguntas sugeridas
Ética y sencillez Capacidad para actuar en concordancia con los valores morales y las buenas costumbres y prácticas profesionales, y respetar las políticas organizacionales. Capacidad para generar confianza en otros al ejecutar acciones o procesos no burocráticos y simples de entender desde una perspectiva diferente a la propia. Implica ser uno mismo y demostrar seguridad, ser congruente entre el decir y el hacer y no dar lugar a malentendidos.	1. *¿Qué entiende usted por los términos "ética" y "sencillez"? Si la respuesta fuese diferente a la definición de la competencia, coméntesela y solicítele una opinión al respecto. Después, pídale ejemplos de comportamientos propios relacionados con el tema.*
	2. *Reláteme una situación donde hubiese sido conveniente, desde su perspectiva personal, hacer algo diferente a las buenas prácticas profesionales. ¿Cómo lo resolvió? ¿Qué tipo de consecuencias (positivas y/o negativas) tuvo la posición adoptada?*
	3. *En su actual trabajo o en anteriores, ¿fue responsable o participó en el diseño de procedimientos o métodos de trabajo? Si la respuesta es afirmativa: ¿Qué repercusión tuvieron en las personas que debieron ponerlos en práctica? ¿Les resultaron de fácil aplicación o, por el contrario, complejos? Después, solicite un relato detallado de la situación para evaluar el grado de complejidad/simplicidad de lo diseñado.*
	4. *Cuando no está de acuerdo con una instrucción recibida de sus superiores o no la comprende, ¿cuál es su reacción?, ¿lo comenta con el equipo a su cargo o, por el contrario, pide una reunión con su jefe o gerente para obtener mayor información o comentar su desacuerdo, según corresponda?*

Para tener en cuenta

Si bien el término "sencillez" es de uso frecuente, suele asignársele un significado diferente al utilizado en este caso.

"Sencillo" *(DRAE)*: acepción primera, que no tiene artificio ni composición; acepción tercera, que carece de ostentación y adornos; acepción quinta, que no ofrece dificultad; y, por último, acepción sexta –y con relación a una persona–, natural, espontánea, que obra con llaneza.

Definición de la competencia	Preguntas sugeridas
Flexibilidad y adaptación Capacidad para trabajar con eficacia en situaciones variadas y/o inusuales, con personas o grupos diversos. Implica comprender y valorar posturas distintas a las propias, incluso puntos de vista encontrados, modificar su propio enfoque a medida que la situación cambiante lo requiera, y promover dichos cambios en su ámbito de actuación.	*1. Cuénteme sobre alguna situación frente a la que haya tenido que responder de inmediato cuando estaba muy involucrado en alguna otra tarea. ¿Cómo resolvió el problema?*
	2. ¿Hizo algún pasaje por diferentes sectores o por diferentes filiales u oficinas en su último o actual empleo? ¿Quién decidió el cambio? ¿Fue algo impulsado por usted o por la organización? ¿Cómo se manejó en las otras áreas?
	3. ¿Alguna vez le solicitaron que hiciese tareas de otra área o de otra especialidad diferente de la suya? ¿Asumió la responsabilidad? ¿Cómo se manejó?
	4. ¿Qué cambios tuvo que hacer en su forma de trabajar en ocasión de recibir nuevos requerimientos de clientes, proveedores, instituciones, etcétera? ¿Cómo los concretó?

Para tener en cuenta

Si su entrevistado le relata anécdotas, cerciórese de que las mismas sean personales. Verifique además el rol que él tuvo en cada ocasión.

Definición de la competencia	Preguntas sugeridas
Fortaleza Capacidad para obrar asumiendo el punto medio en cualquier situación. Se entiende por punto medio vencer el temor y huir de la temeridad. No se trata de alardes de fuerza física o de otro tipo; por el contrario, se relaciona con valores como la prudencia y la sensatez para optar por la posición intermedia ante las distintas circunstancias sin caer en la tentación de actuar como todopoderoso o, por el contrario, como timorato.	1. *¿Qué entiende usted por "fortaleza" como concepto moral? Si la respuesta fuese diferente de la definición de la competencia, coméntelo con el entrevistado y solicítele su opinión. Después, pídale ejemplos de comportamientos propios relacionados con el tema.*
	2. *Reláteme alguna situación en la cual usted haya tenido que vencer sus temores para actuar. ¿Cómo lo logró? ¿Cómo se sintió?*
	3. *¿Se siente superior cuando logra algo que para otros es difícil de alcanzar? Bríndeme ejemplos.*
	4. *En la situación opuesta a la anterior, ¿cómo se siente cuando no logra alcanzar un objetivo que otros consiguen con aparente facilidad? Bríndeme ejemplos.*

Para tener en cuenta

Si bien el término "fortaleza" es de uso frecuente, suele asignársele un significado diferente al utilizado en este caso.

"Fortaleza" *(DRAE)*: acepción segunda, virtud cardinal que consiste en vencer el temor y huir de la temeridad.

Definición de la competencia	Preguntas sugeridas
Iniciativa Capacidad para actuar proactivamente y pensar en acciones futuras con el propósito de crear oportunidades o evitar problemas que no son evidentes para los demás. Implica capacidad para concretar decisiones tomadas en el pasado y la búsqueda de nuevas oportunidades o soluciones a problemas de cara al futuro.	1. *Cuénteme los problemas del día a día propios de su sector y explíqueme cómo impactan en su desempeño. ¿Qué hace para resolverlos desde su posición?*
	2. *¿Qué hace cuando tiene dificultades para resolver un problema?*
	3. *¿Qué nuevos objetivos se ha establecido recientemente y qué ha hecho para alcanzarlos?*
	4. *¿Cuáles son sus objetivos profesionales? ¿Se ha fijado para usted mismo un plan de carrera o un plan de acción a corto, mediano y/o largo plazo?* En el caso de que el entrevistado describa un plan, repregunte: *¿Qué espera obtener del mismo? ¿En qué plazos?*

Para tener en cuenta

Si usted piensa que estas preguntas no se adaptan a su estilo, tómelas sólo como ideas para formular las que considere adecuadas.

Definición de la competencia	Preguntas sugeridas
Innovación y creatividad Capacidad para idear soluciones nuevas y diferentes dirigidas a resolver problemas o situaciones que se presentan en el propio puesto, la organización y/o los clientes, con el objeto de agregar valor a la organización.	1. *Reláteme alguna situación en la que usted haya dado una solución innovadora. ¿Por qué cree que es (o fue) una innovación? ¿Lo vieron así los demás?*
	2. *Cuénteme respecto de algún viejo problema en su empresa/organización que se haya resuelto a través de su gestión. ¿Cómo fueron los hechos? ¿De qué se trataba y cómo se resolvió?*
	3. *Cuénteme sobre algún problema de un cliente (interno o externo) no resuelto aún (o que no se pudo resolver en el momento en que se presentó). ¿Usted qué piensa? ¿Por qué esto es (o fue) así? ¿Puede (o hubiese podido) resolverse de algún modo? ¿Esta solución corresponde (o correspondía) a su área o sector?*[1] *Complementariamente puede indagar sobre si le tocó vivir alguna situación similar y cómo lo resolvió.*
	4. *Cuando el mercado fija reglas, ¿cuál es su actitud? ¿Qué hace usted? ¿Intenta modificarlas? Bríndeme ejemplos de la respuesta.*

Para tener en cuenta

Si una misma persona será entrevistada por varios entrevistadores y la competencia a evaluar es de vital importancia, será conveniente que todos exploren sobre ella y comparen después los comportamientos observados.

---

1. Si bien esta pregunta no indaga sobre comportamientos pasados, indica su predisposición a innovar (o no) frente a un problema no resuelto, aunque la solución no sea de su responsabilidad. La respuesta a observar está en relación con cómo define "problema" y el tipo de solución que ofrece al respecto.

Definición de la competencia	Preguntas sugeridas
Integridad Capacidad para comportarse de acuerdo con los valores morales, las buenas costumbres y prácticas profesionales, y para actuar con seguridad y congruencia entre el decir y el hacer. Capacidad para construir relaciones duraderas basadas en un comportamiento honesto y veraz.	1. *¿Qué entiende usted por "integridad" como concepto? Si la respuesta fuese diferente de la definición de la competencia, coméntelo y solicítele una opinión al respecto. Después, pídale ejemplos de comportamientos propios relacionados con el tema.*
	2. *¿Qué lugar ocupan la rectitud y la probidad en su escala de valores en el trabajo? Descríbame una situación en la que su integridad haya sido puesta a prueba. ¿Qué beneficios o resultados obtuvo después de su accionar?*
	3. *La honestidad y la confianza, ¿son valores importantes en la organización donde usted se desempeña? ¿Cómo las premia? ¿Fue usted reconocido o premiado por estos aspectos en alguna oportunidad?*
	4. *Si usted debe negociar, ¿considera que "todo vale"? Bríndeme ejemplos.*

Para tener en cuenta

"Íntegro" *(DRAE)*: acepción segunda (y dicho sobre una persona), recta, proba, intachable. La definición dada a la competencia *Integridad* en esta obra tiene relación con *Ética*. En ocasiones se define de manera conjunta *Ética e integridad*.

Definición de la competencia	Preguntas sugeridas
Justicia Capacidad para dar a cada uno lo que le corresponde o pertenece, en los negocios, en la relación con clientes y proveedores, en el manejo del personal o en una negociación, y, al mismo tiempo, velar por el cumplimiento de los valores de la organización y trabajar mancomunadamente en pos de la visión y la estrategia de esta. Implica obrar con equidad en cualquier circunstancia, tanto personal como laboral.	1. *En el mundo actual suele pensarse que en todos los ámbitos faltan personas que actúen de un modo justo. ¿Qué entiende usted por "justicia" como concepto (no como poder de una nación)?* Si la respuesta fuese diferente de la definición de la competencia, coméntelo con el entrevistado y solicítele su opinión al respecto. Pídale después ejemplos de comportamientos propios relacionados con el tema.
	2. *¿Notó usted alguna vez que en su trabajo o en otro ámbito (académico, deportivo, etc.) sus superiores no actuaron con justicia? ¿Cuál era la situación? ¿Cómo se sintió?*
	3. *¿Le reclamaron alguna vez sus subordinados o sus compañeros de trabajo que usted no haya actuado con justicia? Reláteme la situación y cuénteme cómo se sintió en ese momento.*
	4. *¿Usted piensa que hay distintos tipos de "justicia" (en la vida familiar, en los negocios, etc.)?* A continuación, pídale que brinde ejemplos de su respuesta.

Para tener en cuenta

"Justicia" *(DRAE)*: acepción primera, una de las cuatro virtudes cardinales, que inclina a dar a cada uno lo que le corresponde o pertenece.

Rara vez los modelos de competencias incluyen una con el nombre de *Justicia;* no obstante, indagar acerca de los comportamientos relacionados con esta competencia será de mucha utilidad para conocer aspectos importantes de una persona, en especial si conducirá a otras (jefes de cualquier nivel dentro de la organización).

Definición de la competencia	Preguntas sugeridas
Perseverancia en la consecución de objetivos Capacidad para obrar con firmeza y constancia en la ejecución de proyectos y en la consecución de objetivos. Capacidad para actuar con fuerza interior, insistir cuando es necesario, repetir una acción y mantener un comportamiento constante para lograr un objetivo, tanto personal como de la organización.	*1. Reláteme alguna situación en la que usted haya logrado una venta, la resolución de un problema u otro resultado positivo por haber perseverado. Después del relato de la anécdota, repregunte: ¿Por qué eligió este ejemplo?*
	2. Cuando las situaciones externas son adversas (falla el sistema, el tránsito es pesado, las reglas de la economía le juegan en contra...), ¿cómo se siente? Reláteme algún ejemplo de una situación especialmente adversa; ¿cómo se sintió y qué hizo?
	3. Si usted sospecha que un cliente interno o externo (u otra persona que a usted le interesa por algún motivo) no quiere atenderlo por teléfono, ¿qué hace?
	4. ¿Alguna vez le rechazaron una propuesta que usted había presentado? ¿Qué hizo al respecto?

Para tener en cuenta

"Perseverar" *(DRAE)*: acepción primera, mantenerse constante en la prosecución de lo comenzado, en una actitud o en una opinión.

Definición de la competencia	Preguntas sugeridas
Prudencia Capacidad para obrar con sensatez y moderación en todos los actos: en la aplicación de normas y políticas organizacionales, en la fijación y consecución de objetivos, en el cierre de acuerdos y demás funciones inherentes a su puesto. Implica la capacidad para discernir y distinguir lo bueno y lo malo para la organización, los colaboradores, los clientes y proveedores y para sí mismo.	1. *¿Qué entiende usted por "prudencia"? Si la respuesta fuese diferente de la definición de la competencia, coménteselo y solicítele una opinión al respecto. Después, pídale ejemplos de comportamientos propios relacionados con el tema.*
	2. Presente al entrevistado algún hecho actual conocido (no político ni religioso) y solicítele su opinión sobre los comportamientos que pueden observarse en él. Después, pida que le relate alguna situación que haya vivido y que se pueda relacionar con el mismo hecho.
	3. *Según su experiencia laboral, ¿quiénes tienen más éxito: los que obran con sensatez y moderación o los arriesgados?* Solicite al entrevistado ejemplos relacionados con su propia actuación.
	4. *Se dice que el sentido común es el menos común de los sentidos. Bríndeme ejemplos de situaciones en las que usted haya decidido sobre la base del sentido común.*

Para tener en cuenta

"Prudencia" *(DRAE)*: acepción tercera, una de las cuatro virtudes cardinales, que consiste en discernir y distinguir lo que es bueno o malo, para seguirlo o huir de ello.

Definición de la competencia	Preguntas sugeridas
Respeto Capacidad para dar a los otros y a uno mismo un trato digno, franco y tolerante, y comportarse de acuerdo con los valores morales, las buenas costumbres y las buenas prácticas profesionales, y para actuar con seguridad y congruencia entre el decir y el hacer. Implica la capacidad para construir relaciones cálidas y duraderas basadas en una conducta honesta y veraz.	1. *¿Qué entiende usted por "respeto"? Si la respuesta fuese diferente de la definición de la competencia, coménteselo y solicítele una opinión al respecto. Después, pídale ejemplos de comportamientos propios relacionados con el tema.*
	2. *Cuando en su trabajo o en cualquier otro lugar debe relacionarse con personas diferentes a usted, ya sea por raza, costumbres, edad, nivel educacional, sexo, inclinación sexual o cualquier otro aspecto, ¿cuál es su comportamiento? Le ruego que me brinde varios ejemplos.*
	3. *Cuando se siente agredido o inseguro por alguna razón, ¿cuál es su reacción? Bríndeme un ejemplo de cada caso (cómo reaccionó cuando se sintió agredido, y cómo lo hizo al sentirse inseguro).*
	4. *Coménteme algún caso de una relación con otra persona que conozca desde hace muchos años (del ámbito laboral, compañero de estudios o similar). ¿Dónde la conoció? ¿Cómo se desarrolló esa relación? ¿Usted considera que es una relación basada en la confianza? Si la respuesta a esta última pregunta es afirmativa: ¿En qué hechos (comportamientos) fundamenta esta afirmación?*

Para tener en cuenta

Una vez que haya definido las competencias dominantes (más importantes), estas preguntas le serán muy útiles para planificar la entrevista.

Definición de la competencia	Preguntas sugeridas
Responsabilidad personal Capacidad para mantener el balance entre las obligaciones personales y profesionales, promover el logro de los objetivos corporativos y un adecuado ambiente laboral.	1. Reláteme una situación en la que sus obligaciones profesionales y personales se hallaron en conflicto. ¿Cómo se condujo? ¿Qué acciones llevó a cabo para intentar resolver el problema? ¿Lo logró?
	2. Descríbame una situación en la que se le hayan presentado inconvenientes para cumplir con un compromiso laboral o personal. ¿Cómo lo resolvió?
	3. Cuando se han producido situaciones de tensión o malestar entre los integrantes de su equipo de trabajo como consecuencia del estrés, una gran cantidad de trabajo, etc., atentando contra el buen clima laboral, ¿qué actitud adoptó? ¿Trató de colaborar para mejorar el ambiente de trabajo? Bríndeme un ejemplo.
	4. Reláteme una situación en la que haya logrado promover entre sus colaboradores y/o pares el afán por alcanzar los objetivos que les fueron asignados. ¿Qué acciones llevó a cabo para lograr orientarlos en ese sentido? ¿Tuvo que enfrentar oposición por parte de ellos? En el caso de ser así, ¿qué hizo para revertir esa postura?

Para tener en cuenta

Si una misma persona será entrevistada por varios entrevistadores, una buena idea es que unos indaguen sobre ciertas competencias y otros sobre unas diferentes; de ese modo se pueden explorar un mayor número de temáticas.

Definición de la competencia	Preguntas sugeridas
Responsabilidad social Capacidad para identificarse con las políticas organizacionales en materia de responsabilidad social, diseñar, proponer y luego llevar a cabo propuestas orientadas a contribuir y colaborar con la sociedad en las áreas en las cuales esta presenta mayores carencias, y por ende, mayor necesidad de ayuda y colaboración.	1. *¿Participa de alguna actividad destinada a colaborar con su comunidad? De ser así, ¿en qué consiste? ¿Qué lo ha llevado a participar de ella? ¿Cómo se siente al respecto?*
	2. *En la empresa en la cual se desempeña actualmente (o se desempeñó en el pasado) ¿existen programas de ayuda a la comunidad? De ser así, ¿tuvo o tiene usted alguna clase de participación en ellos? ¿De qué tipo?*
	3. *¿Tiene conocimiento de cuáles son las principales necesidades que experimenta su comunidad en materia de asistencia social? ¿Sabe si su organización ha colaborado de alguna manera para tratar de remediarlas? ¿Cómo se informa acerca de ellas?*
	4. *Reláteme una situación en la cual haya debido interactuar con personas con costumbres distintas a las propias y cuénteme cómo se relacionó con ellas. ¿Le resultó difícil vincularse con esas personas? ¿Por qué? ¿Cuáles fueron las principales dificultades que tuvo? ¿Qué aprendió de esas experiencias?*

Para tener en cuenta

La entrevista por competencias puede ser complementada con otros análisis de personalidad, como, por ejemplo, las evaluaciones psicológicas.

Definición de la competencia	Preguntas sugeridas
Sencillez Capacidad para explicar de manera clara y precisa tanto los éxitos como los fracasos, problemas o acontecimientos negativos. Capacidad para expresarse sin dobleces ni engaños, decir siempre la verdad y lo que siente. Implica generar confianza en superiores, colaboradores y compañeros de trabajo, así como buscar nuevos y mejores caminos para hacer las cosas y evitar las soluciones complicadas y burocráticas.	1. *¿Se ha encontrado en su tarea con personas que dicen una cosa y hacen otra? Bríndeme ejemplos.* 2. *¿Le han señalado (un jefe, un subordinado, un compañero de trabajo) que su lenguaje no es claro, que parece afirmar una cosa y después hace otra? Bríndeme ejemplos.* 3. *¿Qué entiende usted por sencillez en el lenguaje y en el obrar? Bríndeme ejemplos.* 4. *¿Cómo son los procedimientos de la organización en que usted trabaja (o trabajó), en cuanto a su complejidad/sencillez? ¿Cómo los modificaría?* *Esta pregunta puede adaptarse al nivel o al tipo de tareas a cargo del entrevistado. Puede aplicarse a un gerente general o un empleado administrativo; uno y otro pueden mencionar los procedimientos aplicados en su tarea cotidiana y explicarlos.*

Para tener en cuenta

Sobre la utilización del término "sencillez" sugerimos ver los comentarios realizados en páginas anteriores con relación a la competencia *Ética y sencillez*.

Definición de la competencia	Preguntas sugeridas
Temple Capacidad para obrar con serenidad y domi-nio tanto de sí mismo como en relación con las actividades a su cargo. Capacidad para afrontar de manera enérgica y al mismo tiempo serena las dificultades y los riesgos y explicar a otros problemas, fracasos o acon-tecimientos negativos. Implica seguir ade-lante en medio de circunstancias adversas, resistir tempestades y llegar a buen puerto.	1. *Reláteme alguna situación no exitosa[2] de su vida profesional/laboral u ocurrida en otra circunstancia. ¿Qué pasó?, ¿cómo se sintió?*
	2. *Cuénteme si ha sufrido algún revés impor-tante en su vida personal o profesional. ¿Qué pasó?, ¿cómo se sintió?*
	3. Si la persona realizó estudios formales en años cercanos a la evaluación, indague sobre alguna situación no exitosa ocurrida en el ámbito académico.
	4. Explore el modo en que el entrevistado ana-liza situaciones no exitosas de la compañía o de su sector; por ejemplo, no haber podido respetar un presupuesto o situaciones que para el entrevistado sean similares.

Para tener en cuenta

Formule preguntas utilizando usted mismo los verbos en tiempo pasado. De este modo logrará que en su relato el entrevistado revele comportamientos.

---

2. Usualmente, otros autores se refieren a situaciones de "fracaso"; en cambio, aquí se ha preferido utilizar la expresión "no exitoso", que es menos agresiva para el evaluado.

Para tener en cuenta

Las competencias cardinales son aquellas que deben tener todos los integrantes de la organización. Por lo tanto usted deberá adaptar el contenido de las preguntas a la posición para la cual está entrevistando.

Una forma de preguntar sobre algunas de las competencias cardinales aquí mencionadas es, primero, solicitar al entrevistado una definición de la competencia sobre la que se desea indagar, por ejemplo, *Temple*. Después, a modo de repregunta, se sugiere invitar al entrevistado a dar un ejemplo de una situación en la que haya puesto en práctica esa competencia, y a explicar su comportamiento.

¡Regla de oro!

✦ Para evaluar competencias no debe utilizar preguntas hipotéticas, sino relativas a comportamientos concretos.

✦ Si usted desea evaluar comportamientos pregunte a la persona entrevistada cómo actuó en el pasado. Una persona puede conocer sobre ética pero no por ello evidenciar un comportamiento acorde con sus expresiones.

✦ Si por el contrario su propósito es evaluar conocimientos, al formular preguntas hipotéticas el entrevistado le responderá con lo que considera que es la mejor forma de resolver la situación planteada. Utilizará para ello sus conocimientos y experiencias, pero siempre dentro del plano teórico.

DICCIONARIO DE PREGUNTAS

COMPETENCIAS ESPECÍFICAS GERENCIALES

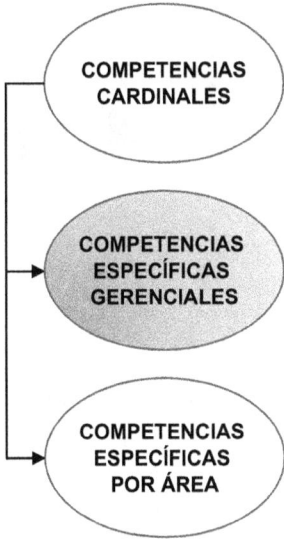

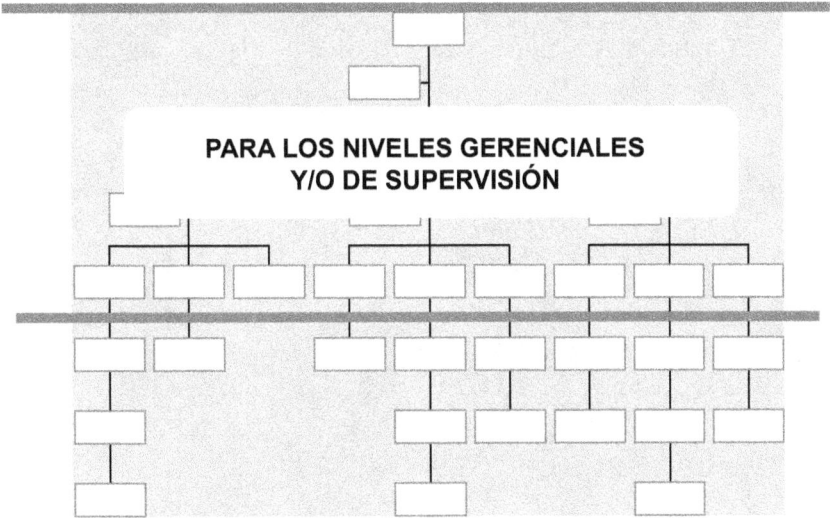

COMPETENCIAS
CARDINALES

COMPETENCIAS
ESPECÍFICAS
GERENCIALES

COMPETENCIAS
ESPECÍFICAS
POR ÁREA

PARA LOS NIVELES GERENCIALES
Y/O DE SUPERVISIÓN

Diccionario de preguntas. Competencias específicas gerenciales

En este capítulo se presentarán ejemplos de preguntas relacionados con las competencias específicas gerenciales. Como una breve introducción a la temática se incluyen a continuación algunas definiciones de conceptos relacionados.

Definiciones

Competencia. Hace referencia a las características de personalidad, devenidas en comportamientos, que generan un desempeño exitoso en un puesto de trabajo.

Competencia cardinal. Competencia aplicable a todos los integrantes de la organización. Las competencias cardinales representan su esencia y permiten alcanzar la visión organizacional.

Competencia específica. Competencia aplicable a colectivos específicos, por ejemplo, un área de la organización o un cierto nivel, como el gerencial.

Comportamiento. Aquello que una persona hace (acción física) o dice (discurso). Sinónimo: conducta.

Comportamiento observable. Aquel comportamiento que puede ser visto (acción física) u oído (en un discurso).

Modelo de competencias. Conjunto de procesos relacionados con las personas que integran la organización y que tienen como propósito alinearlas en pos de los objetivos organizacionales o empresariales.

Las competencias seleccionadas como ejemplos de las específicas gerenciales para la preparación de esta obra son:

1. *Conducción de personas*
2. *Dirección de equipos de trabajo*
3. *Empowerment*
4. *Entrenador*
5. *Entrepreneurial*
6. *Liderar con el ejemplo*
7. *Liderazgo*
8. *Liderazgo ejecutivo (capacidad para ser líder de líderes)*
9. *Liderazgo para el cambio*
10. *Visión estratégica*

Como se comentara en la sección anterior, destinada a las competencias cardinales, para la confección de esta obra hemos considerado unas competencias como cardinales y otras como específicas; sin embargo, cualquiera de ellas puede ser considerada en una categoría u otra, según se requiera. Las preguntas relacionadas indagan sobre la competencia según su definición y no tienen relación con la clasificación dada de cardinales o específicas. Del mismo modo, sucede con los comportamientos, que se relacionan con el concepto de la competencia en cuestión.

Usted tiene en sus manos un libro con preguntas a modo de diccionario. Por lo tanto, los ejemplos de preguntas le serán de utilidad para utilizarlos tal cual están aquí expuestos o para preparar sus propias preguntas. En todos los casos, tenga en cuenta la redacción que le haya asignado a cada competencia en particular.

Definición de la competencia	Preguntas sugeridas
Conducción de personas Capacidad para dirigir un grupo de colaboradores, distribuir tareas y delegar autoridad, además de proveer oportunidades de aprendizaje y crecimiento. Implica la capacidad para desarrollar el talento y potencial de su gente, brindar retroalimentación oportuna sobre su desempeño y adaptar los estilos de dirección a las características individuales y de grupo, al identificar y reconocer aquello que motiva, estimula e inspira a sus colaboradores, con la finalidad de permitirles realizar sus mejores contribuciones.	1. *¿Qué acciones lleva a cabo para guiar a su equipo de trabajo al considerar que cada uno de sus integrantes posee diferentes características y motivaciones? Bríndeme ejem-*
	2. *Cuénteme qué criterios utiliza para distribuir las responsabilidades y tareas entre sus colaboradores. Al momento de asignar las tareas, ¿toma en cuenta las motivaciones de sus colaboradores a fin de incentivarlos a realizar sus mejores contribuciones? Bríndeme un ejemplo.*
	3. *Cuando tiene que evaluar a su personal, ¿cuáles son los conceptos que considera relevantes? ¿Qué tipo de retroalimentación les ofrece?* *Piense en un caso concreto y hábleme sobre él.*
	4. *Cuénteme qué acciones lleva a cabo para promover y fomentar entre sus colaboradores oportunidades de aprendizaje y crecimiento.*

Para tener en cuenta

En algunos ámbitos se prefiere no utilizar el término "conducción"; en ese caso, puede ser reemplazado por "dirección".

"Conducir" *(DRAE)*: en su acepción tercera, guiar o dirigir a un objetivo; en su acepción cuarta, guiar o dirigir un negocio o la actuación de una colectividad.

Definición de la competencia	Preguntas sugeridas
Dirección de equipos de trabajo Capacidad para integrar, desarrollar, consolidar y conducir con éxito un equipo de trabajo, y alentar a sus integrantes a actuar con autonomía y responsabilidad. Implica la capacidad para coordinar y distribuir adecuadamente las tareas en el equipo, en función de las competencias y conocimientos de cada integrante, estipular plazos de cumplimiento y dirigir las acciones del grupo hacia una meta u objetivo determinado.	1. *Piense en una situación pasada en la cual haya estado al frente de un equipo de trabajo. ¿Qué acciones llevó a cabo para consolidar al grupo como un equipo y lograr que todos sus integrantes actuaran orientados a la consecución de los objetivos comunes?*
	2. *Como responsable de su área/sector/unidad de negocios, ¿cómo actúa usted luego de distribuir las tareas y responsabilidades entre sus colaboradores? Bríndeme ejemplos.*
	3. *Cuénteme qué criterios utiliza para coordinar las tareas que los distintos integrantes de su equipo deben realizar para alcanzar los objetivos grupales y establecer prioridades y plazos realistas para su cumplimiento. Bríndeme un ejemplo positivo y otro que no lo considere así.*
	4. *Descríbame, desde su rol de líder de un equipo de trabajo, qué acciones ha realizado con el propósito de incrementar el aprendizaje de los distintos miembros del equipo, tanto en conocimientos como en competencias y de este modo, asignar adecuadamente las tareas.*

Para tener en cuenta

Las competencias pueden evidenciarse en distintos ámbitos: laboral, educativo, social, deportivo, entre otros.

Definición de la competencia	Preguntas sugeridas
Empowerment Capacidad para otorgar poder al equipo de trabajo y compartir tanto los éxitos como las consecuencias negativas de los resultados, con todos los colaboradores. Capacidad para emprender acciones eficaces orientadas a mejorar y potenciar el talento de las personas, tanto en conocimientos como en competencias. Capacidad para obtener los mejores resultados, lograr la integración del grupo y aprovechar la diversidad de los miembros del equipo para obtener un valor añadido superior al negocio. Implica fijar objetivos de desempeño claros y medibles y asignar las responsabilidades correspondientes.	1. *¿Delega tareas de acuerdo con las capacidades de sus colaboradores? ¿Cómo identifica dichas capacidades (conocimientos y competencias)? ¿Determina necesidades de formación para sus colaboradores sobre la base de dichas capacidades? Bríndeme un ejemplo.* 2. *¿Cómo está compuesto su equipo de trabajo? Describa las características de sus colaboradores. Descríbase a usted mismo como conductor del grupo.* 3. *Describa una situación en la que haya tenido que incorporar a un colaborador o a un miembro de otro equipo. ¿Qué tuvo en cuenta para sumarlo a su grupo? ¿Está actualmente en el equipo?* 4. *¿Qué grado de protagonismo tuvo usted en el cambio o desarrollo de su grupo?*

Para tener en cuenta

"Empowerment" es una palabra inglesa de difícil traducción, por lo cual se la utilizará en su lengua de origen. Es un método de trabajo que implica la puesta en práctica de procedimientos y políticas organizacionales tendientes a que las decisiones se tomen lo más cerca posible de la ocurrencia de un hecho en particular.

En materia de competencias, se llamará *empowerment* a la capacidad para trabajar aplicando dichos procedimientos y políticas organizacionales.

Si usted debe evaluar la competencia *Empowerment* en una persona que no cuenta con colaboradores, puede aplicar las preguntas a otras situaciones, por ejemplo, tareas comunitarias, deportivas o de coordinación de un grupo de estudio, en las que el entrevistado haya puesto en juego esta competencia.

Definición de la competencia	Preguntas sugeridas
Entrenador Capacidad para formar a otros tanto en conocimientos como en competencias. Implica un genuino esfuerzo para fomentar el aprendizaje a largo plazo y/o desarrollo de otros, más allá de su responsabilidad específica y cotidiana. El desarrollo a lograr en otros será sobre la base del esfuerzo individual y según el puesto que la otra persona ocupe en la actualidad o se prevé que ocupará en el futuro.	1. *Dígame cómo identifica en sus colaboradores las necesidades que presentan en materia de formación, tanto en conocimientos como en competencias.* Luego, repregunte al respecto: *Bríndeme ejemplos de cómo actuó luego de la identificación de necesidades.*
	2. *Descríbame las acciones de formación que recibieron sus colaboradores o el equipo a su cargo (cursos, talleres, etc., y qué temáticas abarcaron).* Luego, repregunte al respecto: *¿Qué relación tienen dichas actividades formativas con los puestos de trabajo de estas personas?*
	3. *Cuénteme qué acciones de formación ha realizado para usted mismo, tanto en conocimientos como en competencias.* Luego pregunte: *¿Cómo se relacionan con su puesto de trabajo, actual o futuro, según corresponda?*
	4. *¿Con qué frecuencia brinda retroalimentación a sus colaboradores (diaria, semanal, mensual, anual)? ¿Cómo la realiza? Le pido que me brinde varios ejemplos: casos donde una persona hace bien las cosas, otro donde no las hace bien pero tiene la perspectiva de mejorar, y, por último y si fuese pertinente, algún caso en el que considera que la persona no puede mejorar su desempeño.*

Para tener en cuenta

Si usted debe evaluar la competencia *Entrenador* en una persona que no cuenta con colaboradores, puede aplicar las preguntas a otras situaciones, por ejemplo, tareas comunitarias, deportivas o de coordinación de un grupo de estudio, en las que el entrevistado haya puesto en juego esta competencia.

Definición de la competencia	Preguntas sugeridas
Entrepreneurial Capacidad para transformar su gestión o un área de negocios de baja productividad y rendimiento en una de alta productividad y rendimiento. Capacidad para buscar el cambio, responder cuando se presenta y aprovecharlo como una oportunidad, y guiar en este sentido tanto su accionar como el de otros, con iniciativa y habilidad para los negocios. Implica vivir y sentir la actividad empresarial y constituirse en un promotor de ella.	1. *¿Alguna vez inició un negocio propio? ¿Cómo fue la experiencia?*
	2. *¿Tuvo la oportunidad de iniciar una nueva actividad para su empleador actual o para uno anterior? ¿Cómo fue la experiencia?*
	3. *¿Qué elementos tuvo en cuenta para iniciar una nueva actividad? Bríndeme detalles.*
	4. *¿Tuvo la oportunidad de transformar una actividad de modo tal de hacerla más rentable o más eficiente? ¿Qué elementos tiene en cuenta para establecer que esa actividad fue "transformada"? Bríndeme detalles sobre el cambio realizado y sus resultados (mejora en la rentabilidad o en la eficiencia, etcétera).*

Para tener en cuenta

Esta competencia hace referencia a la capacidad para ser un *entrepreneur*, definido como aquel que lleva recursos económicos desde zonas de baja productividad y bajo rendimiento a zonas de alta productividad y alto rendimiento. Un *entrepreneur* puede ser corporativo (desempeñarse dentro de una organización de la que es colaborador) o ser dueño de su propia empresa.

Definición de la competencia	Preguntas sugeridas
Liderar con el ejemplo Capacidad para comunicar la visión estratégica y los valores de la organización a través de un modelo de conducción personal acorde con la ética, y motivar a los colaboradores a alcanzar los objetivos planteados con sentido de pertenencia y real compromiso. Capacidad para promover la innovación y la creatividad, en un ambiente de trabajo confortable.	1. *Descríbame una situación en la que sintió haber sido un claro referente o guía en la actuación de sus pares o colaboradores. ¿Por qué cree que eso sucedió? ¿Cómo se sintió?*
	2. *Reláteme una situación en la que haya tenido que comunicar a sus colaboradores la visión estratégica y valores de su organización o unidad de negocios, y en la que considere que logró que se comprometieran y se sintiesen parte del proyecto organizacional. ¿Qué hizo en esa situación? ¿Cómo actuó?*
	3. *La capacidad para ser líder y generar un ambiente de trabajo basado en el respeto a las otras personas es una característica considerada como muy importante en este momento. ¿Usted ha realizado acciones para convertirse en un verdadero ejemplo de liderazgo entre sus colaboradores y pares? Bríndeme ejemplos.*
	4. *Reláteme una situación en la que, a través de su gestión, logró promover en sus colaboradores la presentación de propuestas y sugerencias innovadoras y creativas que respondieran a las necesidades organizacionales o del área que usted conduce/conducía. ¿Cuáles fueron las propuestas presentadas? ¿Cuál fue su rol al respecto?*

Para tener en cuenta

No formule preguntas hipotéticas para evaluar competencias. Sólo podrán serle de utilidad para evaluar conocimientos.

Definición de la competencia	Preguntas sugeridas
Liderazgo Capacidad para generar compromiso y lograr el respaldo de sus superiores con vistas a enfrentar con éxito los desafíos de la organización. Capacidad para asegurar una adecuada conducción de personas, desarrollar el talento, y lograr y mantener un clima organizacional armónico y desafiante.	1. ¿Alguna vez le tocó supervisar a alguien difícil de conducir? ¿En qué contexto? ¿Cómo resolvió ese problema?
	2. Bríndeme un ejemplo de un logro concreto y destacado en su gestión como líder.
	3. ¿Cómo hace para reunir personas a las que no les gusta trabajar juntas? ¿Cómo hace para que logren unificar sus criterios de abordaje de las tareas?
	4. ¿Ha evaluado el clima de su organización? Si la respuesta es afirmativa: ¿Qué acciones correctivas se implementaron? ¿Quién las propuso?

Para tener en cuenta

La competencia *Liderazgo* puede tener definiciones diversas. En cada caso se deberá observar comportamientos y cotejarlos con los descritos en el *Diccionario de comportamientos* de la organización.

Definición de la competencia	Preguntas sugeridas
Liderazgo ejecutivo Capacidad para dirigir a un grupo o equipo de trabajo del que dependen otros equipos, y comunicar la visión de la organización, tanto desde su rol formal como desde la autoridad moral que define su carácter de líder. Implica ser un líder de líderes, al crear un clima de energía y compromiso junto con un fuerte deseo de guiar a los demás, que se verifica en el comportamiento de los otros al acompañar su gestión con entusiasmo.	1. *¿Conoce a los colaboradores de sus colaboradores? Si la respuesta es afirmativa: ¿Puede darme detalles al respecto; por ejemplo, si los conoce a través del relato de sus jefes directos o de manera personal?* Asegúrese de que el entrevistado le esté brindando ejemplos concretos sobre esta situación.
	2. *¿Se le ha presentado alguna situación donde un colaborador suyo, jefe a su vez de sus propios colaboradores, tuviese alguna situación problemática con alguno de sus supervisados? ¿Fue consultado al respecto? ¿Cuál fue su rol? ¿Cómo concluyó la situación?*
	3. *Cuénteme cómo comunica temas organizacionales, por ejemplo, visión, políticas, estrategia, etcétera. Bríndeme ejemplos.*
	4. *¿Usted cree que el/los equipo/s a su cargo está/n comprometido/s con la organización?* Si la respuesta es afirmativa: *Reláteme ejemplos o situaciones donde se evidencien comportamientos que respalden su opinión.* Si la respuesta es negativa: *¿Por qué cree que esto es así?* Luego: *Reláteme ejemplos o situaciones donde se evidencien los comportamientos descritos.*

Para tener en cuenta

Liderazgo ejecutivo es la competencia relacionada con la capacidad de ser líder de líderes.

Si usted debe evaluar la competencia *Liderazgo ejecutivo* en una persona que no cuenta con varios equipos a su cargo o que no es jefe de personas que a su vez son jefes, puede aplicar las preguntas a otras situaciones, por ejemplo, proyectos especiales donde la persona haya dirigido varios equipos, tareas comunitarias, deportivas o de coordinación de un grupo de estudio, en las que el entrevistado haya puesto en juego esta competencia.

Definición de la competencia	Preguntas sugeridas
Liderazgo para el cambio Capacidad para comunicar la visión estratégica de la organización y lograr que la misma parezca no sólo posible sino también deseable para los *stakeholders*[1]. Capacidad para generar en los otros motivación y compromiso genuinos. Capacidad para promover la innovación y los nuevos emprendimientos, y lograr transformar las situaciones de cambio en oportunidades.	1. *¿Alguna vez tuvo que liderar un cambio que rompiera con estructuras existentes? Si la respuesta es afirmativa: ¿Cómo se dio cuenta de que el cambio era necesario? ¿Cómo administró ese proceso de transición en forma eficaz? ¿De qué forma estimuló a sus colaboradores para que se adaptaran a los nuevos rumbos?*
	2. *¿Cuáles han sido los cambios culturales que usted tuvo que liderar en su organización / división?*
	3. *¿Qué ideas innovadoras ha generado en su organización? ¿Qué políticas ha impulsado para sostener esta visión?*
	4. *¿Qué estrategias de comunicación o qué acciones simbólicas ha utilizado para señalar a los miembros de su organización un cambio de rumbo?*

Para tener en cuenta

Las respuestas a las preguntas pueden dar información acerca de más de una competencia. Preste atención al relato y compare los comportamientos observados con los descritos en el *Diccionario de comportamientos* de la organización.

---

1 El término *stakeholders* hace referencia a los distintos sectores de interés en torno de una organización: accionistas, ejecutivos, colaboradores, clientes, proveedores, gobierno, bancos, organismos de control, etcétera.

Definición de la competencia	Preguntas sugeridas
Visión estratégica Capacidad para anticiparse y comprender los cambios del entorno, y establecer su impacto a corto, mediano y largo plazo en la organización, con el propósito de optimizar las fortalezas, actuar sobre las debilidades y aprovechar las oportunidades del contexto. Implica la capacidad para visualizar y conducir la empresa o el área a cargo como un sistema integral, para lograr objetivos y metas retadores, asociados a la estrategia corporativa.	1. *Reláteme alguna situación compleja relacionada con aspectos sociales, económicos, tecnológicos y/o culturales a la cual se haya anticipado. ¿Cómo logró detectarla? ¿Qué hizo al respecto? ¿Cómo impactó en la estrategia de la organización?*
	2. *¿Qué fuentes de información consulta habitualmente para mantenerse actualizado en las tendencias mundiales en materia de economía, política y fenómenos socio-culturales? ¿Relaciona la información que usted consulta con la estrategia de la organización, y la aplica en consecuencia? Bríndeme un ejemplo.*
	3. *En base a la información que usted dispone de ciertos aspectos de nivel local y/o global, ¿ha presentado propuestas plausibles de ser incorporadas a la estrategia de su organización? Cuénteme al respecto.*
	4. *¿Qué nuevos objetivos ha definido para su área/división/organización que hayan sido de gran relevancia en la consecución de la estrategia organizacional? Bríndeme un ejemplo.*

Para tener en cuenta

Ciertas palabras suelen ser utilizadas de forma imprecisa, a pesar de ser de uso frecuente. Al evaluar la competencia *Visión estratégica*, asegúrese de que el entrevistado comprenda adecuadamente el concepto en su complejidad:

"Visión" *(DRAE):* en su primera acepción, acción y efecto de ver.

"Estrategia" *(DRAE):* en su primera acepción, arte de dirigir (en este caso, una organización o parte de ella).

Para tener en cuenta

Las competencias específicas gerenciales son aquellas que se relacionan con determinados puestos de la organización: aquellos a los cuales reportan otras personas o equipos de trabajo. Usted deberá adaptar el contenido de las preguntas a la posición para la cual está entrevistando. Una de las competencias mencionadas en esta sección, *Liderazgo ejecutivo*, hace referencia –específicamente– al caso de una persona que es a su vez jefe de otros jefes; en los demás casos, esto puede ser así o no. Adapte su pregunta a la situación.

Una forma de indagar sobre algunas de las competencias específicas gerenciales aquí mencionadas es, primero, solicitar al entrevistado una definición de la competencia sobre la que se desea obtener información, por ejemplo, *Empowerment*. Después, a modo de repregunta, invitar al entrevistado a dar un ejemplo de una situación en la que haya puesto en práctica esa competencia y explicar su comportamiento.

¡Regla de oro!

✦ Para evaluar competencias no debe utilizar preguntas hipotéticas.

✦ Si usted desea evaluar comportamientos, pregunte a la persona entrevistada cómo actuó en el pasado. Una persona puede conocer el significado del concepto *empowerment* pero no por ello evidenciar un comportamiento acorde a sus expresiones.

✦ Si, por el contrario, su propósito es evaluar conocimientos, al formular preguntas hipotéticas el entrevistado le responderá refiriéndose a lo que considera la mejor forma de resolver la situación planteada. Utilizará para ello sus conocimientos y experiencias, pero siempre dentro del plano teórico.

DICCIONARIO DE PREGUNTAS

COMPETENCIAS ESPECÍFICAS POR ÁREA

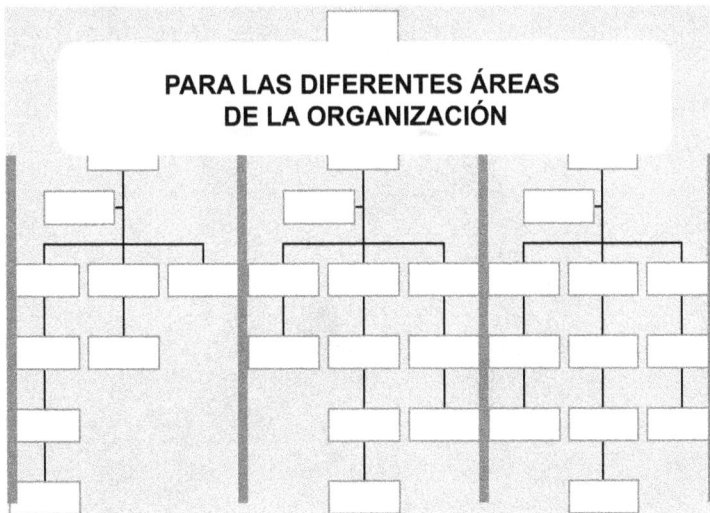

COMPETENCIAS CARDINALES

COMPETENCIAS ESPECÍFICAS GERENCIALES

COMPETENCIAS ESPECÍFICAS POR ÁREA

PARA LAS DIFERENTES ÁREAS
DE LA ORGANIZACIÓN

Diccionario de preguntas.
Competencias específicas por área

En este capítulo se presentan ejemplos de preguntas dirigidas a que el entrevistado relate comportamientos relacionados con las competencias específicas por área. Se ha optado por la denominación de *específicas por área* por ser la de mayor utilización en la aplicación práctica del modelo. También se las podría denominar *competencias específicas por familias de puestos.*

Como se expresara, lo más usual es hacer la agrupación de familias de puestos por áreas y, de ser necesario, estas pueden a su vez dividirse en subáreas, de allí el nombre utilizado para la preparación de la presente obra. Ejemplos de áreas: Producción, Finanzas, Sistemas, Recursos Humanos, Compras, Ventas, Mercadeo, etcétera.

Si una organización desea definir competencias *por procesos,* la forma de hacerlo es similar. Se eligen competencias para ser utilizadas en los diferentes procesos de la organización.

Como una breve introducción a la temática se incluyen a continuación algunas definiciones de conceptos relacionados.

Definiciones

Competencia. Hace referencia a las características de personalidad, devenidas en comportamientos, que generan un desempeño exitoso en un puesto de trabajo.

Competencia cardinal. Competencia aplicable a todos los integrantes de la organización. Las competencias cardinales representan su esencia y permiten alcanzar la visión organizacional.

Competencia específica. Competencia aplicable a colectivos específicos, por ejemplo un área de la organización o un cierto nivel, como el gerencial.

Comportamiento. Aquello que una persona hace (acción física) o dice (discurso). Sinónimo: conducta.

Comportamiento observable. Aquel comportamiento que puede ser visto (acción física) u oído (en un discurso).

Modelo de competencias. Conjunto de procesos relacionados con las personas que integran la organización y que tienen como propósito alinearlas en pos de los objetivos organizacionales o empresariales.

Las competencias seleccionadas como ejemplos de las que serían específicas por área para la preparación de esta obra son:

1. *Adaptabilidad - Flexibilidad*

2. *Calidad y mejora continua*

3. *Capacidad de planificación y organización*

4. *Cierre de acuerdos*

5. *Colaboración*

6. *Competencia "del náufrago"*

7. *Comunicación eficaz*

8. *Conocimiento de la industria y el mercado*

9. *Conocimientos técnicos*

10. *Credibilidad técnica*

11. *Desarrollo y autodesarrollo del talento*

12. *Dinamismo - Energía*

13. *Gestión y logro de objetivos*

14. *Habilidades mediáticas*

15. *Influencia y negociación*

16. *Iniciativa - Autonomía*

17. *Manejo de crisis*

18. *Orientación a los resultados con calidad*

19. *Orientación al cliente interno y externo*

20. *Pensamiento analítico*

21. *Pensamiento conceptual*

22. *Pensamiento estratégico*

23. *Productividad*

24. *Profundidad en el conocimiento de los productos*

25. *Relaciones públicas*

26. *Responsabilidad*

27. *Temple y dinamismo*

28. *Tolerancia a la presión de trabajo*

29. *Toma de decisiones*

30. *Trabajo en equipo*

Como se comentara en la sección destinada a las *competencias cardinales*, la clasificación en *competencias cardinales* y *específicas*, según corresponda, es sólo una forma de presentación para la confección de *La Trilogía*. Cualquiera de ellas puede ser considerada en una categoría u otra, según se requiera en el momento de confeccionar el modelo de competencias a medida de la organización.

Las preguntas aquí presentadas se relacionan con la competencia según su definición y no tienen relación con su clasificación, ya sea en *competencias cardinales* o *específicas gerenciales* o *por área*. Los comportamientos, al igual que las preguntas, se relacionan con el concepto de cada competencia.

Usted tiene en sus manos un libro con preguntas a modo de diccionario. Por lo tanto, los ejemplos de preguntas le serán de utilidad para utilizarlos tal cual están aquí expuestos o para preparar sus propias preguntas. En todos los casos, tenga en cuenta la redacción que le haya asignado a cada competencia en particular.

Definición de la competencia	Preguntas sugeridas
Adaptabilidad - Flexibilidad Capacidad para comprender y apreciar perspectivas diferentes, cambiar convicciones y conductas a fin de adaptarse en forma rápida y eficiente a diversas situaciones, contextos, medios y personas. Implica realizar una revisión crítica de su propia actuación.	1. *Cuénteme sobre alguna nueva asignación a la que usted haya tenido que responder de inmediato, en momentos en que estaba muy involucrado en alguna otra tarea. ¿Cómo resolvió el problema?*
	2. *¿Hizo algún pasaje por diferentes sectores o por diferentes filiales u oficinas, en su último o actual empleo? ¿Quién decidió el cambio? ¿Fue algo impulsado por usted o por la organización? ¿Cómo se manejó en las otras áreas?*
	3. *¿Alguna vez tuvo que hacerse cargo por un tiempo de una área que no era la suya? ¿Cómo se manejó?*
	4. *¿Qué cambios tuvo que hacer en su forma de trabajar a fin de responder a nuevos requerimientos de los clientes? ¿Cómo los concretó?*

Para tener en cuenta

Al entrevistar, preste atención al relato de su entrevistado. Indúzcalo a expresarse en la primera persona del singular ("Yo..."). De este modo podrá centrarse en sus propias experiencias y comportamientos.

Definición de la competencia	Preguntas sugeridas
Calidad y mejora continua Capacidad para optimizar los recursos disponibles –personas, materiales, etc.– y agregar valor a través de ideas, enfoques o soluciones originales o diferentes en relación con la tarea asignada, las funciones de las personas a cargo, y/o los procesos y métodos de la organización. Implica la actitud permanente de brindar aportes que signifiquen una solución a situaciones inusuales y/o aportes que permitan perfeccionar, modernizar u optimizar el uso de los recursos a cargo.	1. *Reláteme una situación en la que sus ideas hayan sido generadoras de mejoras significativas para su puesto/sector/área o para la organización en general. ¿Qué lo motivó a realizar esa propuesta en particular?* 2. *Cuénteme de una situación en la que haya tenido que minimizar la ineficiencia de los procesos relacionados con su propio trabajo y el de su equipo, a fin de optimizar el uso de los recursos disponibles. (Si corresponde, será del equipo a su cargo, del área a su cargo, etc.) ¿Qué acciones ejecutó para lograrlo? ¿Cómo estableció las pautas y lineamientos a seguir?* 3. *Reláteme algún caso en el que a través de su gestión se haya resuelto algún viejo problema de su puesto de trabajo (o sector, o área, o la empresa en su conjunto, según corresponda). ¿Cómo fue? ¿De qué se trataba?* 4. *¿Ha realizado propuestas para mejorar los procesos o sistemas existentes en su organización?* *De ser afirmativa la respuesta: ¿Cuáles han sido esas propuestas? ¿Cuál fue la respuesta que obtuvo al expresarlas?* *Si los cambios propuestos por el entrevistado fueron implementados: ¿Cuál fue el resultado de su aplicación? ¿Aún siguen en vigencia?*

Para tener en cuenta

Sugerencia para entrevistar: inicie la conversación con su estilo habitual e incorpore las preguntas para evaluar competencias durante el transcurso de la entrevista.

Definición de la competencia	Preguntas sugeridas
Capacidad de planificación y organización Capacidad para determinar eficazmente metas y prioridades de su tarea, área o proyecto, y especificar las etapas, acciones, plazos y recursos requeridos para el logro de los objetivos. Incluye utilizar mecanismos de seguimiento y verificación de los grados de avance de las distintas tareas para mantener el control del proceso y aplicar las medidas correctivas necesarias.	1. *Cuénteme sobre algún proyecto de cuya implementación usted haya sido responsable. Precise los pasos y tiempos que demandaron, si se cumplieron los planes establecidos, cómo realizó la planificación, etcétera.*
	2. *Descríbame alguna implementación realizada en su área o sector que usted haya sido el responsable de llevar adelante, aun cuando no fuese el responsable máximo del proyecto.*
	3. *Cuénteme de alguna situación en la que a usted o a su área/sector le haya tocado implementar algo planeado y diseñado por otro y a usted le hayan asignado el control del proyecto.*
	4. *En su vida personal, ¿planifica aquellos viajes u otras situaciones que implican un desembolso especial de dinero o insumen tiempo u algún otro recurso escaso? ¿De qué manera lo hace?*

Para tener en cuenta

A partir de estos ejemplos, prepare sus propias preguntas adaptándolas a la situación.

Definición de la competencia	Preguntas sugeridas
Cierre de acuerdos Capacidad para concretar y formalizar acuerdos y vínculos con los clientes, a través de propuestas y soluciones oportunas que respondan a sus necesidades y expectativas, y lograr beneficios para ambas partes.	1. *Cuénteme sobre alguna situación en la que haya realizado acuerdos con otras personas (clientes internos o externos) y en la que haya establecido conexiones apropiadas que resultaron sumamente positivas para las metas de su área u organización, así como para la contraparte.*
	2. *Descríbame alguna presentación que usted haya realizado a un potencial cliente (interno o externo), por medio de la cual logró que este eligiera a su organización/proyecto y los servicios que le ofrecía. ¿Cuál fue su rol? ¿Qué aspectos consideró para elaborar la propuesta?*
	3. *¿Cómo identifica aquello que resulta realmente importante para su cliente (interno o externo) al momento de tomar una decisión con respecto a la organización que usted integra (o integraba) y los servicios que ofrecía? Por favor, bríndeme un ejemplo.*
	4. *Reláteme una situación en la que haya logrado convencer a un cliente (interno o externo), que en un inicio presentaba objeciones y dudas, acerca de la conveniencia de adquirir/utilizar un producto/servicio. ¿Qué estrategia utilizó en esa situación para lograr convencerlo?*

Para tener en cuenta

En el caso que el entrevistado no cuente con clientes externos, pregunte por situaciones análogas referidas a clientes internos (por ejemplo, cuando debe convencerlos de que participen y/o colaboren con algún proyecto, cuando deben compartir recursos, etcétera).

Definición de la competencia	Preguntas sugeridas
Colaboración Capacidad para brindar apoyo a los otros (pares, superiores y colaboradores), responder a sus necesidades y requerimientos, y solucionar sus problemas o dudas, aunque las mismas no hayan sido manifestadas expresamente. Implica actuar como facilitador para el logro de los objetivos, a fin de crear relaciones basadas en la confianza.	1. *Cuénteme sobre algún proyecto o asignación especial donde haya tenido que trabajar con personas de otro sector o área, asesores externos, etc. ¿Se logró la cooperación entre los distintos integrantes? ¿Cuál fue su rol? ¿Cómo calificaría la experiencia? ¿Cómo se sintió?*
	2. *¿Cómo demuestra su apoyo a sus pares y/o colaboradores, y cómo logra desarrollar relaciones basadas en la confianza mutua? ¿De qué manera logró construir dicha relación? ¿Qué hizo para conseguirlo? Por favor, bríndeme ejemplos.*
	3. *Cuénteme una situación en la que un colaborador o compañero suyo haya recurrido a usted para solicitarle ayuda. ¿Puede comentarme cómo se comportó en dicha situación? ¿Cómo se sintió?*
	4. *¿Con qué frecuencia interactúa con personas de otros sectores o áreas? Descríbame su relación con ellas. ¿Recuerda algún caso en el que haya colaborado voluntariamente con otra área, a fin de alcanzar un objetivo que si bien no estaba directamente vinculado con su sector era de gran importancia para el conjunto de la organización? ¿Qué lo motivó a hacerlo?*

Para tener en cuenta

Durante la entrevista preste atención tanto a los grandes temas como a otros que parezcan, en una primera instancia, menores o de detalle. En ambos casos podrá observar comportamientos.

Definición de la competencia	Preguntas sugeridas
Competencia "del náufrago" Capacidad para sobrevivir y lograr que sobreviva la organización o área a su cargo en épocas difíciles, aun en las peores condiciones del mercado, que afecten tanto al propio sector de negocios como a todos en general, en un contexto donde, según los casos, la gestión pueda verse dificultada por ruptura de la cadena de pagos, recesión, huelgas o paros. Incluye la capacidad de dirigir organizaciones en procesos de cesación de pagos o concurso preventivo de acreedores[1].	1. Cuénteme de alguna situación en la que la organización para la cual usted trabaja (o trabajaba) *se haya visto afectada por circunstancias que usted pueda catalogar de "verdaderamente difíciles". Bríndeme detalles. ¿Por qué las considera difíciles? ¿Cómo se sentía usted en ese momento?*
	2. En su actuación profesional, ¿le tocó trabajar alguna vez en una empresa que se encontraba en convocatoria de acreedores? ¿Por qué cree usted que la empresa llegó a esa situación? ¿Quién o quiénes eran los responsables?
	3. En las situaciones que usted califica de "difíciles", ¿cómo se relacionaba usted con aquellos a quienes creía responsables de esa realidad?
	4. En el caso que el entrevistado esté sin trabajo: *Bríndeme detalles sobre cómo dirige su búsqueda. ¿Le ha sucedido que alguien a quien usted considerara su amigo no quisiese atenderlo, por teléfono o personalmente, ahora que usted está desempleado? Si la respuesta fuese afirmativa: ¿Cómo se sintió?*

Para tener en cuenta

Rara vez los modelos de competencias incluyen una con el nombre de *Competencia "del náufrago"*; no obstante, indagar acerca de los comportamientos relacionados con esta competencia será de mucha utilidad para conocer acerca de una persona, en especial si esta conducirá a otras en tiempos difíciles tanto de la organización como del mercado en general (jefes de cualquier nivel dentro de la organización).

---

1. La situación de cesación de pagos puede tener diferentes nombres según la legislación de cada país. En la jerga del sector también se la denomina *Chapter Eleven* en alusión al capítulo referido a ella en la Ley Federal de Bancarrotas de los Estados Unidos.

Definición de la competencia	Preguntas sugeridas
Comunicación eficaz Capacidad para escuchar y entender al otro, para transmitir en forma clara y oportuna la información requerida por los demás a fin de alcanzar los objetivos organizacionales, y para mantener canales de comunicación abiertos y redes de contacto formales e informales, que abarquen los diferentes niveles de la organización.	1. *Cuénteme de algún caso en el que, estando en una reunión con otras personas, usted no haya entendido algo, por distracción, falta de conocimiento o bien porque el disertante no fue claro. ¿Qué hizo?*
	2. *Cuénteme acerca de alguna situación en la que, en una reunión con otras personas, usted no haya estado de acuerdo con algo de lo planteado o resuelto. ¿Qué hizo?*
	3. *Reláteme algún episodio en el que, durante una reunión con otras personas, usted no sólo haya estado de acuerdo con lo expuesto y/o resuelto, sino que, además, tenía algo positivo para aportar. ¿Cómo actuó?*
	4. *¿Ha evaluado el clima de su organización? Si la respuesta es afirmativa: ¿Qué acciones correctivas se implementaron? ¿Quién las propuso?*

Para tener en cuenta

Tanto la comunicación verbal como la no verbal son capacidades que pueden ser evaluadas a lo largo de una entrevista. La comunicación verbal puede evaluarse si se presta especial atención a la fluidez del discurso, a la riqueza de vocabulario, a la expresividad verbal, a la precisión de la comunicación, a la capacidad para expresar sentimientos, a la originalidad de las expresiones verbales que la persona emplea. La comunicación no verbal puede ser percibida observando la mirada y el contacto visual, la forma de saludar y dar la mano, la expresividad facial, la sonrisa, el tono, el volumen y el timbre de voz, los gestos de manos y brazos, entre otros aspectos.

Definición de la competencia	Preguntas sugeridas
Conocimiento de la industria y el mercado Capacidad para comprender las necesidades de los clientes y consumidores, tanto nacionales como internacionales. Implica conocer las tendencias y oportunidades del mercado, las amenazas de las empresas competidoras, los puntos fuertes y débiles de la propia organización, y el marco regulatorio, además de conocer a fondo los productos y evaluar la factibilidad y viabilidad de su adaptación a los requerimientos, gustos y necesidades del cliente.	1. *Hábleme del negocio en el que actúa su organización (o aquella en la que trabajó anteriormente): quiénes son los clientes, cuáles son los productos y/o servicios que ofrece, los proveedores, etcétera.*
	2. *Reláteme cómo ve usted el mercado nacional e internacional donde opera la organización en la que trabaja actualmente (o se desempeñó con anterioridad).*
	3. *¿Cómo ve usted la competencia? ¿Quiénes son (o eran) sus competidores? ¿Qué empresas u organizaciones considera similares a la suya?*
	4. *Descríbame puntos fuertes y débiles del negocio de su empresa.*

Para tener en cuenta

Formule las preguntas de a una por vez. Espere la respuesta, luego repregunte o solicite una ampliación.

Definición de la competencia	Preguntas sugeridas
Conocimientos técnicos Capacidad para poseer, mantener actualizados y demostrar todos aquellos conocimientos y/o experiencias específicas que se requieran para el ejercicio de la función a cargo, y avivar de manera constante el interés por aprender y compartir con otros los conocimientos y experiencias propios.	1. *¿Recuerda alguna situación transcurrida en su empleo actual (o en uno anterior, si corresponde) en la cual haya tenido que resolver un problema valiéndose de sus conocimientos técnicos y/o experiencia previa? ¿Cómo lo hizo? ¿Cuál o cuáles fueron los resultados alcanzados?*
	2. *¿Usted cree que es considerado un referente técnico en su organización, ya sea para sus colaboradores, sus pares y/o sus superiores? ¿Podría indicarme qué lo lleva a pensar eso? Bríndeme un ejemplo que respalde su idea.*
	3. *¿Recuerda alguna situación que debió resolver basándose en la aplicación de sus conocimientos técnicos, y que luego ese aporte haya significado una mejora cualitativa para su organización? Bríndeme detalles.*
	4. *¿Ha tenido (o tiene actualmente) oportunidad de desempeñarse en la docencia?* En el caso que la respuesta sea afirmativa, indagar: *¿En qué institución/es? ¿Qué disciplina/s? Cuénteme: ¿de qué manera se mantiene actualizado en su especialidad?*

Para tener en cuenta

El concepto "conocimientos técnicos" incluye el manejo de idiomas o el dominio de cualquier temática en particular que un puesto de trabajo pueda requerir.

Definición de la competencia	Preguntas sugeridas
Credibilidad técnica Capacidad para alcanzar con precisión los objetivos planteados y superar los estándares de calidad establecidos, al comprender la esencia de los problemas complejos, generar soluciones prácticas y aplicables, y brindar beneficios tanto para el cliente como para la organización. Capacidad para generar confianza en los demás por su desempeño profesional y constituirse en un referente a quien consultar. Implica ser reconocido por poseer sólidos conocimientos y experiencia.	1. *¿Usted cree que es considerado un referente técnico en la comunidad de negocios* (o en su empresa, o entre sus colaboradores, según corresponda)*? Cualquiera que sea la respuesta, profundizar: ¿Qué lo lleva a creer eso? Bríndeme un ejemplo que respalde su idea.*
	2. *¿Escribe textos técnicos (artículos, libros, etcétera)? ¿Cuáles ha escrito? Especificar, pedir alguno, etcétera.*
	3. *¿Es (o fue) invitado a dar conferencias, ya sea en la comunidad de negocios, en otras filiales, etc.? Solicitar ejemplos.*
	4. *Cuénteme si tiene o tuvo experiencia docente. En caso de haberla tenido, indagar dónde, cómo y en qué condiciones se desarrolló esa experiencia.*

Para tener en cuenta

Prestar especial atención a la segunda parte de la definición de la competencia. Allí radica su significado más relevante: *Implica ser reconocido por poseer sólidos conocimientos y experiencia. Capacidad para generar confianza...*
Si *Credibilidad técnica* es una de las competencias a evaluar, asegúrese de haber indagado sobre el particular.

Definición de la competencia	Preguntas sugeridas
Desarrollo y autodesarrollo del talento Capacidad para fomentar e incentivar el crecimiento del talento (conocimientos y competencias) propio y de los demás, y utilizar para ello diversas tecnologías, herramientas y medios, según sea lo más adecuado. Implica la búsqueda del aprendizaje continuo, mantenerse actualizado y poder incorporar nuevos conocimientos a su área de trabajo para obtener mejores resultados en el negocio.	1. *Describa cómo es el sistema de evaluación de desempeño de su organización. En su opinión, ¿permite detectar necesidades de formación y personas con potencial para ocupar puestos jerárquicos en la organización? ¿En alguna ocasión ha utilizado sus resultados para emprender planes de desarrollo para usted y/o para sus colaboradores? De ser afirmativa la respuesta: Descríbame la situación.*
	2. *¿Cuáles son los métodos que ha encontrado más útiles para el desarrollo de su propio talento? ¿Por qué los considera los más efectivos? ¿En qué ocasiones los ha implementado? En el caso de que el entrevistado posea colaboradores bajo su supervisión, preguntar: ¿Ha utilizado dichos métodos para desarrollar a sus colaboradores?*
	3. *¿En qué aspectos de su vida profesional considera que debería mejorar? ¿Está trabajando actualmente en ello? Si la respuesta es afirmativa: Reláteme alguna situación en la que haya emprendido acciones para el autodesarrollo. ¿Qué lo motivó a hacerlo? ¿Cuáles fueron las acciones que llevó a cabo?*
	4. *¿Ha asistido, en el último año, a seminarios o conferencias profesionales? ¿A cuáles? ¿Por propia decisión o porque la organización de la que forma/ba parte se lo requirió? ¿Asiste actualmente a algún curso de capacitación o especialización? Si la respuesta es afirmativa, preguntar: ¿Por qué eligió dicho curso? Continuar indagando: ¿De qué otra forma se mantiene actualizado en lo profesional?*

Para tener en cuenta

Para desarrollar a otros, una persona debe primero poseer la capacidad para autodesarrollarse. Por lo tanto, preste atención a la segunda parte de la definición de esta competencia.

Definición de la competencia	Preguntas sugeridas
Dinamismo - Energía Capacidad para trabajar activamente en situaciones cambiantes y retadoras, con interlocutores diversos, en jornadas extensas de trabajo, sin que por esto se vean afectados su nivel de actividad o su juicio profesional. Implica seguir adelante en circunstancias adversas, con serenidad y dominio de sí mismo.	1. *Bríndeme un ejemplo de alguna tarea especial en el trabajo que le haya demandado un esfuerzo importante durante un largo período de tiempo. ¿Cómo la emprendió? ¿Cuál fue el resultado?*
	2. *Hábleme de alguna ocasión en la que ciertos hechos imprevistos lo hayan obligado a redistribuir su tiempo. ¿Qué elementos tomó en cuenta para organizarse?*
	3. *Relate alguna situación en la que su escenario habitual haya cambiado drásticamente (nuevos interlocutores, marco geográfico desconocido, cambio de horarios, etcétera).*
	4. *Describa una jornada extenuante para usted. Ese día en particular en el que usted llegó a estado de agotamiento, sabiendo que quedaban tareas por realizar. ¿Cómo manejó esa situación? ¿Cuáles fueron los resultados de la estrategia utilizada?*

Para tener en cuenta

Indague sobre lo que su entrevistado conciba como "esfuerzo importante", "jornadas extensas de trabajo" o "jornada extenuante" y expresiones similares. De este modo podrá asegurarse de que están utilizando el mismo lenguaje.

Definición de la competencia	Preguntas sugeridas
Gestión y logro de objetivos Capacidad para orientarse al logro de los objetivos, seleccionar y formar personas, delegar, generar directrices, planificar, diseñar, analizar información, movilizar recursos organizacionales, controlar la gestión, sopesar riesgos e integrar las actividades de manera de lograr la eficacia, eficiencia y calidad en el cumplimiento de la misión y funciones de la organización.	1. *En la empresa en la cual usted se desempeña actualmente (o se desempeñó en el pasado), ¿quién fija los objetivos/metas a alcanzar? ¿Cuál es su opinión con respecto a los plazos estipulados y los criterios empleados para lograrlos?*
	2. *¿Podría indicarme cuál fue su nivel de logros en el último ejercicio o período de evaluación? ¿Cuáles considera que fueron los factores que le permitieron cumplir con objetivos establecidos y cuáles las causas por las que no logró alcanzarlos (si ese es el caso)?*
	3. *¿Qué aspectos tiene en cuenta a la hora de planificar su gestión en relación con los objetivos que se propone alcanzar? ¿Qué consecuencias favorables y/o desfavorables ha obtenido como resultado de aplicar ese criterio? Bríndeme un ejemplo.*
	4. *Reláteme una situación en la que usted no haya estado de acuerdo con los criterios adoptados por su superior para la concreción de determinados objetivos/metas fijados/as. ¿Cómo fue su reacción? ¿Qué acciones tomó al respecto? ¿Cuál fue el resultado final?*

Para tener en cuenta

Usted puede intercalar estas preguntas con las usuales en cualquier entrevista.

Definición de la competencia	Preguntas sugeridas
Habilidades mediáticas Capacidad para comunicarse a través de los medios de comunicación con efectividad y eficacia. Implica actuar con desenvoltura frente a los medios en general, en conferencias de prensa, en reuniones con sus pares y/o superiores, o con la comunidad, y en la grabación de videos, teleconferencias y cualquier otro medio de comunicación. Capacidad para mantener una buena relación con la prensa en todas sus variantes y comunicar lo que desea con claridad y sencillez.	1. *¿La estrategia de su compañía incluye la exposición a los medios?* En caso afirmativo: *Cuénteme alguna experiencia que considere relevante. ¿Cómo se preparó para ello, cómo se sintió durante la exposición?*
	2. Continuando con la respuesta anterior: *¿Qué repercusión tuvo? ¿Recibió llamadas de felicitación o de crítica?*
	3. *¿Se vio en alguna grabación?* Si la respuesta es afirmativa: *Describa cómo se vio a usted mismo. ¿Cuál es su evaluación?*
	4. *¿Ha publicado artículos o libros?* Si la respuesta es afirmativa: *¿Dónde y cuándo los publicó? Bríndeme detalles.* Por otro lado: *¿Ha efectuado presentaciones? ¿Qué repercusión han tenido en su organización?*

Para tener en cuenta

La expresión "habilidades mediáticas" hace referencia a la capacidad de enfrentar los medios de comunicación no como parte de la tarea habitual (como sería, por ejemplo, el caso de un conductor de radio o televisión), sino en circunstancias específicas como parte de una función organizacional; por ejemplo, cuando un número uno, CEO o director debe comunicarse, a través de los medios, con la comunidad en la cual opera, para enfrentar determinadas circunstancias, especialmente de crisis.

El término "mediático" significa "perteneciente o relativo a los medios de comunicación" y no debe interpretarse de manera peyorativa, en ningún caso.

Las *Habilidades mediáticas* también pueden aplicarse a la capacidad de expresarse mediante la palabra escrita.

Definición de la competencia	Preguntas sugeridas
Influencia y negociación Capacidad para persuadir a otras personas, utilizar argumentos sólidos y honestos, y acercar posiciones mediante el ejercicio del razonamiento conjunto, que contemple los intereses de todas las partes intervinientes y los objetivos organizacionales. Implica capacidad para influenciar a otros a través de estrategias que permitan construir acuerdos satisfactorios para todos, mediante la aplicación del concepto ganar-ganar.	1. *Cuénteme acerca de alguna situación en la que haya influenciado a alguien para que hiciera algo que usted consideraba importante. ¿Qué herramientas utilizó para convencerlo y lograr su colaboración? ¿Cuál fue el resultado?*
	2. *¿Piensa que los otros hacen lo que usted les dice? ¿Se siente escuchado cuando habla? Cuénteme anécdotas positivas y negativas al respecto, y qué hizo en cada una de esas situaciones.*
	3. *Dígame si alguna vez tuvo que realizar una negociación difícil o con una persona desagradable o que lo irritara. ¿Cómo manejó la situación? ¿Cómo se sintió?*
	4. *¿Cómo planea una negociación? ¿Qué acciones lleva a cabo para informarse acerca de las características e intereses de la contraparte? Bríndeme un ejemplo.*

Para tener en cuenta

No confunda conocimientos sobre negociación con poseer la competencia *Negociación*. Es un error frecuente tanto en ejecutivos como en especialistas de Recursos Humanos.

Definición de la competencia	Preguntas sugeridas
Iniciativa - Autonomía Capacidad para actuar proactivamente, idear e implementar soluciones a nuevas problemáticas y/o retos, con decisión e independencia de criterio. Implica capacidad para responder con rapidez, eficacia y eficiencia ante nuevos requerimientos. Capacidad para promover y utilizar las aplicaciones tecnológicas, herramientas y recursos cuando sea pertinente y aprovechar al máximo las oportunidades que se presentan en el entorno.	*1. Coménteme los problemas del día a día propios de su sector y de otros sectores, y cómo impactan sobre su gestión. ¿Qué hace, desde su posición, para resolverlos? ¿Estas soluciones fueron estandarizadas?*
	2. Cuénteme sobre alguna idea nueva que usted haya propuesto acerca de los métodos de trabajo establecidos en su organización o en un sector específico de ella. ¿Cómo la propuso? ¿Qué resultados tuvo?
	3. ¿Qué hace cuando debe tomarse una decisión y no existe ningún procedimiento estipulado para hacerlo?
	4. ¿Cuál ha sido el trabajo o asignación más interesante que usted tuvo? ¿Cómo se manejó? ¿Y cuál fue el trabajo o asignación más aburrido? ¿Cómo se manejó?

Para tener en cuenta

No lea las preguntas, hará que la entrevista parezca un interrogatorio.

Definición de la competencia	Preguntas sugeridas
Manejo de crisis Capacidad para identificar y administrar situaciones de presión, contingencia y conflicto, y, al mismo tiempo, crear soluciones estratégicas, oportunas y adecuadas al marco de la organización.	1. *¿Recuerda alguna situación compleja o difícil que debió resolver en su trabajo, sorteando presiones, contingencias y conflictos? ¿Cómo administró la problemática? ¿Qué aspectos tuvo en consideración para lograr su resolución? Cuénteme detalles acerca de la solución alcanzada.*
	2. *Bríndeme un ejemplo de una situación crítica que usted haya identificado anticipándose a las potenciales consecuencias que podría haber ocasionado a su área/organización. ¿Cómo logró detectar el problema? ¿De qué se valió para ello? ¿Qué fue lo que hizo al respecto?*
	3. *En múltiples ocasiones es valorada la capacidad que una persona demuestra al manejar situaciones críticas o contingencias y, además, se considera la forma en que lo hace. ¿Podría indicarme cómo es su proceder habitual frente a este tipo de situaciones? Bríndeme un ejemplo que refleje su respuesta.*
	4. *¿En alguna ocasión, ya sea en su empleo actual o en su anterior empleo, se enfrentó a problemas o situaciones adversas que no pudo o no supo cómo manejar? Cuénteme qué fue lo que ocurrió.*

Para tener en cuenta

Indague sobre lo que su entrevistado conciba como "crisis", "situación compleja" o "situación crítica" y expresiones similares. De este modo podrá asegurarse de que están utilizando el mismo lenguaje.

Definición de la competencia	Preguntas sugeridas
Orientación a los resultados con calidad Capacidad para orientar los comportamientos propios y/o de otros hacia el logro o superación de los resultados esperados, bajo estándares de calidad establecidos, fijar metas desafiantes, mejorar y mantener altos niveles de rendimiento en el marco de las estrategias de la organización. Implica establecer indicadores de logro y hacer seguimiento permanente.	1. *¿Quién fija los objetivos/metas que debe alcanzar? ¿Usted qué opina al respecto? ¿Por qué?* (Con relación a si comparte los criterios, si los objetivos le parecen alcanzables, etcétera.)
	2. *¿Cuál fue su grado de logros en el último ejercicio o período de evaluación? ¿Por qué piensa que logró alcanzar (o no) los objetivos?*
	3. *Si su gerente/director/CEO fija nuevas metas, ¿usted cómo reacciona? Bríndeme un ejemplo de esta situación. ¿Qué hizo? ¿Cuál fue el resultado final?*
	4. *Si su gerente/director/CEO fija nuevas metas que usted no comparte, ¿usted cómo reacciona? Bríndeme un ejemplo de esta situación. ¿Qué hizo? ¿Cuál fue el resultado final?*

Para tener en cuenta

No necesariamente debe formular las cuatro preguntas en todos los casos, quizá con dos ya obtenga la información necesaria.

Definición de la competencia	Preguntas sugeridas
Orientación al cliente interno y externo Capacidad para actuar con sensibilidad ante las necesidades de un cliente y/o conjunto de clientes, actuales o potenciales, externos o internos, que se pueda/n presentar en la actualidad o en el futuro. Implica una vocación permanente de servicio al cliente interno y externo, comprender adecuadamente sus demandas y generar soluciones efectivas a sus necesidades.	1. *Defina quiénes son sus clientes (internos o externos) tanto dentro como fuera de la organización. ¿De qué forma determina sus necesidades?*
	2. *¿Qué relación tiene su área/sector con otros sectores? ¿Con qué áreas interactúa en su tarea habitual?*
	3. *Describa alguna mejora que haya tenido que implementar por la insatisfacción particular de un cliente interno o externo. ¿Qué implicó esta mejora?*
	4. *Cuénteme de algún trabajo en el que el sector o equipo a su cargo haya superado las expectativas de un cliente interno o externo.*

Para tener en cuenta

Un buen inicio de entrevista: una pregunta abierta para que el entrevistado se explaye; después usted podrá introducir preguntas directas (cerradas) sobre los temas de su interés.

Definición de la competencia	Preguntas sugeridas
Pensamiento analítico Capacidad para comprender una situación, identificar sus partes y organizarlas sistemáticamente, a fin de determinar sus interrelaciones y establecer prioridades para actuar.	1. Plantee una situación compleja, relacionada con el quehacer del entrevistado, solicítele que realice un análisis referido a ella, y evalúe su respuesta.
	2. *¿Por qué desea cambiar de trabajo? ¿Por qué lo hizo en ocasiones pasadas?* (Podría preguntársele sobre algún caso concreto de su historia profesional.) *¿Cómo se lleva con su jefe actual (o con un jefe anterior, si corresponde)?* Evalúe la consistencia de sus respuestas respecto de por qué desea cambiar de trabajo o cómo se lleva con su jefe, y observe cómo compara la situación presente con otro cambio de trabajo anterior, y con otro jefe.
	3. *Reláteme un problema que tenga en este momento, ya sea personal o profesional.*
	4. *Descríbame una situación problemática que usted haya resuelto, ya sea de índole personal o profesional. ¿Cuáles fueron las causas del problema? ¿Qué efectos tuvo la solución a la que arribó?*

Para tener en cuenta

Observe comportamientos relacionados con esta competencia a lo largo de toda la entrevista: la secuencia lógica tanto del relato en sí mismo como de los hechos referidos, y el análisis que el entrevistado realiza acerca de sus éxitos y/o fracasos.

Definición de la competencia	Preguntas sugeridas
Pensamiento conceptual Capacidad para identificar problemas, información significativa/clave y vínculos entre situaciones que no están obviamente conectadas, y para construir conceptos o modelos, incluso en situaciones difíciles. Capacidad para entender situaciones complejas, descomponiéndolas en pequeñas partes y puntos clave, identificar paso a paso sus implicaciones y las relaciones causa-efecto que se generan, con el objetivo de actuar de acuerdo con un orden de prioridades a fin de conseguir la mejor solución. Implica la aplicación de razonamiento creativo, inductivo o conceptual.	1. *Cuénteme un problema que usted haya resuelto satisfactoriamente. Dígame cómo lo detectó, cómo ideó la solución y, finalmente, de qué manera la implementó.*
	2. *Bríndeme un ejemplo de una situación compleja que haya enfrentado en su organización* (actual o anterior) *a propósito de algún asunto importante. Explíquemela detalladamente.* (Observar el enfoque global y la subdivisión en partes del análisis.)
	3. *Cuénteme un problema que usted haya resuelto y en el que considere que el resultado no ha sido satisfactorio. ¿Cómo detectó el problema, cómo ideó la solución y cómo la implementó? ¿A qué causas atribuye que el problema no se resolviera de manera adecuada?*
	4. Presente al evaluado un caso de actualidad y solicítele que lo analice. Observe cómo lo hace. No refiera temas políticos o religiosos en los que puedan influir preconceptos tanto del entrevistado como de usted mismo como entrevistador.

Para tener en cuenta

Sobre la competencia *Pensamiento conceptual* sugerimos al lector lo mismo que recomendamos para la competencia *Pensamiento analítico*. Observe comportamientos relacionados con esta competencia a lo largo de toda la entrevista: la secuencia lógica tanto del relato en sí mismo como de los hechos referidos, y el análisis que el entrevistado realiza acerca de sus éxitos y/o fracasos.

Definición de la competencia	Preguntas sugeridas
Pensamiento estratégico Capacidad para comprender los cambios del entorno y establecer su impacto a corto, mediano y largo plazo en la organización, optimizar las fortalezas internas, actuar sobre las debilidades y aprovechar las oportunidades del contexto. Implica la capacidad para visualizar y conducir la organización como un enfoque integral, y lograr objetivos y metas retadores, que se reflejen positivamente en el resultado organizacional.	1. *¿Cuáles son las áreas más estratégicas de su organización (o de la división que controla actualmente)?*
	2. *¿Cuáles son las oportunidades de negocio que usted ha identificado para su organización? ¿En qué información se basó para detectarlas? ¿Qué indicios ha considerado para identificar los negocios que había que dejar de lado, si es que se ha dado esa circunstancia?*
	3. *¿Cuál es su participación en el comité estratégico (o similar) de su organización? ¿Con qué frecuencia se reúne este comité?*
	4. *¿Qué nuevos objetivos ha definido para su división que hayan aumentado la importancia de esta en la consecución de la estrategia organizacional?* (Pregunta específica para un número uno de área.)

Para tener en cuenta

Determine cuáles competencias son las más importantes y base en ellas sus preguntas.

Definición de la competencia	Preguntas sugeridas
Productividad Capacidad para fijarse objetivos de alto desempeño y alcanzarlos exitosamente, en el tiempo y con la calidad requeridos, agregar valor y contribuir a que la organización mantenga e incremente su liderazgo en el mercado.	1. *Mencione alguna situación en su trabajo (o en otro ámbito, académico, etc.) en la cual su desempeño haya sido más alto que el del promedio. ¿Bajo qué parámetros mide usted que fue superior?*
	2. *¿Alguna vez sintió que no le gustó su desempeño en una tarea, que no estuvo a la altura de las circunstancias, o una situación similar? ¿Qué hizo para corregirlo?*
	3. *¿Cuáles son las tareas que le disgustan? ¿Cómo las encara? ¿En qué tipo de tareas usted piensa que su rendimiento es mayor y en cuáles considera que es menor? Bríndeme ejemplos de ambos casos. ¿Por qué razón piensa usted que su desempeño es alto/bajo, según corresponda?* *En el caso de un desempeño bajo: ¿Qué acciones ha encarado para mejorarlo?*
	4. *Cuando debe realizar más de una tarea a la vez, ¿qué variables o aspectos toma en consideración para fijar sus prioridades de modo tal de mantener un nivel de eficiencia y productividad acorde a las exigencias? ¿Alguna vez sus niveles de productividad no respondieron a las demandas existentes? ¿Qué considera que lo llevó a sufrir esta baja en su productividad personal? Bríndeme un ejemplo.*

Para tener en cuenta

Indague sobre lo que su entrevistado conciba como "desempeño superior", "productividad" o "eficiencia" y expresiones similares. De este modo podrá asegurarse de que están utilizando el mismo lenguaje.

Definición de la competencia	Preguntas sugeridas
Profundidad en el conocimiento de los productos Capacidad para conocer los productos y/o servicios de la organización y evaluar la factibilidad de su adaptación a los requerimientos, preferencias y necesidades de los clientes. Implica la capacidad para relacionar las ventajas de los productos o servicios que se ofrecen con las necesidades de los clientes, y presentar propuestas o soluciones que agreguen valor.	1. *Cuénteme sobre los productos o servicios de su organización (donde trabaja o trabajaba, según corresponda).*
	2. *Esos productos/servicios, ¿se adaptan a las necesidades de sus clientes? Reláteme algún caso en el que la adaptación haya sido total y otro en el que haya habido algún grado de dificultad.*
	3. *¿Por qué razón piensa usted que los productos se adaptan/no se adaptan a las preferencias de los clientes? ¿Se realizan estudios al respecto?*
	4. *¿Propuso alguna acción para mejorar la situación actual?* (Tanto si la adaptación de los productos es buena como si no lo es.)

Para tener en cuenta

Las preguntas presentadas aquí son sólo ejemplos. Sobre la base de ellas puede construir sus propias preguntas, o adaptarlas a las diferentes circunstancias.

Definición de la competencia	Preguntas sugeridas
Relaciones públicas Capacidad para establecer relaciones con redes complejas de personas cuya colaboración es necesaria para tener influencia sobre los referentes sociales, económicos y políticos de la comunidad, o bien sobre los clientes o proveedores. Implica poseer conocimientos no sólo referidos al área de especialidad, sino también a aspectos generales de la cultura, lo que le permite relacionarse y desenvolverse en el medio empresario en los momentos y las formas adecuados. Capacidad de identificar quién es quién, y a qué personas se debe recurrir en caso de necesitar ayuda o consejo, y efectivamente hacerlo cuando es pertinente.	1. *En su posición actual o en las anteriores, ¿qué oportunidades tuvo usted de exponerse a contactos políticos de distintos niveles (integrantes o no del gobierno)?*
	2. *¿Algún emprendimiento de la compañía generó la necesidad de hacer "lobby"? ¿Con quiénes y a qué nivel tuvo que interactuar?*
	3. *¿Qué personas privilegia dentro y fuera de su organización a la hora de armar su red de contactos?*
	4. *¿Cómo se sirve de su red de contactos para estar al tanto de los últimos avances de sus competidores? ¿Y para mantenerse informado respecto de la realidad de sus clientes?*

Para tener en cuenta

La competencia *Relaciones públicas* no hace referencia al conocimiento de la disciplina que tiene esta misma denominación, sino a la capacidad para generar relaciones con otras personas para fines específicos, tal cual surge de la definición dada de la competencia.

Definición de la competencia	Preguntas sugeridas
Responsabilidad Capacidad para encontrar satisfacción personal en el trabajo que se realiza y en la obtención de buenos resultados. Capacidad para demostrar preocupación por llevar a cabo las tareas con precisión y calidad, con el propósito de contribuir a través de su accionar a la consecución de la estrategia organizacional. Capacidad para respetar las normas establecidas y las buenas costumbres tanto en el ámbito de la organización como fuera de ella.	1. *¿Alguna vez realizó algún aporte para su organización que haya implicado la incorporación de nuevas herramientas y metodologías disponibles en el mercado que brindaran un valor agregado a todos aquellos con los que interactuaba (clientes, pares, etcétera)?*
	2. *¿Recuerda algún caso en el que haya colaborado voluntariamente con otra área, a fin de lograr alcanzar un determinado objetivo, que si bien no estaba directamente vinculado con su sector, era de gran importancia para el conjunto de la organización? ¿Qué lo motivó a hacerlo?*
	3. *¿Alguna vez ha sido asignado a algún proyecto altamente desafiante, al cual no supo inmediatamente cómo responder? ¿Qué hizo ante esta situación? ¿Cómo lo manejó?*
	4. *Descríbame una situación en la que se le hayan presentado inconvenientes para cumplir con un compromiso laboral. ¿Cómo resolvió esa situación?*

Para tener en cuenta

La competencia *Responsabilidad* puede evidenciarse en distintos ámbitos: laboral, educativo, social, deportivo, entre otros.

Definición de la competencia	Preguntas sugeridas
Temple y dinamismo Capacidad para actuar con serenidad, determinación, firmeza, entusiasmo y perseverancia a fin de alcanzar objetivos retadores o para llevar a cabo acciones y/o emprendimientos que requieran compromiso y dedicación. Implica mantener un alto nivel de desempeño en todas las situaciones y con interlocutores diversos.	1. *Bríndeme un ejemplo de alguna situación especial de trabajo en la cual se le haya requerido serenidad, firmeza, perseverancia y entusiasmo durante un período extenso de tiempo a fin de alcanzar objetivos retadores. ¿Cómo enfrentó dicha situación? ¿Su desempeño se vio afectado? ¿Cómo se sintió?*
	2. *Cuénteme si debió enfrentar hechos imprevistos u obstáculos que lo hayan obligado a redistribuir su tiempo o reorganizar las tareas a realizar. ¿Cómo lo resolvió? ¿Cómo se sintió?*
	3. *Reláteme alguna situación en la que su escenario habitual haya cambiado repentinamente (nuevos interlocutores, cambios sorpresivos en el entorno, etc.) o en la cual haya tenido que realizar tareas excepcionales con una alta exigencia. ¿Qué hizo usted para poder enfrentar las nuevas circunstancias? ¿Lo hizo solo o recurrió a la ayuda de otras personas? ¿Logró mantener su nivel de desempeño?*
	4. Indagar cómo analiza situaciones no exitosas de la compañía o de su sector (por ejemplo, no haber alcanzado un presupuesto de ventas).

Para tener en cuenta

"Templanza" *(DRAE)*: acepción primera, moderación, sobriedad y continencia.

Definición de la competencia	Preguntas sugeridas
Tolerancia a la presión de trabajo Capacidad para trabajar con determinación, firmeza y perseverancia a fin de alcanzar objetivos difíciles o para concretar acciones/decisiones que requieren un compromiso y esfuerzo mayores a los habituales. Implica mantener un alto nivel de desempeño aun en situaciones exigentes y cambiantes, con interlocutores diversos que se suceden en cortos espacios de tiempo, a lo largo de jornadas prolongadas.	1. *Describa la situación laboral o de otro ámbito (deportivo, académico, etc.) más tensa que haya debido resolver. ¿Cómo fue? ¿Qué pasó? ¿Cómo procedió? ¿Cuáles fueron los resultados? ¿Cómo se sintió?*
	2. *¿Recuerda alguna situación laboral o de otro ámbito (deportivo, académico, etc.) en la que haya tenido que resistir una presión del entorno muy fuerte y prolongada?*
	3. *Cuando tiene presiones de tipo laboral o de otro ámbito (deportivo, académico, etc.) relevantes, y los problemas se acumulan, ¿qué hace para resolverlos? ¿Cómo se siente cuando esto sucede? ¿Solicita ayuda a sus superiores y/o compañeros?*
	4. *Si le asignan una gran responsabilidad o muchas tareas, con límites específicos de tiempo, ¿cómo planea su estrategia para cumplir con los plazos estipulados?*

Para tener en cuenta

La economía global es inestable y, en mayor o menor medida, todos han sufrido algún tipo de crisis. Indague sobre cómo vive o ha vivido el entrevistado las diferentes crisis del sector/país/área/región (según corresponda) y cómo las relaciona con su propio accionar.

Definición de la competencia	Preguntas sugeridas
Toma de decisiones Capacidad para analizar diversas variantes u opciones, considerar las circunstancias existentes, los recursos disponibles y su impacto en el negocio, para luego seleccionar la alternativa más adecuada, con el fin de lograr el mejor resultado en función de los objetivos organizacionales. Implica capacidad para ejecutar las acciones con calidad, oportunidad y conciencia acerca de las posibles consecuencias de la decisión tomada.	1. *¿Cuál es la decisión más importante que ha tomado en su actual/último trabajo? Descríbame la situación. ¿Debió optar entre variables diferentes? ¿De qué manera decidió cuál era la más adecuada? ¿Cómo evaluó sus implicaciones o consecuencias?*
	2. *¿Considera que su experiencia (laboral, gerencial, etc., según corresponda) ha influido para mejorar la forma en que toma decisiones? De ser así, ¿en qué aspectos observa este cambio? Bríndeme un ejemplo.*
	3. *Cuénteme alguna situación en la que haya optado por un curso de acción que resultó altamente exitoso para su área u organización. ¿Cuál fue la decisión tomada? ¿Por qué tomó esa decisión y no otra? ¿Por qué cree que resultó beneficiosa? Bríndeme un indicador o un ejemplo que sustente su opinión.*
	4. *Reláteme alguna situación en la cual se vio afectado por diversos factores externos que alteraron el curso normal de su trabajo y dificultaron la toma de decisiones que debía realizar. ¿Qué hizo al respecto? ¿Cómo se sintió?*

Para tener en cuenta

Induzca a su entrevistado a hablar de su propia actuación particular en los hechos que relata. Las respuestas en la primera persona del plural ("Nosotros..."), si bien pueden ser adecuadas en alguna otra situación, no lo son en una entrevista laboral. Por lo tanto, si su entrevistado responde de ese modo, pregúntele: "¿Qué es lo que hizo usted?".

Definición de la competencia	Preguntas sugeridas
Trabajo en equipo Capacidad para colaborar con los demás, formar parte de un grupo y trabajar con otras áreas de la organización con el propósito de alcanzar, en conjunto, la estrategia organizacional, subordinar los intereses personales a los objetivos grupales. Implica tener expectativas positivas respecto de los demás, comprender a los otros, y generar y mantener un buen clima de trabajo.	1. *Relate situaciones en las que pares o colaboradores hayan elevado propuestas o nuevas ideas; señale qué hizo usted, y si fueron implementadas.*
	2. *Cuénteme cómo toma usted las ideas presentadas por otros. Dígame si alguna vez le sucedió el tener una idea que no fuese tomada en cuenta, pero sí lo fuese otra presentada por otro integrante del equipo. Reláteme la situación.*
	3. *¿Cómo recibe las ideas o analiza los problemas de sus pares en reuniones de gerencia o sector?*
	4. *Bríndeme dos ejemplos: uno de un nuevo proyecto y otro de un problema que hayan sido planteados por otro integrante del grupo gerencial o de jefatura al cual usted pertenece (o pertenecía). ¿Qué hizo, qué dijo u opinó usted en cada caso?*

Para tener en cuenta

La competencia *Trabajo en equipo* puede tener definiciones diversas. En cada caso se deberán observar comportamientos y cotejarlos con los descritos en el *Diccionario de comportamientos* de la organización.

Para tener en cuenta

Las competencias específicas por área son aquellas aplicables a determinados colectivos de personas en la organización y se relacionan con las áreas en las cuales estos se desempeñan (por ejemplo, Producción, Mercadeo, Finanzas...). La redacción sobre los distintos aspectos de estas competencias, tanto en lo que respecta a su definición como a las preguntas sugeridas para evaluarlas, no hace mención a un área en particular, por lo cual usted podrá, si así lo desea, adaptarlas en función del sector en el cual trabaja su entrevistado.

Una forma de preguntar sobre algunas de las competencias específicas por área aquí mencionadas es, primero, solicitar al entrevistado una definición de la competencia sobre la que se desea indagar, por ejemplo, *Colaboración, Orientación al cliente interno y externo,* o la que corresponda. Después, a modo de repregunta, invitar al entrevistado a que dé un ejemplo de una situación en la que haya puesto en práctica esa competencia, y que explique su comportamiento.

¡Regla de oro!

✦ Para evaluar competencias no debe utilizar preguntas hipotéticas.

✦ Si usted desea evaluar comportamientos pregunte a la persona entrevistada cómo actuó en el pasado. Una persona puede conocer el significado del concepto *Colaboración* pero no por ello evidenciar un comportamiento acorde a sus expresiones.

✦ Si, por el contrario, su propósito es evaluar conocimientos, al formular preguntas hipotéticas el entrevistado le responderá con lo que considera la mejor forma de resolver la situación planteada. Utilizará para ello sus conocimientos y experiencias, pero siempre dentro del plano teórico.

PREGUNTAS PARA EXPLORAR
SOBRE MOTIVACIÓN PARA EL CAMBIO

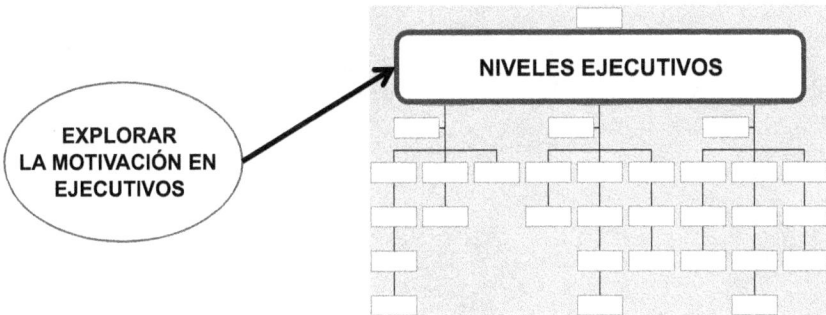

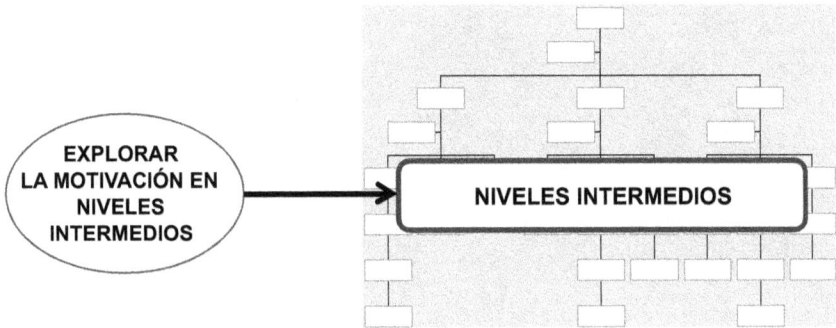

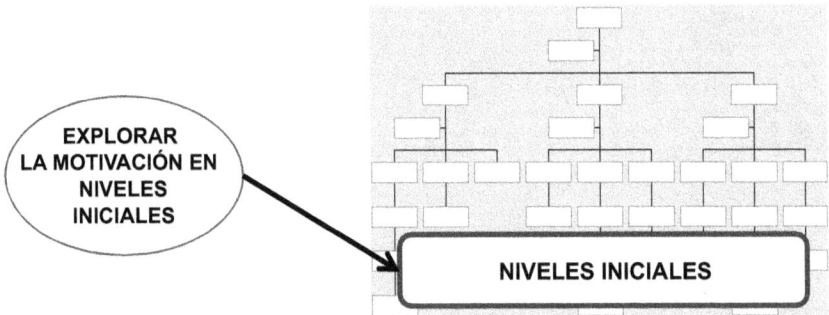

Preguntas para explorar
sobre motivación para el cambio

En mi actividad profesional me ha tocado entrenar y formar, tanto a los equipos de mi consultora como a otros de organizaciones clientes, en la entrevista de personas, especialmente la que se realiza en procesos de selección. Además de la medición y evaluación de conocimientos, experiencia y competencias, en este tipo de entrevistas es de suma relevancia determinar las motivaciones que llevan a la persona a buscar un nuevo empleo.

En los últimos años el tema se ha tornado más complejo aún, ya que se ha difundido la preparación de postulantes para este tipo de entrevistas, por lo cual concurren a ellas con posibles respuestas preparadas. En este contexto, adquiere mayor relevancia la detección de las motivaciones.

Una deducción rápida sobre el particular podría hacer suponer que el dinero es la principal motivación, pero generalmente no lo es. La búsqueda de una mayor remuneración puede ser una motivación, pero no suele ser la única y, además, puede no ser la principal. Debe analizarse caso a caso y no generalizar y, mucho menos, deducir que las motivaciones del otro son las propias.

En esta sección se expondrán preguntas para explorar la motivación considerando los niveles de los entrevistados: ejecutivos, niveles intermedios e iniciales.

Niveles ejecutivos

En los niveles altos de la organización las personas se sienten motivadas, especialmente, por las características del nuevo puesto, las responsabilidades que deben asumirse, las perspectivas que presenta, la posibilidad de manejar negocios y tomar decisiones, el prestigio, la valoración social de la posición, entre otros aspectos. Por lo tanto, para indagar sobre la motivación de altos ejecutivos se debe tener en cuenta que el dinero es siempre una motivación, pero tiene un peso diferente al que puede poseer en otros niveles.

Preguntas para evaluar la motivación para el cambio y para la posición para la cual se lo evalúa:

	Preguntas sugeridas
Expectativas de desarrollo profesional	1. ¿Por qué quiere ingresar a _____?
	2. ¿Qué posición desearía alcanzar más adelante en _____?
	3. ¿Qué imagina estar haciendo dentro de tres años?
	4. ¿Dónde podría realizar un mejor aporte a nuestra organización?
Motivaciones para el cambio	1. ¿Qué elementos consideraría a la hora de decidir realizar un cambio de empleo? ¿En qué orden de importancia?
	2. En caso de que el entrevistado haya respondido a un anuncio, indague si está en una búsqueda intensa o si contestó a ese anuncio porque le interesó algo en particular.
	3. ¿En cuántas búsquedas está participando? ¿Qué expectativas tiene respecto de ellas?
	4. ¿Alguna vez le hicieron una contraoferta (en sus empleos anteriores o en el actual) cuando usted presentó la renuncia? ¿Qué lo motivó a cambiar cuando se fue de _____?

Niveles intermedios

Las personas que ocupan niveles intermedios también se sienten motivadas –como en el caso de los altos ejecutivos– por las características del nuevo puesto, las responsabilidades que deben asumir, las perspectivas que ofrece la posición, la posibilidad de manejar negocios y tomar decisiones, el prestigio, la valoración social del cargo, etcétera. Sin embargo, debe tenerse en cuenta que la mayoría de los colaboradores de estos niveles cambian de trabajo por otros motivos (por ejemplo, una difícil relación con su jefe directo). Por lo tanto, se debe indagar la motivación considerando todas las opciones, incluso el aspecto monetario, pero sin creer que es siempre la principal causa del cambio.

Preguntas para evaluar la motivación para el cambio y para la posición para la cual se lo evalúa:

	Preguntas sugeridas
Expectativas de desarrollo profesional	1. ¿Por qué quiere ingresar a _____?
	2. ¿Qué posición desearía alcanzar más adelante en _____?
	3. ¿Qué imagina estar haciendo dentro de tres años?
	4. ¿Dónde podría realizar un mejor aporte a nuestra organización?
Motivaciones para el cambio	1. ¿Qué elementos consideraría para un cambio de empleo? ¿En qué orden de importancia?
	2. En caso de tratarse de la respuesta a un anuncio, indague si el entrevistado está en una búsqueda intensa o si contestó a este porque le interesó algo en particular.
	3. ¿En cuántas búsquedas está participando? ¿Qué expectativas tiene respecto de ellas?
	4. ¿Alguna vez le hicieron una contraoferta (en sus empleos anteriores o en el actual) cuando usted presentó la renuncia? ¿Qué lo motivó a cambiar cuando se fue de _____?

Niveles iniciales

Entre los niveles iniciales pueden encontrarse casos muy diferentes, desde personas que buscan su primer trabajo a aquellos que tienen problemas económicos serios. Sin embargo, en todos los casos las personas tienen otras motivaciones además del dinero, y una vez que las necesidades básicas están cubiertas surgen con fuerza las demás. Por lo tanto, en un proceso de selección deben indagarse siempre las motivaciones de todo tipo e identificar la escala de prioridades que se establece entre ellas.

Preguntas para evaluar la motivación para el cambio y para la posición para la cual se lo evalúa:

	Preguntas sugeridas
Expectativas de desarrollo profesional	1. *¿Por qué quiere ingresar a _____?*
	2. *¿Qué posición desearía alcanzar más adelante en _____?*
	3. *¿Qué imagina estar haciendo dentro de tres años? ¿Cómo se prepara para ello?*
	4. *¿En qué áreas piensa que podría realizar un mejor aporte a nuestra organización?*
Motivaciones para el cambio	1. *¿Cuál o cuáles son las razones que lo inducirían a aceptar este puesto?*
	2. *Si se trata de la respuesta a un anuncio, indague si el entrevistado está en una búsqueda intensa o si contestó a este porque le interesó algo en particular.*
	3. *¿En cuántas búsquedas está participando? ¿Para qué cargos? ¿Qué expectativas tiene respecto de ellas?*
	4. *Si ya trabajó o está trabajando: ¿Qué elementos consideraría que podrían inducirlo a cambiar de empleo?* *¿Qué lo motivó a cambiar cuando se fue de _____?*

Para tener en cuenta

Pregunte y repregunte sobre la motivación. Las respuestas pueden ser estereotipadas, no se quede con la primera respuesta.

Las respuestas a las preguntas sobre la motivación suelen esconder los verdaderos motivos del deseo de cambio, por lo que suelen ser engañosas. ¿Qué puede hacer usted frente a esta actitud? La repregunta y el análisis de los comportamientos.

¡Regla de oro!

✦ Para explorar la motivación para el cambio no debe utilizar preguntas hipotéticas.

✦ Obtenga comportamientos –también– en las respuestas que recibe al explorar sobre motivación, realizando preguntas similares a las expuestas en esta sección. Tenga en cuenta, sin embargo, que si desea que el entrevistado le relate comportamientos que tuvo debe preguntarle cómo actuó en el pasado. No obtendrá información útil para conocer el comportamiento del entrevistado si este le relata "qué haría" (hipotéticamente), dado que una cosa es lo que una persona imagina que haría llegado el caso, y otra lo que realmente hace cuando la situación se presenta.

✦ Las personas tienden a repetir comportamientos, por lo cual conocer cómo manejó una determinada situación en el pasado le permitirá a usted tener un pronóstico más o menos certero sobre qué hará esta persona el día de mañana frente a una situación similar.

PREGUNTAS PARA NIVELES EJECUTIVOS

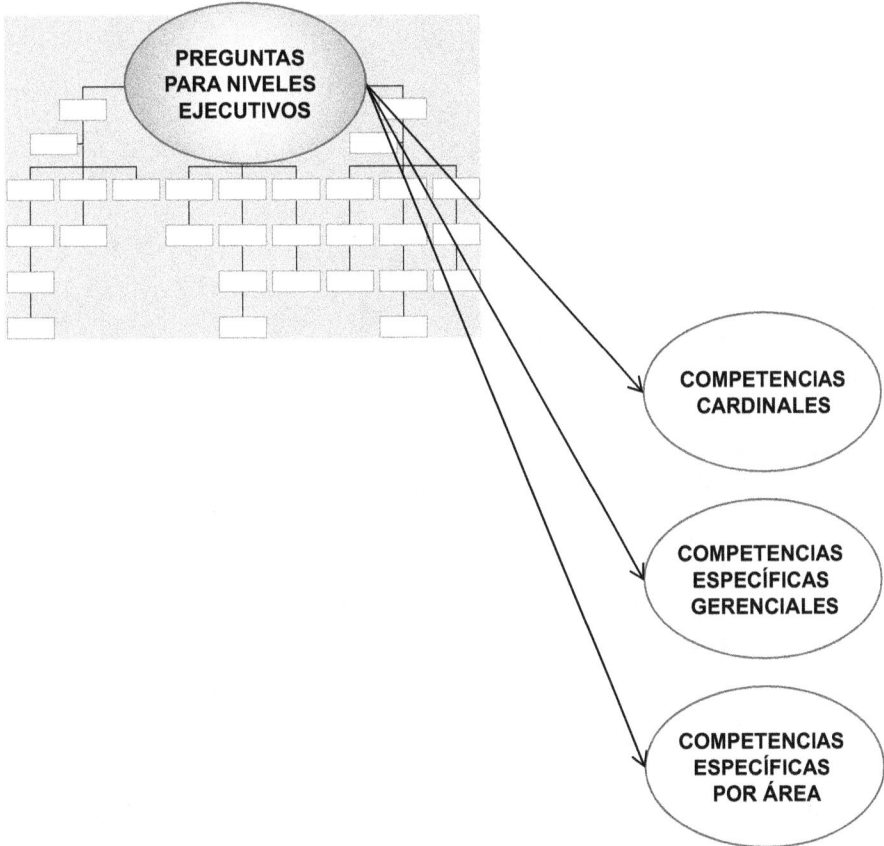

PREGUNTAS PARA NIVELES EJECUTIVOS

COMPETENCIAS CARDINALES

COMPETENCIAS ESPECÍFICAS GERENCIALES

COMPETENCIAS ESPECÍFICAS POR ÁREA

Preguntas para niveles ejecutivos

Para la confección de esta sección he seleccionado diez competencias al azar, sólo con el fin de ilustrar la idea que deseo transmitir. Estas competencias no representan ni las sugeridas ni las más frecuentes en los niveles ejecutivos. A continuación usted encontrará para cada una de las competencias cuatro preguntas sugeridas para obtener comportamientos del entrevistado en relación con las distintas temáticas.

Competencias cardinales

– *Conciencia organizacional*

– *Iniciativa*

Competencias específicas gerenciales

– *Liderazgo*

– *Visión estratégica*

Competencias específicas por área

– *Adaptabilidad - Flexibilidad*

– *Comunicación eficaz*

– *Dinamismo - Energía*

– *Orientación al cliente interno y externo*

– *Pensamiento conceptual*

– *Productividad*

En páginas anteriores de esta obra se han presentado preguntas bajo la siguiente clasificación:

- Competencias cardinales.

- Competencias específicas gerenciales.

- Competencias específicas por área.

En todos los casos las preguntas fueron confeccionadas en función de niveles intermedios, es decir, en su elaboración se pensó que podrían ser utilizadas para entrevistar personas para gerencias de nivel intermedio y posiciones similares. Las preguntas que se consignan a continuación para las diez competencias seleccionadas fueron elaboradas para emplearlas en entrevistas para niveles ejecutivos, es decir, tanto gerentes generales o CEO como gerentes de primer nivel, directores o vicepresidentes a cargo de un área.

Preguntas sugeridas para niveles ejecutivos.
Competencias cardinales[1]

Definición de la competencia	Preguntas sugeridas
Conciencia organizacional Capacidad para reconocer los elementos constitutivos de la propia organización, así como sus cambios; y comprender e interpretar las relaciones de poder dentro de ella, al igual que en otras organizaciones –clientes, proveedores, etcétera–. Implica la capacidad de identificar tanto a aquellas personas que toman las decisiones como a las que pueden influir sobre las anteriores. Implica ser capaz de prever la forma en que los acontecimientos o las situaciones afectarán a las personas y grupos dentro de la organización.	1. *Cuénteme sobre los* stakeholders *de su organización (la actual o en la cual se desempeñaba con anterioridad), las fuerzas de poder y quién toma las decisiones estratégicas de relevancia.*
	2. Si la persona identificada como máximo nivel de decisión en la respuesta anterior no fuese líder formal o natural, pregunte: *¿Usted qué piensa? ¿Considera que eso es (o era) correcto?*
	3. Continuando con la pregunta 1: *Las acciones que lleva/ba adelante el área a su cargo (o la organización en su conjunto, si se trata de un número uno o* CEO*), ¿cómo son (o eran) consideradas/evaluadas por los* stakeholders? *¿Cuál era su rol específico en cada caso? Bríndeme ejemplos.*
	4. Continuando con la pregunta 1: *Las decisiones que usted ha tomado o los proyectos que ha llevado a cabo ¿fueron revisados por otra persona? ¿Esta revisión fue previa a la puesta en práctica, o posterior (auditoría)?*

Para tener en cuenta

La competencia *Conciencia organizacional* es de suma relevancia entre los niveles ejecutivos. Coteje las respuestas obtenidas a sus preguntas con los comportamientos descritos en el *Diccionario de comportamientos*.

---

1   Las preguntas relacionadas con estas competencias –para niveles intermedios– las podrá encontrar en la sección *Diccionario de preguntas. Competencias cardinales*.

Definición de la competencia	Preguntas sugeridas
Iniciativa Capacidad para actuar proactivamente y pensar en acciones futuras con el propósito de crear oportunidades o evitar problemas que no son evidentes para los demás. Implica capacidad para concretar decisiones tomadas en el pasado y la búsqueda de nuevas oportunidades o soluciones a problemas de cara al futuro.	1. *Cuénteme los problemas del día a día propios de su sector y de otros sectores, y cómo impactan sobre su gestión. ¿Qué hace para resolverlos desde su posición?*
	2. *¿Qué hace cuando tiene dificultades para resolver un problema?*
	3. *¿Qué nuevos objetivos se ha establecido recientemente y qué ha hecho para alcanzarlos?*
	4. *Continuando con la pregunta 1: Las decisiones que usted ha tomado o los proyectos que ha llevado a cabo ¿fueron revisados por otra persona? ¿Esta revisión fue previa a la puesta en práctica, o posterior (auditoría)?*

Para tener en cuenta

Las competencias cardinales son aplicables a todos los niveles de la organización; por ende, también a los niveles ejecutivos. Representan la esencia organizacional y permiten alcanzar la visión.

Preguntas sugeridas para niveles ejecutivos.
Competencias específicas gerenciales[2]

Definición de la competencia	Preguntas sugeridas
Liderazgo Capacidad para generar compromiso y lograr el respaldo de sus superiores con vistas a enfrentar con éxito los desafíos de la organización. Capacidad para asegurar una adecuada conducción de personas, desarrollar el talento, y lograr y mantener un clima organizacional armónico y desafiante.	1. *Reláteme una situación en la que se haya tenido que hacer cargo de un nuevo grupo de colaboradores (cambio de trabajo, cambio de puesto dentro de la misma organización, según corresponda). ¿Qué pasó? ¿Cuál fue su propia reacción y la de sus colaboradores? ¿Cómo evalúa la situación vivida? ¿Cómo la evaluaron sus jefes (o pares, o subordinados si se trata de un* CEO)?
	2. *Ante una responsabilidad desafiante o nuevas tareas complejas asignadas a su área de gestión, ¿cómo reaccionaron sus colaboradores? ¿Cómo resolvió la situación? Bríndeme ejemplos positivos y negativos* (si corresponde).
	3. *En su rol de jefe, ¿le tocó alguna vez tener algún caso difícil de manejar?* Frente a una respuesta afirmativa: *Reláteme la situación. ¿Qué pasó? ¿Cómo resolvió ese problema?*
	4. *En los deportes que practica o ha practicado, ¿le ha tocado asumir un papel de liderazgo en la coordinación de un equipo? ¿Qué ha aprendido de esa experiencia?* Si el entrevistado tiene niños, podría formular una pregunta similar en relación con actividades deportivas de estos, consultando si ha asumido algún rol de líder al respecto.

| Para tener en cuenta

Una competencia también puede ser evaluada al considerar comportamientos en actividades extralaborales (deportivas, académicas, etc.). En los altos ejecutivos, la competencia *Liderazgo* podría evidenciarse en su actuación en actividades comunitarias, fundaciones y similares.

---

2   Las preguntas relacionadas con estas competencias –para niveles intermedios– las podrá encontrar en la sección *Diccionario de preguntas. Competencias específicas gerenciales.*

Definición de la competencia	Preguntas sugeridas
Visión estratégica Capacidad para anticiparse y comprender los cambios del entorno, y establecer su impacto a corto, mediano y largo plazo en la organización, con el propósito de optimizar las fortalezas, actuar sobre las debilidades y aprovechar las oportunidades del contexto. Implica la capacidad para visualizar y conducir la empresa o el área a cargo como un sistema integral, para lograr objetivos y metas retadores, asociados a la estrategia corporativa.	1. *Reláteme alguna situación compleja que haya vivido en una organización donde se desempeñó (o se desempeña actualmente), relacionada con temas económicos del país o de la región, y que hayan afectado las actividades. ¿Qué hizo? ¿Cuáles fueron las consecuencias de sus decisiones? ¿Cómo evalúa ahora su actuación en ese momento?*
	2. *¿Qué fuentes de información consulta habitualmente para mantenerse actualizado respecto de las tendencias mundiales en materia de economía, política y fenómenos socioculturales? ¿Relaciona y aplica la información que usted consulta con la estrategia de la organización? Bríndeme un ejemplo.*
	3. *Sobre la base de la información con que usted cuenta respecto de ciertos aspectos de nivel local y/o global, ¿ha diseñado estrategias y/o implementado proyectos estratégicos en su organización (o en otra en la que se desempeñó)? Bríndeme ejemplos.*
	4. *¿Qué planes ha definido para su área/división u organización que hayan sido de gran relevancia en la consecución de la estrategia organizacional? Bríndeme un ejemplo.*

Para tener en cuenta

Como ya se ha dicho, una competencia también puede ser evaluada al considerar comportamientos en actividades extralaborales (deportivas, académicas, etc.).

En los altos ejecutivos, la competencia *Visión estratégica* podría evidenciarse en su actuación en actividades comunitarias, fundaciones y similares.

Preguntas sugeridas para niveles ejecutivos.
Competencias específicas por área[3]

Definición de la competencia	Preguntas sugeridas
Adaptabilidad - Flexibilidad Capacidad para comprender y apreciar perspectivas diferentes, cambiar convicciones y conductas a fin de adaptarse en forma rápida y eficiente a diversas situaciones, contextos, medios y personas. Implica realizar una revisión crítica de su propia actuación.	1. *¿Alguna vez tuvo que hacerse cargo de una responsabilidad o función que no era la usual? ¿Cómo fue la situación? ¿Quién se lo solicitó? ¿Qué pasó?*
	2. *¿Alguna vez tuvo que cambiar el equipo de trabajo afectado a un proyecto que ya se encontraba en marcha? ¿Cómo se adaptó al cambio?*
	3. *¿Tuvo oportunidad de trabajar en el exterior o –aun dentro del propio país– en una cultura muy distinta de la suya? Reláteme la situación. ¿Cómo manejó las diferencias culturales?*
	4. *Reláteme una situación en la cual usted estaba absolutamente concentrado en alcanzar un objetivo y debió hacerse cargo de una tarea diferente. ¿Qué pasó? ¿Logró alcanzar los dos objetivos, o bien sólo uno de ellos, o ninguno? Bríndeme los detalles de lo sucedido.*

Para tener en cuenta

Si el entrevistado es el número uno del área y *Adaptabilidad - Flexibilidad* es una competencia específica definida para esa área en particular, preste mucha atención al relato de su entrevistado, ya que es posible que la competencia sea requerida en un nivel alto de desarrollo. Coteje las respuestas obtenidas a sus preguntas con los comportamientos descritos en el *Diccionario de comportamientos*.

---

3 Las preguntas relacionadas con estas competencias –para niveles intermedios– las podrá encontrar en la sección *Diccionario de preguntas. Competencias específicas por área.*

Definición de la competencia	Preguntas sugeridas
Comunicación eficaz Capacidad para escuchar y entender al otro, para transmitir en forma clara y oportuna la información requerida por los demás a fin de alcanzar los objetivos organizacionales, y para mantener canales de comunicación abiertos y redes de contacto formales e informales, que abarquen los diferentes niveles de la organización.	1. ¿Cuál es el problema de comunicación más difícil que usted ha notado en sí mismo?
	2. Descríbame en pocos minutos un proceso específico que se encuentra dentro de sus principales responsabilidades. (La forma en que el entrevistado logre presentar un proceso a un lego en la materia dará cuenta de sus habilidades de comunicación y presentación de ideas.)
	3. Reláteme algún ejemplo de una presentación importante que tuvo que realizar. ¿Cómo era su auditorio? ¿Cómo se desempeñó? ¿Qué dificultades tuvo?
	4. ¿Su estilo de trabajo es de puertas abiertas? Si la respuesta es afirmativa: ¿Ese es su estilo personal o, por el contrario, el habitual en la organización donde usted se desempeña (o desempeñaba)? ¿Cómo lo ven sus colaboradores? (Obtenga comportamientos al analizar la respuesta a esta pregunta.)

Para tener en cuenta

La competencia *Comunicación eficaz* es de suma relevancia para los niveles ejecutivos, así como para todos aquellos que deban supervisar colaboradores, de cualquier nivel o especialidad. Coteje las respuestas a sus preguntas con los comportamientos descritos en el *Diccionario de comportamientos*.

Definición de la competencia	Preguntas sugeridas
Dinamismo - Energía Capacidad para trabajar activamente en situaciones cambiantes y retadoras, con interlocutores diversos, en jornadas extensas de trabajo, sin que por esto se vean afectados su nivel de actividad o su juicio profesional. Implica seguir adelante en circunstancias adversas, con serenidad y dominio de sí mismo.	1. *¿Cómo maneja la transición de un período de descanso a la situación de trabajo? Bríndeme un ejemplo.*
	2. *Relate alguna situación en la que su escenario habitual haya cambiado drásticamente (nuevos interlocutores, marco geográfico desconocido, cambio de horarios, etcétera).*
	3. *¿Cuánto tiempo extra ha trabajado recientemente? ¿Por qué?*
	4. *¿Qué hace en su tiempo libre?*

Para tener en cuenta

Si el entrevistado es el número uno del área y *Dinamismo - Energía* es una competencia específica definida para esa área en particular, preste mucha atención al relato de su entrevistado, ya que es posible que la competencia sea requerida en un nivel alto de desarrollo. Coteje las respuestas a sus preguntas con los comportamientos descritos en el *Diccionario de comportamientos*.

Definición de la competencia	Preguntas sugeridas
Orientación al cliente interno y externo Capacidad para actuar con sensibilidad ante las necesidades de un cliente y/o conjunto de clientes, actuales o potenciales, externos o internos, que se pueda/n presentar en la actualidad o en el futuro. Implica una vocación permanente de servicio al cliente interno y externo, comprender adecuadamente sus demandas y generar soluciones efectivas a sus necesidades.	1. *¿Qué procedimientos se han implementado durante su gestión para evaluar la satisfacción del cliente con respecto a los productos/servicios ofrecidos?*
	2. *¿Ha considerado la repercusión de sus servicios/productos en los clientes de sus clientes?*
	3. *¿Durante su gestión se han implementado mejoras en los procedimientos administrativos y en los circuitos de información, tendientes a elevar los estándares de calidad de su empresa?*
	4. *En su empresa (o área a su cargo), ¿se valora, se propicia o recompensa que un sector o equipo supere, dentro de su ámbito de incumbencia, las expectativas del cliente?*

Para tener en cuenta

Muchas personas no diferencian a ciencia cierta un *cliente interno* de un *cliente externo*. Asegúrese de que su entrevistado tenga en claro el significado de estos conceptos.

Definición de la competencia	Preguntas sugeridas
Pensamiento conceptual Capacidad para identificar problemas, información significativa/clave y vínculos entre situaciones que no están obviamente conectadas, y para construir conceptos o modelos, incluso en situaciones difíciles. Capacidad para entender situaciones complejas, descomponiéndolas en pequeñas partes y puntos clave, identificar paso a paso sus implicaciones y las relaciones causa-efecto que se generan, con el objetivo de actuar de acuerdo con un orden de prioridades a fin de conseguir la mejor solución. Implica la aplicación de razonamiento creativo, inductivo o conceptual.	1. *Cuando usted tiene un problema que resolver, ¿por dónde comienza? Bríndeme dos ejemplos, uno donde el resultado haya sido positivo y otro no satisfactorio.* (Tener en cuenta que un resultado puede ser positivo o no satisfactorio debido a factores externos, fuera del alcance de acción o decisión del entrevistado. No es esto lo que se desea evaluar a través de esta pregunta, sino el análisis del problema y el curso de acción seguido en cada caso.)
	2. *¿Considera que es una persona que establece con facilidad conexiones entre temas, más allá de lo evidente? Cite un ejemplo de algún caso en que haya usado esta capacidad en relación con sus funciones directivas o en otro plano, si lo desea.* (La pregunta se relaciona con la capacidad para leer entre líneas.)
	3. *Tome un caso de actualidad y pida al entrevistado que lo analice.* (Debe tratarse de un asunto muy conocido, para que no sea necesario dar demasiados detalles, y deberá evitar asuntos de tipo político u otros que impliquen posiciones preconcebidas, tanto en lo que respecta al entrevistado como al entrevistador.) Debe intentar que el evaluado identifique los puntos clave de la situación.
	4. *¿Usted se considera una persona creativa? ¿Podría respaldar su respuesta a través de un ejemplo?*

Para tener en cuenta

Si el entrevistado es el número uno del área y *Pensamiento conceptual* es una competencia específica definida para esa área en particular, preste mucha atención al relato de su entrevistado, ya que es posible que la competencia sea requerida en un nivel alto de desarrollo. Coteje las respuestas a sus preguntas con los comportamientos descritos en el *Diccionario de comportamientos*.

Definición de la competencia	Preguntas sugeridas
Productividad Capacidad para fijarse objetivos de alto desempeño y alcanzarlos exitosamente, en el tiempo y con la calidad requeridos, agregar valor y contribuir a que la organización mantenga e incremente su liderazgo en el mercado.	1. *Mencione alguna situación en el área a su cargo en la cual el desempeño de sus colaboradores haya sido más alto que el del promedio. Describa su propio rol, y el del equipo que dirigía. ¿Esta situación fue reconocida por sus superiores?* Ya sea positiva o negativa la respuesta, continúe indagando: *¿Bajo qué parámetros mide usted que el desempeño fue superior al promedio?*
	2. *¿Alguna vez su autoevaluación fue negativa o no satisfactoria, es decir que usted mismo no se sintió a gusto con su desempeño, ya que consideró que no estuvo a la altura de las circunstancias, o una situación similar? ¿Cómo se sintió? ¿Qué hizo para corregirlo?*
	3. *¿Cuáles son las responsabilidades/funciones que le disgustan o no le agradan? ¿Cómo enfrenta estas situaciones? Bríndeme ejemplos.*
	4. *Cuando su área debe alcanzar diversos objetivos, ¿qué variables o aspectos toma en consideración para fijar sus prioridades de modo tal de mantener un nivel de eficiencia y productividad acorde a las exigencias? Bríndeme un ejemplo.*

Para tener en cuenta

El entrevistador puede complementar estas preguntas con las relacionadas con cada competencia en la sección *Diccionario de preguntas* de esta misma obra, donde las competencias se presentan organizadas en tres clases:

• *Competencias cardinales*
• *Competencias específicas gerenciales*
• *Competencias específicas por área*

PREGUNTAS PARA NIVELES INICIALES

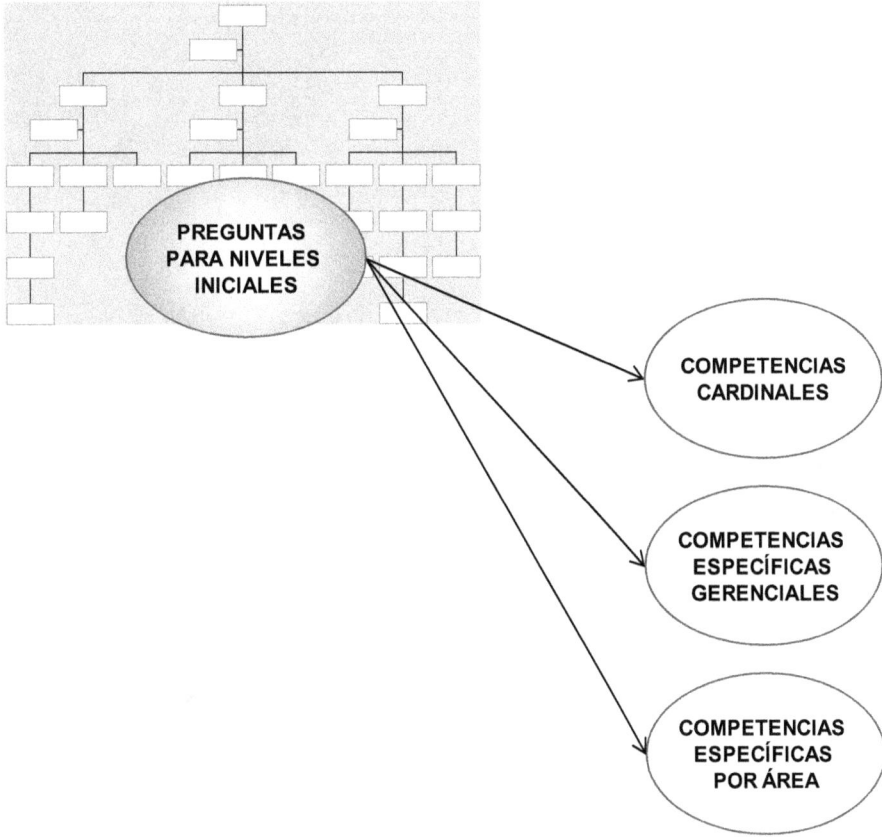

Preguntas para niveles iniciales

Para la confección de esta sección he seleccionado diez competencias al azar, sólo con el fin de ilustrar la idea que deseo transmitir. Estas competencias no representan ni las sugeridas ni las más frecuentes en los niveles iniciales. A continuación usted encontrará para cada una de las competencias mencionadas cuatro preguntas sugeridas para obtener comportamientos en relación con las distintas temáticas.

Competencias cardinales

– *Conciencia organizacional*

– *Iniciativa*

Competencias específicas gerenciales

– *Liderazgo*

– *Visión estratégica*

Competencias específicas por área

– *Adaptabilidad - Flexibilidad*

– *Comunicación eficaz*

– *Dinamismo - Energía*

– *Orientación al cliente interno y externo*

– *Pensamiento conceptual*

– *Productividad*

En páginas anteriores de esta obra se han presentado preguntas bajo la siguiente clasificación:

- Competencias cardinales.

- Competencias específicas gerenciales.

- Competencias específicas por área.

En todos los casos las preguntas fueron confeccionadas en función de niveles intermedios, es decir, en su elaboración se pensó que podrían ser utilizadas para entrevistar personas para gerencias de nivel intermedio y posiciones similares. Las preguntas que se consignan a continuación para las diez competencias seleccionadas fueron elaboradas para ser empleadas en entrevistas para niveles iniciales. Bajo esta denominación se agrupan varios niveles, desde personas que aspiran a su primer empleo hasta otros que, con experiencia laboral, aún no han llegado a niveles de especialista o de jefatura o supervisión. Por lo tanto, los ejemplos de preguntas deben ser tomados considerando esta diversidad de posiciones, y debe adaptarse cada pregunta al caso específico para el cual se aplique.

Preguntas sugeridas para niveles iniciales. Competencias cardinales[1]

Definición de la competencia	Preguntas sugeridas
Conciencia organizacional Capacidad para reconocer los elementos constitutivos de la propia organización, así como sus cambios; y comprender e interpretar las relaciones de poder dentro de ella, al igual que en otras organizaciones –clientes, proveedores, etcétera–. Implica la capacidad de identificar tanto a aquellas personas que toman las decisiones como a las que pueden influir sobre las anteriores. Implica ser capaz de prever la forma en que los acontecimientos o las situaciones afectarán a las personas y grupos dentro de la organización.	1. Si la persona a evaluar ha trabajado en una organización, participado en actividades comunitarias o entrenado en forma regular para algún deporte (o aún lo hace), solicítele: *Cuénteme quién lideraba las tareas de su grupo, si esta persona era el jefe natural u otra persona de la organización.*
	2. Si la persona identificada en la respuesta anterior no fuese el jefe o líder formal, pregúntele: *¿Usted qué piensa al respecto? ¿Considera que eso era/es correcto?*
	3. Continuando con el supuesto de la pregunta 1: *Las acciones que lleva/ba adelante su grupo, ¿qué efecto tienen/tenían sobre otras personas?*
	4. Continuando con el supuesto de la pregunta 1: *Las decisiones de su líder o jefe, ¿eran/son revisadas por otra persona? ¿Qué opina usted al respecto?*

Para tener en cuenta

La competencia *Conciencia organizacional* puede ser evaluada considerando comportamientos en actividades extralaborales (deportivas, académicas, etcétera). Por lo tanto, no es imprescindible que una persona cuente con experiencia laboral para poseer la mencionada competencia ni para que pueda ser detectada mediante las preguntas adecuadas.

---

1   Las preguntas relacionadas con estas competencias y para niveles intermedios las podrá encontrar en la sección *Diccionario de preguntas. Competencias cardinales.*

Definición de la competencia	Preguntas sugeridas
Iniciativa Capacidad para actuar proactivamente y pensar en acciones futuras con el propósito de crear oportunidades o evitar problemas que no son evidentes para los demás. Implica capacidad para concretar decisiones tomadas en el pasado y la búsqueda de nuevas oportunidades o soluciones a problemas de cara al futuro.	1. *¿Qué elementos tomó en consideración para elegir la Universidad _____?*
	2. *¿Qué aspectos consideró para elegir graduarse en la carrera en que lo hizo? ¿Piensa que realizó una correcta elección?*
	3. *¿Cuáles de sus años de estudiante fueron más difíciles? ¿Qué problemas tuvo que enfrentar durante los cursos? ¿Cómo se presentaron estos problemas? ¿Qué hizo para resolverlos?*
	4. *¿Qué lo decidió a tomar su primer empleo? ¿Qué elementos lo llevaron a decidirse por participar en esta búsqueda? ¿Descartó alguna otra posibilidad? ¿Por qué?*

Para tener en cuenta

Las competencias cardinales son aplicables a todos los niveles de la organización, incluso los niveles iniciales. Representan su esencia y permiten alcanzar la visión.

Preguntas sugeridas para niveles iniciales.
Competencias específicas gerenciales[2]

Definición de la competencia	Preguntas sugeridas
Liderazgo Capacidad para generar compromiso y lograr el respaldo de sus superiores con vistas a enfrentar con éxito los desafíos de la organización. Capacidad para asegurar una adecuada conducción de personas, desarrollar el talento, y lograr y mantener un clima organizacional armónico y desafiante.	1. *¿Tuvo que hacerse cargo de algún grupo en su trabajo actual, en la universidad o en alguna otra actividad? ¿Cómo lo hizo? Describa la situación.*
	2. *Ante una tarea compleja asignada al grupo que usted coordinaba, ¿cómo logró que todos respondieran?*
	3. *¿Le tocó alguna vez tener que supervisar a alguien difícil de manejar? ¿Cómo resolvió ese problema?*
	4. *En los deportes que haya practicado, ¿le ha tocado asumir un papel de liderazgo en la coordinación de su equipo? ¿Qué ha aprendido de esa experiencia?*

Para tener en cuenta

Una competencia también puede ser evaluada al considerar comportamientos en actividades extralaborales (deportivas, académicas, etcétera). Por lo tanto, no es imprescindible que una persona haya sido jefe de otra para poseer la competencia *Liderazgo*, ni para que un entrevistador identifique comportamientos que indiquen en qué grado de desarrollo se encuentra la competencia en la persona entrevistada.

---

2 Las preguntas relacionadas con estas competencias –para niveles intermedios– las podrá encontrar en la sección *Diccionario de preguntas. Competencias específicas gerenciales.*

Definición de la competencia	Preguntas sugeridas
Visión estratégica Capacidad para anticiparse y comprender los cambios del entorno, y establecer su impacto a corto, mediano y largo plazo en la organización, con el propósito de optimizar las fortalezas, actuar sobre las debilidades y aprovechar las oportunidades del contexto. Implica la capacidad para visualizar y conducir la empresa o el área a cargo como un sistema integral, para lograr objetivos y metas retadores, asociados a la estrategia corporativa.	1. *Reláteme alguna situación compleja relacionada con sus estudios o algún otro ámbito en la cual usted se haya anticipado a los hechos. ¿Cómo logró detectar a tiempo lo que iba a suceder? ¿Qué hizo al respecto? ¿Cómo impactó su accionar en su grupo de actuación (de estudios u otro, según corresponda)?*
	2. *¿Qué fuentes de información consulta habitualmente para mantenerse actualizado en temas generales, más allá de los relacionados con su quehacer habitual, por ejemplo, economía, política y fenómenos socioculturales? ¿Relaciona y aplica la información que obtiene con sus actividades actuales? Bríndeme un ejemplo.*
	3. *Sobre la base de la información con que usted cuenta de ciertos aspectos de nivel local y/o global, ¿ha presentado propuestas plausibles de ser incorporadas ya sea en su trabajo o un grupo de estudios (según corresponda)? Cuénteme al respecto.*
	4. *¿Qué nuevos objetivos se ha definido para usted mismo y que considere relevantes? ¿Los ha podido cumplir? Bríndeme un ejemplo.*

Para tener en cuenta

Una competencia también puede ser evaluada al considerar comportamientos en actividades extralaborales (deportivas, académicas, etcétera). Por lo tanto, no es imprescindible que una persona posea experiencia laboral relacionada con la competencia *Visión estratégica* para evidenciar el desarrollo o falta de desarrollo de esta capacidad.

Preguntas sugeridas para niveles iniciales.
Competencias específicas por área[3]

Definición de la competencia	Preguntas sugeridas
Adaptabilidad - Flexibilidad Capacidad para comprender y apreciar perspectivas diferentes, cambiar convicciones y conductas a fin de adaptarse en forma rápida y eficiente a diversas situaciones, contextos, medios y personas. Implica realizar una revisión crítica de su propia actuación.	1. *¿Alguna vez tuvo que hacerse cargo de una tarea que no era la usual en la rutina de su trabajo o de su estudio? ¿Qué hizo?*
	2. *¿Tuvo oportunidad de cambiar su grupo habitual de estudio para alguna tarea del ámbito educativo? ¿Cómo se adaptó al cambio?*
	3. *¿Tuvo oportunidad de trabajar o estudiar en el exterior o en una cultura muy distinta de la suya? ¿Cómo manejó la situación?*
	4. *Cuénteme de una nueva asignación a la que había que responder de inmediato, aunque en esos momentos usted se encontraba muy involucrado en alguna otra tarea. ¿Cómo resolvió el problema?*

Para tener en cuenta

Si se ha definido como relevante para la posición la competencia *Adaptabilidad - Flexibilidad*, preste mucha atención al relato de su entrevistado. Coteje las respuestas a sus preguntas con los comportamientos descritos en el *Diccionario de comportamientos*.

---

3   Las preguntas relacionadas con estas competencias –para niveles intermedios– las podrá encontrar en la sección *Diccionario de preguntas. Competencias específicas por área*.

Definición de la competencia	Preguntas sugeridas
Comunicación eficaz Capacidad para escuchar y entender al otro, para transmitir en forma clara y oportuna la información requerida por los demás a fin de alcanzar los objetivos organizacionales, y para mantener canales de comunicación abiertos y redes de contacto formales e informales, que abarquen los diferentes niveles de la organización.	1. *¿Recuerda algún momento en que haya sido muy importante para usted saber transmitir sus ideas y/o sentimientos con claridad?*
	2. *¿Cuál es la situación de comunicación más difícil que ha debido afrontar, en la universidad o en un trabajo* (si corresponde)*?*
	3. *¿Ha tenido que hacer presentaciones orales? ¿Ante qué tipo de auditorio? ¿Qué clase de elementos ha usado en sus presentaciones?*
	4. *¿Recuerda haber tenido que persuadir a otra persona, durante un diálogo, de la validez de un enfoque o de una idea, en la universidad o en su empleo? Cuénteme cómo fue esa experiencia.*

Para tener en cuenta

La competencia *Comunicación eficaz* puede observarse en el relato en sí mismo (considerando de qué manera habla y se desenvuelve el entrevistado), así como también en los comportamientos detectados en el relato que realiza sobre hechos pasados.

Definición de la competencia	Preguntas sugeridas
Dinamismo - Energía Capacidad para trabajar activamente en situaciones cambiantes y retadoras, con interlocutores diversos, en jornadas extensas de trabajo, sin que por esto se vean afectados su nivel de actividad o su juicio profesional. Implica seguir adelante en circunstancias adversas, con serenidad y dominio de sí mismo.	1. *¿Bríndeme un ejemplo de alguna tarea especial, en el trabajo o en la universidad, que le haya demandado un esfuerzo importante durante un largo período de tiempo. ¿Cómo la emprendió? ¿Cuál fue el resultado?*
	2. *Hábleme de alguna ocasión, en su trabajo o en sus estudios, en que ciertos hechos imprevistos lo obligaron a redistribuir su tiempo. ¿Qué elementos tomó en cuenta para organizarse?*
	3. *¿Cómo se desarrolla, en su vida, un típico día laboral o de estudios?*
	4. *¿En qué situaciones laborales ha tenido que dejar una tarea sin resolver? Cuénteme más sobre ello.* Si la persona no trabaja, adapte la pregunta a la actividad académica o deportiva, según corresponda.

Para tener en cuenta

Si se ha definido como relevante para esta posición la competencia *Dinamismo - Energía*, preste mucha atención al relato de su entrevistado. Coteje las respuestas a sus preguntas con los comportamientos descritos en el *Diccionario de comportamientos*.

Definición de la competencia	Preguntas sugeridas
Orientación al cliente interno y externo Capacidad para actuar con sensibilidad ante las necesidades de un cliente y/o conjunto de clientes, actuales o potenciales, externos o internos, que se pueda/n presentar en la actualidad o en el futuro. Implica una vocación permanente de servicio al cliente interno y externo, comprender adecuadamente sus demandas y generar soluciones efectivas a sus necesidades.	1. Si el entrevistado posee experiencia laboral: *¿Tuvo que interactuar con clientes internos o externos en su último trabajo? Coménteme un episodio en el que sienta que pudo brindar una óptima respuesta a las necesidades de su cliente.*
	2. *Describa alguna situación en que haya tenido que trabajar duro para satisfacer las necesidades de un cliente, o de un profesor, o de otra persona que esperaba algo de usted. ¿Qué ocurrió? ¿Cómo se sintió?*
	3. *¿Tenía que responder a necesidades de otros sectores en su actual/anterior empleo, o en alguna actividad comunitaria? Describa algún requerimiento al que le haya resultado difícil responder. ¿A qué se debió esa dificultad? ¿Cómo lo resolvió, si es que lo hizo?*
	4. *¿Qué ha hecho para construir relaciones positivas con los clientes (internos o externos) con los que interactúa en su trabajo, o (en el ámbito de estudios) con compañeros de otros cursos, u otras personas en relación con alguna actividad comunitaria?*

Para tener en cuenta

Indague qué concepto tiene su entrevistado acerca del término "cliente". Además, precise las definiciones de *cliente interno* y *cliente externo*. Asegúrese al respecto para obtener un mejor resultado de la entrevista.

Definición de la competencia	Preguntas sugeridas
Pensamiento conceptual Capacidad para identificar problemas, información significativa/clave y vínculos entre situaciones que no están obviamente conectadas, y para construir conceptos o modelos, incluso en situaciones difíciles. Capacidad para entender situaciones complejas, descomponiéndolas en pequeñas partes y puntos clave, identificar paso a paso sus implicaciones y las relaciones causa-efecto que se generan, con el objetivo de actuar de acuerdo con un orden de prioridades a fin de conseguir la mejor solución. Implica la aplicación de razonamiento creativo, inductivo o conceptual.	*1. Cuando usted tiene un problema que resolver, ¿por dónde empieza? Cite un ejemplo.*
	2. ¿Usted cree ser una persona que establece con facilidad conexiones entre temas, más allá de lo evidente? Cite un ejemplo de algún caso en que haya usado esta habilidad, en sus estudios o en su vida laboral (con relación a saber leer entre líneas).
	3. Tome un caso de actualidad y pida al entrevistado que lo analice. Debe tratarse de un asunto muy conocido, a fin de no tener necesidad de dar demasiados detalles, y deberá evitar asuntos de tipo político u otros que impliquen posiciones preestablecidas o preconcebidas, tanto en lo que respecta al entrevistado como a usted mismo, como entrevistador. Debe intentar que el evaluado identifique los puntos clave de la situación que le plantea.
	4. ¿Usted cree ser una persona creativa? Respalde su respuesta por medio de un ejemplo (puede ser laboral, académico, o de cualquier otro ámbito).

Para tener en cuenta

Sobre la competencia *Pensamiento conceptual* sugerimos que tenga en cuenta el comentario formulado en la sección *Diccionario de preguntas. Competencias específicas por área:* observe comportamientos relacionados con esta competencia a lo largo de toda la entrevista, al considerar la secuencia lógica tanto del relato en sí mismo como de los hechos y el análisis que el entrevistado realiza acerca de sus éxitos y/o fracasos.

Definición de la competencia	Preguntas sugeridas
Productividad Capacidad para fijarse objetivos de alto desempeño y alcanzarlos exitosamente, en el tiempo y con la calidad requeridos, agregar valor y contribuir a que la organización mantenga e incremente su liderazgo en el mercado.	1. Mencione alguna situación, en su trabajo o en otro ámbito (académico, etc.), en la cual su desempeño haya sido más alto que el del promedio. ¿Fue reconocido por otros? ¿Bajo qué parámetros establece usted que su desempeño fue superior al promedio?
	2. ¿Alguna vez sintió que no le gustó su desempeño en una tarea, que no estuvo a la altura de las circunstancias, o una situación similar? ¿Qué hizo para corregirlo? ¿Cómo se sintió? La pregunta puede enfocarse al trabajo o al ámbito académico o deportivo, según corresponda.
	3. ¿Cuáles son las tareas que le disgustan? ¿Cómo las enfoca? La pregunta puede referirse al trabajo o al ámbito académico o deportivo, según corresponda. ¿En cuáles tareas usted piensa que su rendimiento es mayor y en cuáles es menor? Bríndeme ejemplos de ambos casos. ¿Por qué razón piensa usted que su desempeño es alto/bajo, según corresponda? En el caso de un desempeño bajo, ¿qué acciones ha encarado para mejorarlo?
	4. Cuando debe realizar más de una tarea a la vez, ¿qué variables o aspectos toma en consideración para fijar sus prioridades de modo tal de mantener un nivel de eficiencia y productividad acorde a las exigencias? ¿Alguna vez sus niveles de productividad no respondieron a las demandas existentes? ¿Qué considera que lo llevó a tener esta baja en su productividad personal? Bríndeme un ejemplo. La pregunta puede enfocarse al trabajo o al ámbito académico o deportivo, según corresponda.

Para tener en cuenta

El entrevistador puede complementar estas preguntas con las relacionadas con cada competencia en la sección *Diccionario de preguntas* de esta misma obra, donde las competencias se presentan organizadas en tres clases:
- *Competencias cardinales.*
- *Competencias específicas gerenciales.*
- *Competencias específicas por área.*

Anexos

Anexo I. Cómo tratan la temática de *competencias* otros autores

En esta sección, a modo de estado del arte, se presenta un breve análisis de los autores que han tratado la temática desde diferentes vertientes.

Anexo II. Libros de Martha Alles relacionados con *Gestión por competencias*

Se ha tratado *Gestión por competencias* en una serie de obras previas de la misma autora. En esta sección se explica el tratamiento de la temática en los diversos libros que ha publicado.

Anexo III. Herramientas de la Metodología Martha Alles International para *Gestión por competencias*

En esta sección se describen las diferentes herramientas diseñadas con el propósito de poner en práctica los diversos aspectos de *Gestión por competencias*.

ANEXO I

Cómo tratan la temática de *competencias* otros autores

En esta sección, a modo de estado del arte[1], se presenta un breve análisis de los autores que han tratado la temática desde diferentes vertientes.

Competencias laborales y conductuales. Diferencias

Existe en diversos medios, aun en los académicos, una profunda confusión sobre términos que, siendo parecidos, significan cosas muy diferentes: *las competencias laborales* y *las competencias conductuales*.

La Organización Internacional del Trabajo (OIT) impulsa a nivel mundial una serie de programas tendientes a lograr la certificación en *competencias laborales* de personas que no poseen un título o certificado que permita acreditar sus conocimientos o especialidad. Estos programas de certificación son impulsados, a su vez, desde los gobiernos de los respectivos países.

Veamos una definición dada por Cinterfor (Centro Interamericano de Investigación y Documentación sobre Formación Profesional), perteneciente a la OIT: *Existen múltiples y variadas definiciones en torno a la competencia laboral. Un concepto generalmente aceptado la establece como una capacidad efectiva para llevar a cabo exitosamente una actividad laboral plenamente identificada. La competencia laboral no es una probabilidad de éxito en la ejecución del trabajo; es una capacidad real y demostrada.*

La mayoría de las definiciones de competencias laborales plantean una mezcla de conceptos necesarios para desempeñarse adecuadamente en un puesto de trabajo: conocimientos específicos y habilidades necesarias para un desempeño adecuado.

A modo de ejemplo comentaremos un documento del Consejo de Normalización y Certificación (CoNoCer) de competencias laborales de México, de 1998, donde se presenta el modelo a aplicar en ese país en materia de

---

1 Los párrafos de este anexo fueron tomados de la tesis doctoral de la autora, titulada *Incidencia de las competencias en la empleabilidad de profesionales*. Universidad de Buenos Aires, junio de 2007.

competencias laborales. La definición de competencias laborales para este organismo es: *Capacidad productiva de un individuo que se define y mide en términos de desempeño en un determinado contexto laboral, y no solamente de conocimientos, habilidades, destrezas y actitudes; estas son necesarias pero no suficientes por sí mismas para un desempeño efectivo.*

Dice el mencionado documento: *Se reconoce, de manera general, que una persona es competente para hacer algo cuando demuestra que lo sabe hacer. Si el algo a que se ha hecho referencia tiene que ver con el trabajo, puede decirse que la persona es competente en su trabajo; es decir, tiene o posee competencia laboral. La competencia laboral es, entonces, uno más de los diferentes atributos de la persona –en su carácter de trabajador– y dicha competencia es, por lo tanto, identificable en la persona misma. La identificación de la competencia laboral de un trabajador resulta posible si y sólo si está también definido el referente laboral en el que se aplicará la competencia.*

En otras partes del mencionado documento se plantea la necesidad de establecer parámetros comparativos por segmento de la economía y/o por zonas geográficas. Asimismo, se consigna que la norma se refiere a *un trabajador que se ha hecho en la práctica, como es frecuente que suceda en países como los nuestros (los latinoamericanos).*

Las competencias laborales se relacionan con oficios y por extensión se aplican a profesiones de tipo universitario, y en algunos países se han aplicado en relación con la educación. Más allá del nivel educacional que abarque, en nuestra opinión, la principal diferencia que esta concepción de las competencias tiene con la metodología de Gestión por competencias radica en el punto de partida.

En resumen, las competencias laborales fijan su atención en el individuo, que puede pertenecer o no a una organización. La OIT promueve la certificación de las competencias laborales de los individuos como una forma de incrementar su empleabilidad. Si se desea trabajar sobre la empleabilidad de las personas, en especial sobre la de aquellos que no tienen trabajo, promover este tipo de programas será una gestión muy útil para la sociedad.

Cuando se desea trabajar desde el ámbito de las organizaciones se requiere el uso de los denominados modelos de management o de gestión, que permiten "manejar" los recursos humanos de la entidad con el propósito de alinearlos a su estrategia de negocios. Cuando esta modelización se hace correctamente, da lugar a una relación de ganar-ganar entre el empleado y el empleador, ya que es beneficioso, al mismo tiempo, tanto para uno como para el otro. Estos modelos se basan, usualmente, en las denominadas "competencias conductuales". En la práctica, tanto académica como profesional, a las "competencias conductuales" se las llama "competencias" sin aditamento alguno, y a las que se definieron en la OIT, "competencias laborales".

Los estudios de competencias basados en las conductas se apoyan en los trabajos de David McClelland: *Human Motivation* (obra original de 1987) y otros, posteriores, del mismo autor. Entre los principales exponentes sobre la temática de competencias –seguidores de McClelland– se puede distinguir a los norteamericanos Spencer & Spencer, que definen el concepto de competencia como *una característica subyacente de un individuo que está causalmente relacionada a un estándar de efectividad y/o a una performance superior en un trabajo o situación* (1993: 9). El trabajo de estos autores aporta un esquema completo sobre cómo implantar, en una organización, un modelo de competencias. Otro exponente muy reconocido es la profesora francesa Claude Levy-Leboyer (1992).

Las competencias laborales en ningún caso se plantean como un modelo de management o administrativo, aunque pueden ser aplicadas en el marco de las organizaciones. Tal es así que, si se observa, en la mayoría del material existente al respecto se podrá apreciar que los ejemplos que se presentan son –mayoritariamente– en relación con posiciones de tipo operativo, como por ejemplo operarios, enfermeros, vendedores, etcétera.

Según Cinterfor, *la certificación es la culminación de un proceso de reconocimiento formal de las competencias de los trabajadores; implica la expedición, por parte de una institución autorizada, de una acreditación acerca de la competencia poseída por el trabajador. En muchas instituciones de formación la certificación se otorga como un reconocimiento a la culminación de un proceso de formación, basada en el tiempo de capacitación y práctica, así como en los contenidos evaluados. Ello no necesariamente asegura que se esté haciendo una evaluación de competencias.*

A lo largo de los años he consultado abundante bibliografía sobre la temática de competencias y para mi trabajo he elegido una de las vertientes existentes de la concepción de competencias, en la firme creencia de que es la que se relaciona con el marco organizacional y la Administración de Empresas.

En esta parte de la obra se presentará la temática de *Gestión por competencias* según algunos autores seleccionados, que representan las

Competencias laborales

N° 1

Gerentes

Jefes

Empleados

Las personas pueden pertenecer a una organización

Las personas pueden no pertenecer a organización alguna

La OIT promueve la certificación de competencias laborales de personas en función de oficios que pueden desempeñarse dentro de una organización o a título individual.

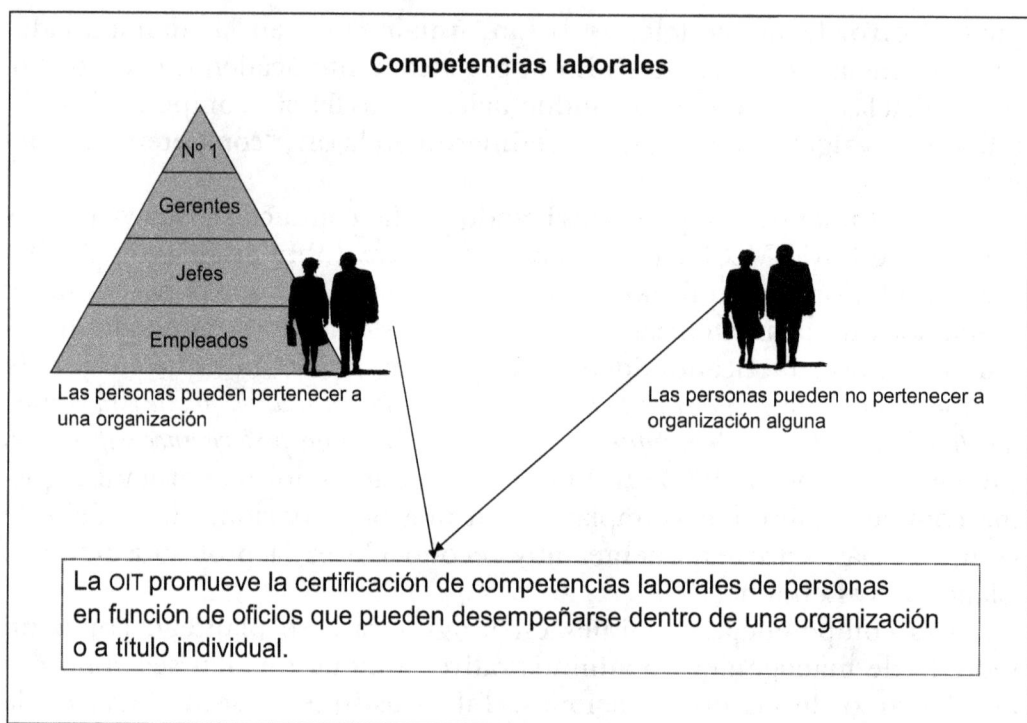

tendencias más divulgadas y que, a su vez, exponen de manera más precisa los distintos aspectos relacionados. En el capítulo denominado *Las buenas prácticas en Recursos Humanos. Gestión por competencias* se integran los diferentes temas de la metodología de Gestión por competencias desde la perspectiva de quien esto escribe, sobre la base de la experiencia práctica en consultoría.

Orígenes de la Gestión por competencias

Unánimemente se considera la obra de David C. McClelland (más precisamente su libro *Human Motivation* –1999, publicado en su origen en 1987–) como la base sobre la cual luego se construye la metodología de Gestión por competencias. Este libro, como su nombre lo indica, está dedicado al estudio de la motivación humana.

Comprender la motivación humana lleva a una definición del término *motivo,* entendido como el interés recurrente para el logro de un objetivo basado en un incentivo natural; un interés que energiza, orienta y selecciona comportamientos.

La explicación de los términos clave de esta definición debería ayudarnos a clarificar y resumir lo que los psicólogos han aprendido acerca de la motivación humana. Básicamente, un motivo puede darse cuando se piensa con frecuencia acerca de un objetivo, es decir, se trata de un interés recurrente y no de pensamientos ocasionales. Una persona que acaba de comer puede a veces pensar acerca de estar sin alimento, pero una persona que piensa continuamente en la posibilidad de verse privada de alimentos, aun cuando no está hambrienta, es aquella que podríamos caracterizar como fuertemente motivada por la comida.

Los estudios de David McClelland sobre la motivación describen los logros en el conocimiento acerca de qué son los motivos y cómo pueden ser medidos, avances que han llevado a un progreso sustancial en la comprensión de tres importantes sistemas motivacionales (definidos por este autor) que gobiernan el comportamiento humano:

- *Los logros como motivación.* La primera motivación que se investigó intensamente fue la determinada *por el logro* o *"n achievement".* A medida que se progresó en esta investigación fue resultando evidente que podría haber sido mejor denominarla *eficiencia,* porque representa un interés recurrente por hacer algo mejor. Hacer algo *mejor* implica algún estándar de comparación interno o externo, y quizá sea mejor concebido en términos de eficiencia o como un ratio *input/output.* Mejorar significa obtener el mismo *output* con menos trabajo, obtener un mayor *output* con el mismo trabajo o, lo mejor de todo, obtener un mayor *output* con menos trabajo.

  De esta manera, la gente con alto *"n achievement"* prefiere actuar en situaciones donde hay alguna posibilidad de mejoras de esta clase. Esas personas no son atraídas por situaciones donde no hay posibilidades de lograr mejoras, esto es, en trabajos muy fáciles o muy difíciles; y por lo tanto no trabajan más duro cuando deben desempeñarse en ellos. Las personas con alta orientación al logro prefieren tener responsabilidad personal por el resultado. Si es bueno, les da información de cuán bien lo están haciendo. Los *entrepreneurs* exitosos tienen alto *"n achievement"*.

- *El poder como motivación.* La necesidad de poder como clave en el pensamiento asociativo representa una preocupación recurrente que impacta sobre la gente y quizá también sobre las cosas. Se ha demostrado, con experiencias que involucran sentimientos de fortaleza física o psicológica, que los más altos resultados han sido recolectados de individuos con alto *"n power"*.
  Altos niveles de *"n power"* están asociados a muchas actividades competitivas y asertivas con un interés en obtener y preservar prestigio y reputación. Sin embargo, desde que la competencia y particularmente las actividades agresivas son altamente controladas por la sociedad, debido a sus efectos potencialmente destructivos, la *válvula de escape* para esta motivación por el poder varía considerablemente de acuerdo con las normas que las personas han internalizado como comportamientos aceptables.

- *La pertenencia como motivación.* Se sabe menos de esta motivación que sobre las dos anteriores. Derivaría de la necesidad de estar con otros, pero no hay certeza de cuál es la causa natural del amor o el deseo de estar con otras personas como motivación.

Estas motivaciones se combinan con otras características para determinar acción.

Los autores que se mencionarán a continuación provienen de diversos países. De los Estados Unidos hemos seleccionado a Lyle y Signe Spencer; de Francia, a Claude Levy-Leboyer; del Reino Unido, a Gerald Cole, y varios otros de Italia. De este modo se pretende mostrar la uniformidad de ciertos criterios que pueden considerarse como básicos dentro de la metodología de Gestión por competencias.

Para una mejor explicación de la teoría sobre Gestión por competencias se dividirá el tema en los siguientes aspectos:

- Definiciones, donde se explicará qué significa el término competencias y la Gestión por competencias y cómo se definen las mismas en el marco de una organización.

- Asignación de competencias a puestos.

Gestión por competencias. Definiciones

Definición de competencias según Spencer & Spencer

En la obra *Competence at work* (1993: 9-11), estos autores aportan una definición de competencia, considerando que es una *característica profunda* de un individuo que se encuentra *causalmente relacionada con un desempeño efectivo (que se toma como criterio de referencia) y/o superior* en un puesto de trabajo o situación laboral.

"Característica profunda" significa que la competencia es una parte integradora y permanente de la personalidad de un individuo, por lo que puede predecir el comportamiento en una gran variedad de situaciones y tareas laborales.

"Causalmente relacionada" significa que la competencia es la causa o predice el comportamiento y desempeño de la persona que la posee.

"Criterio de referencia" significa que la competencia realmente predice quién hará algo bien o mal, y se mide en relación con un estándar o *criterio específico*. Los ejemplos de criterio: volumen de ventas en dólares para las personas de ventas, o la cantidad de pacientes que permanecen "sobrios" para los consejeros de alcohólicos.

Las competencias son *características profundas* del hombre e indican "formas de comportamiento o de pensar", habituales en diferentes situaciones y que permanecen por un largo período.

Cinco tipos de características:

1. *Motivación.* Aquellas cosas que una persona considera o desea en forma consistente. Las motivaciones "dirigen, conllevan y seleccionan" el comportamiento hacia ciertas acciones u objetivos y lo alejan de otros. Ejemplo: las personas motivadas que desean éxito se establecen objetivos, constantemente toman responsabilidad propia para alcanzarlos y utilizan la retroalimentación para desempeñarse mejor.

2. *Rasgos.* Características físicas y respuestas consistentes a situaciones o información.
   Ejemplo: reacción rápida y buena vista son ejemplos de competencias físicas para los pilotos de combate.
   El autocontrol y la iniciativa son "respuestas consistentes a situaciones" más complejas. Algunas personas no "molestan" a otras y actúan

"por encima y más allá del llamado del deber" para resolver problemas bajo estrés. Estas competencias son características de los gerentes exitosos.

Los motivos y las competencias son rasgos intrínsecos o "características supremas" propias de un individuo que determinan cómo se desempeñará en su puesto de trabajo a largo plazo sin una supervisión cercana.

3. *Concepto de uno mismo.* Lo que cada persona considera que es, con respecto a sus valores, características, actitudes e imagen.

Ejemplo: *autoconfianza,* la confianza que una persona tiene en sí misma con relación a su propio desempeño.

Los *valores* de un individuo permiten predecir cómo se desempeñará en su puesto a corto plazo y en situaciones donde otras personas están a cargo. Por ejemplo, es más probable que una persona que valora ser líder demuestre un comportamiento de liderazgo si se le dice que la tarea o empleo representa "una evaluación de su habilidad de liderazgo".

Por lo general, las personas que desean ser gerentes pero no les gusta o no consideran como un valor el hecho de influenciar a otros y motivarlos, pueden ser designados en puestos de gerencia o jefatura, pero fracasan en ese rol.

4. *Conocimiento.* La información que una persona posee sobre áreas específicas.

Ejemplo: conocimiento quirúrgico de los nervios y músculos en el cuerpo humano.

El conocimiento es una competencia compleja. En general, las evaluaciones de conocimiento no logran predecir el desempeño laboral (futuro) porque usualmente no es posible medir el conocimiento y las habilidades considerando con precisión la manera como se utilizarán en el puesto de trabajo. En primer lugar, muchas evaluaciones del conocimiento miden la memoria, cuando lo que realmente importa es cómo se usa la información. El conocimiento basado en la memoria respecto de hechos específicos es menos importante que la capacidad de determinar cuáles son los hechos relevantes frente a un problema determinado. O, desde otra perspectiva, saber cómo encontrar ciertos conocimientos cuando estos son necesarios es más importante que "recordarlos". En segundo lugar, las evaluaciones de conocimiento miden, generalmente, la habilidad de la persona para determinar cuál es la respuesta adecuada entre una serie de alternativas, pero no se evalúa si una persona puede actuar sobre la base del conocimiento. Por ejemplo, la habilidad para determinar el mejor argumento es muy diferente a la habilidad para enfrentar una situación conflictiva y discutir persuasivamente. En tercero y último lugar, el conocimiento predice lo que una persona *puede* hacer, no lo que realmente hará.

5. *Habilidad.* Se refiere a la capacidad de desempeñar adecuadamente ciertas tareas físicas o mentales.

Ejemplo: la habilidad física de un dentista para arreglar una caries sin dañar el nervio; la habilidad de un programador de organizar 50.000 líneas de código en un orden lógico secuencial.

Entre las competencias mentales o cognoscitivas se incluyen las de *pensamiento analítico* (procesamiento de conocimiento y datos, determinando causa y efecto, organizando datos y planos) y *pensamiento conceptual* (reconocimiento de características en datos complejos).

El tipo o el nivel de las competencias tiene implicaciones prácticas para el planeamiento de recursos humanos. Como lo ilustra el gráfico "Modelo del iceberg", las competencias de conocimiento y habilidad tienden a ser características de las personas de tipo visible y relativamente superficiales (en el sentido de que están en la superficie de la personalidad, por lo que son fácilmente observables). El concepto de uno mismo o propio, los rasgos de personalidad y las motivaciones están más escondidos, en una zona más profunda de la mente de las personas.

El conocimiento y las competencias en relación con ciertas habilidades son relativamente fáciles de desarrollar; la manera más adecuada y efectiva de mejorar estas capacidades es mediante el entrenamiento y la capacitación.

Las motivaciones y los rasgos de personalidad presentan una dificultad mucho mayor tanto para su evaluación como para su desarrollo; lo más adecuado –siempre que sea posible– será *seleccionar* empleados que ya posean las características de personalidad y las motivaciones requeridas para cada posición.

Modelo del iceberg

Habilidades
Conocimientos

Concepto de uno mismo

Rasgos de
personalidad
Motivaciones

Visible

Habilidades
Conocimientos

No visible

Concepto de uno mismo
Rasgos de personalidad
Motivaciones

Más fácil de
desarrollar

Más difícil de
desarrollar

Spencer & Spencer (1993: 11)

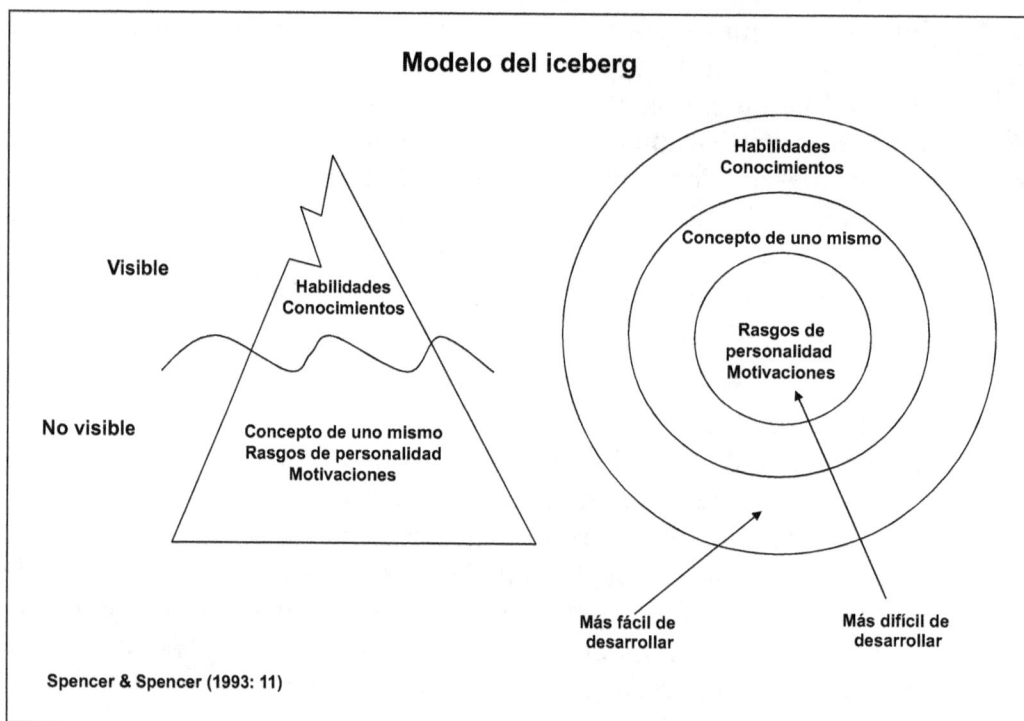

En la obra *Competence at work* (Spencer & Spencer, 1993) dicen sus autores (p. 12) que *muchas organizaciones seleccionan en base a conocimiento superficial y habilidades (contratamos a* MBA *de buenas universidades) y asumen que los nuevos empleados poseen la motivación fundamental y las características necesarias o que estas competencias se pueden infundir mediante buen management. Probablemente, lo contrario sea más económico: las organizaciones deberían seleccionar en base a buenas competencias de motivación y características y enseñar el conocimiento y habilidades que se requieren para los puestos específicos.*

En los puestos complejos, las competencias son más importantes que las habilidades relacionadas a la tarea, la inteligencia o las credenciales para predecir un desempeño superior.

En empleos de niveles superiores –técnicos, de management y profesionales–, casi todos poseen un coeficiente intelectual alto y estudios avanzados en una buena universidad. Lo que distingue a los que se desempeñan mejor en estos puestos es la motivación, habilidades interpersonales y habilidades políticas, las cuales son competencias. Los estudios de competencia son la manera más económica para cubrir estas posiciones.

Continuando con la definición de Spencer & Spencer, estos autores mencionan los siguientes conceptos y a su vez los explican del siguiente modo:

Causalmente relacionada. La motivación, los rasgos de personalidad y el concepto de uno mismo predicen el comportamiento, que a la vez predice el desempeño laboral (ver el gráfico siguiente, "Flujo del comportamiento relacionado").

Las competencias siempre incluyen o se inician en una *intención,* que es el motivo o la característica que origina el comportamiento; se podría decir que es la causa de la acción para lograr un resultado. Por ejemplo, el conocimiento y las habilidades siempre incluyen un motivo, ciertas características o rasgos de personalidad, y el concepto de uno mismo, que proporciona la dirección o el "empuje" para que el conocimiento o la habilidad puedan ser utilizados.

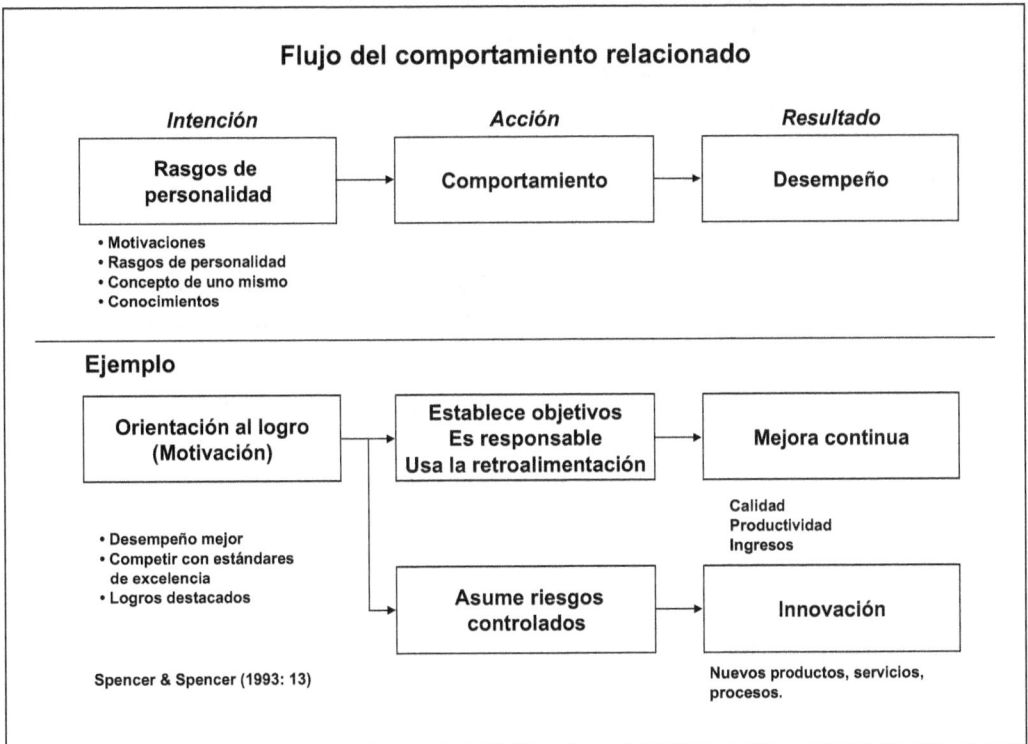

Flujo del comportamiento relacionado

Intención	*Acción*	*Resultado*
Rasgos de personalidad	→ Comportamiento →	Desempeño

- Motivaciones
- Rasgos de personalidad
- Concepto de uno mismo
- Conocimientos

Ejemplo

Orientación al logro (Motivación)	→ Establece objetivos Es responsable Usa la retroalimentación →	Mejora continua

Calidad
Productividad
Ingresos

- Desempeño mejor
- Competir con estándares de excelencia
- Logros destacados

	Asume riesgos controlados →	Innovación

Spencer & Spencer (1993: 13)

Nuevos productos, servicios, procesos.

El comportamiento sin intención no define una competencia. Un ejemplo podría ser: "se observa a un gerente caminando por la oficina". Si quien observa no sabe *por qué* esa persona camina o pasea por la oficina, no podrá saber qué competencia está utilizando o qué se está observando. El motivo del gerente que lo lleva a caminar puede ser: aburrimiento, un calambre en una pierna, supervisar el trabajo de sus colaboradores y comprobar si todo está bien, o sólo el deseo de "ser visible", como una forma –quizá– de que los empleados trabajen más.

Los comportamientos pueden incluir pensamientos no visibles, que preceden y predicen el comportamiento. Ejemplos: motivación (pensar en desempeñarse mejor), planeamiento, o análisis de un problema previo a su resolución.

Criterio de referencia. Los autores de *Competence at work* (p. 13) continúan diciendo que el criterio de referencia es esencial para la definición de competencias. *Un rasgo o característica no es una competencia a menos que prediga algo importante en el mundo real.* El psicólogo William James aseguró que la regla principal de los científicos debería ser: "una diferencia que no *hace* diferencia no *es* diferencia". Una característica o credencial que no hace diferencia en el desempeño no es una competencia y no debería utilizarse como referencia para evaluar personas.

Los criterios que se utilizan con más frecuencia en los estudios de competencia son:

- *Desempeño superior.* Es una desviación tipo por encima del promedio de desempeño. Aproximadamente una de cada diez personas alcanza el nivel superior en una situación laboral.

- *Desempeño eficaz.* Por lo general, esto significa un nivel "mínimamente aceptable" de trabajo. Es el punto que debe alcanzar un empleado; de lo contrario, no se lo consideraría competente para el puesto.

Categorías de competencias

Las competencias se dividen en dos categorías: "punto inicial" y "diferenciales" (Spencer & Spencer, 1993: 13):

- *Competencias de punto inicial.* Son características esenciales (generalmente conocimientos o habilidades básicas) que se necesitan en un empleo para desempeñarse adecuadamente. Competencias de punto inicial son, por ejemplo, para un vendedor, el conocimiento del producto que ofrece y la habilidad para hacer facturas.

- *Competencias diferenciales.* Estos factores distinguen a las personas de niveles superiores de las demás. Por ejemplo, la competencia *Orientación al logro,* que implica establecerse objetivos más altos que los que la organización requiere.

Según Spencer & Spencer, las competencias se pueden clasificar en:

Competencias de logro y acción:
- *Orientación al logro o a los resultados*
- *Preocupación por el orden, la calidad y la precisión*
- *Iniciativa*
- *Búsqueda de información*

Competencias de ayuda y servicio:
- *Entendimiento interpersonal*
- *Orientación al cliente*

Competencias de influencia:
- *Influencia e impacto*
- *Construcción de relaciones*
- *Conciencia organizacional*

Competencias gerenciales:
- *Desarrollo de personas*
- *Dirección de personas*
- *Trabajo en equipo y cooperación*
- *Liderazgo*

Competencias cognoscitivas:
- *Pensamiento analítico*
- *Razonamiento conceptual*
- *Experiencia técnica/profesional/de dirección*

Competencias de eficacia personal:
- *Autocontrol*
- *Confianza en sí mismo*

- *Comportamiento ante los fracasos*
- *Flexibilidad*

En la obra ya citada (pp. 343-344), Spencer & Spencer presentan una serie de competencias para niveles ejecutivos y gerenciales. Dado que el libro de referencia fue publicado hace más de diez años, lo que en aquel entonces se denominó "del futuro" se podría interpretar como "actual".

Para ejecutivos:

- *Pensamiento estratégico*
- *Liderazgo de cambio*
- *Relaciones públicas (habilidad para establecer relaciones e influenciar sobre redes complejas de personas)*

Para gerentes:

- *Flexibilidad*
- *Implementación del cambio*
- *Innovación*
- *Relaciones interpersonales*
- *Empowerment*
- *Dirección de equipos*
- *Adaptabilidad*

Para concluir el análisis sobre estos autores, transcribimos la siguiente reflexión de la obra *Competence at work* (p. 347): *La dirección de recursos humanos agrega valor cuando ayuda a que las personas y las organizaciones mejoren el nivel actual de desempeño. Los métodos de competencia descriptos se centran en la identificación de las características humanas que se pueden medir y desarrollar y que (con una buena concordancia persona-puesto) predicen desempeño superior y satisfacción laboral, sin discriminar por raza, edad, sexo, cultura o educación. El enfoque por competencias es más justo, más libre y más eficaz. Las competencias proporcionan un lenguaje y un método en común que pueden integrar todas las funciones y servicios de recursos humanos –selección, evaluación de desempeño, planeamiento de carrera y sucesión, capacitación y desarrollo, y remuneración– para ayudar a que las personas, las firmas e incluso las sociedades sean más productivas en los difíciles años que vienen.*

Definición de competencias según Levy-Leboyer

En la obra *Gestión de las competencias* (1996: 54) Levy-Leboyer define competencias como *repertorios de comportamientos que algunas personas dominan mejor que otras, lo que las hace eficaces en una situación determinada.*

Esos comportamientos son observables en la realidad cotidiana del trabajo e, igualmente, en situaciones de evaluación. Ponen en práctica, de forma integrada, aptitudes, rasgos de personalidad y conocimientos adquiridos.

Las competencias *representan un trazo de unión entre las características individuales y las cualidades requeridas para llevar a cabo misiones profesionales precisas.*

En este punto deseamos señalar que esta autora incluye el concepto de *comportamientos* en la definición de competencias, aspecto que considero muy importante ya que es clave a la hora de implantar una metodología de Gestión por competencias en el marco de una organización.

Levy-Leboyer presenta un listado de competencias universales para los cuadros superiores:

- *Presentación oral*
- *Comunicación oral*
- *Comunicación escrita*
- *Análisis de problemas de la organización*
- *Comprensión de los problemas de la organización*
- *Análisis de los problemas de fuera de la organización*
- *Comprensión de los problemas de fuera de la organización*
- *Planificación y organización*
- *Delegación*
- *Control*
- *Desarrollo de sus subordinados*
- *Sensibilidad*
- *Autoridad sobre individuos*
- *Autoridad sobre grupos*
- *Tenacidad*
- *Negociación*
- *Vocación para el análisis*

- *Sentido común*
- *Creatividad*
- *Toma de riesgos*
- *Decisión*
- *Conocimientos técnicos y profesionales*
- *Energía*
- *Apertura a otros intereses*
- *Iniciativa*
- *Tolerancia al estrés*
- *Adaptabilidad*
- *Independencia*
- *Motivación*

La autora plantea diferentes listados de competencias. Uno que resulta interesante es el de aquellas que denomina *supracompetencias:*

Intelectuales:
- *Perspectiva estratégica*
- *Análisis y sentido común*
- *Planificación y organización*

Interpersonales:
- *Dirección de colaboradores*
- *Persuasión*
- *Decisión*
- *Sensibilidad interpersonal*
- *Comunicación oral*

Adaptabilidad:
- *Adaptación al medio*

Orientación a resultados:
- *Energía e iniciativa*
- *Deseos de éxito*
- *Sensatez para los negocios*

¿Las competencias son individuales? Si es así, ¿cuál es su relación con las empresas? Para Levy-Leboyer las competencias individuales y competencias clave de la empresa están en estrecha relación: las competencias de la empresa están constituidas ante todo por la integración y la coordinación de las competencias individuales, al igual que, a otra escala, las competencias individuales representan una integración y una coordinación de *savoir faire,* conocimientos y cualidades individuales. De ahí la importancia, para la empresa, de administrar bien su stock de competencias individuales, tanto actuales como potenciales.

En otras palabras, así como las competencias individuales son la base del desempeño de las personas, y muy importantes para ellas, las competencias de la empresa también lo son para esta.

¿Cómo se identifican unas y otras? Las competencias individuales se identifican a través del análisis de los comportamientos. Las competencias de la empresa, en cambio, utilizando métodos de análisis de mercado y de evolución de los proyectos de la organización.

Los diagnósticos de competencias individuales permiten saber lo que cada persona aporta al ejercicio de una misión que le ha sido encargada para realizarla lo mejor posible. El análisis de las competencias de la empresa permite definir los espacios del mercado en los que la empresa es competitiva a largo y corto plazo.

Las competencias individuales son patrimonio del individuo. Las competencias de la empresa son desarrolladas en común por los individuos, pero pertenecen a la empresa.

De todos modos, los diferentes autores coinciden en que la supervivencia de las empresas depende de su capacidad para crear conocimiento en sus recursos humanos y utilizarlo.

Definición de competencias según otros autores

Lucia y Lepsinger (1999: 6-7) aportan una mirada interesante sobre el modelo de competencias, desde una perspectiva diferente de las que hemos visto hasta aquí.

Se realiza una distinción entre competencias innatas y adquiridas, presentando un gráfico ilustrativo que denominan *"Competency Pyramid". Un modelo de competencias* –dicen– *debería incluir las habilidades innatas y las adquiridas. De este modo sería esencialmente una pirámide construida sobre la base de los talentos inherentes (innatos) e incorporando los tipos de habilidades y conocimientos que pueden ser adquiridos a través del estudio, el esfuerzo y la experiencia. El tope de la pirámide es un conjunto específico de comportamientos que son la manifestación de todas las habilidades innatas y adquiridas (...).*

Expresar aquellas habilidades en términos de comportamientos es importante por dos razones: 1) permite definir ejemplos para su más sencilla evaluación y 2) los comportamientos se pueden desarrollar de alguna manera.

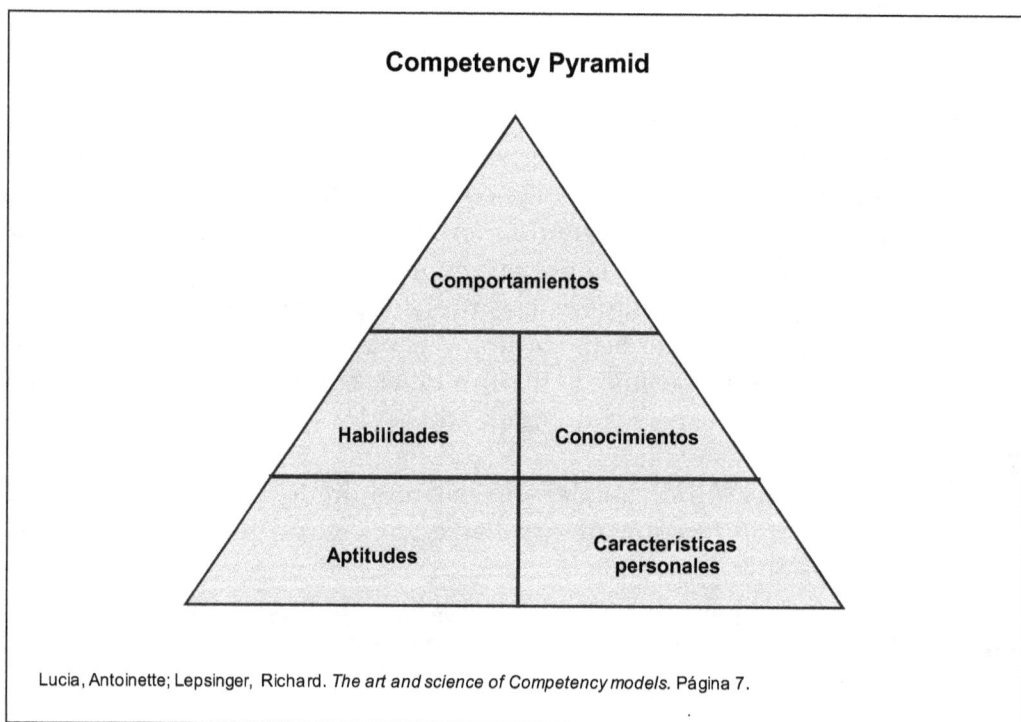

Competency Pyramid

Comportamientos

Habilidades

Conocimientos

Aptitudes

Características personales

Lucia, Antoinette; Lepsinger, Richard. *The art and science of Competency models.* Página 7.

Para Colardyn (1996: 53) las competencias se pueden definir como *el conjunto de las capacidades demostradas en la vida profesional y social presente. Las competencias son individuales, son particulares de cada individuo y están íntimamente ligadas y dependen del contexto social general donde el individuo actúa o se desenvuelve y, muy especialmente, en relación con su campo de actividad, su especialidad y el sector profesional en el cual él vive cotidianamente.*

La autora hace una diferenciación interesante entre *competencias* y *calificaciones;* incluiremos a continuación sólo algunos de los ejemplos que la autora brinda (p. 54).

Calificaciones	Competencias
Capacidades adquiridas y reconocidas por la educación formal	*Capacidades demostradas en la vida profesional y social presente*
Certificadas por examen	*Evaluación de competencias (observación de comportamientos)*
Se centran en el conocimiento de ciertas disciplinas	*Se centran en la producción de resultados relacionados a un contexto profesional o personal preciso*

Para la autora francesa Nadine Jolis (1998: 29-30) las competencias se correlacionan entre sí y se dividen en:

a) *Competencias teóricas.* Por ejemplo: conectar saberes adquiridos durante la formación con la información.

b) *Competencias prácticas.* Por ejemplo: traducir la información y los conocimientos en acciones operativas o enriquecer los procedimientos con calidad.

c) *Competencias sociales.* Por ejemplo: lograr que trabaje un equipo o capacidad para relacionarse.

d) *Competencias del conocimiento (combinar y resolver).* Por ejemplo: conjugar información con saber, coordinar acciones, buscar nuevas soluciones, poder (y saber) aportar innovaciones y creatividad.

Las tres primeras categorías convergen en la última.

Relación entre las competencias

Competencias teóricas

Competencias prácticas

Competencias sociales

Competencias del conocimiento (combinar y resolver)

Obrar en la práctica (implementación)

Jolis, Nadine. *Compétences et Compétitivité.*

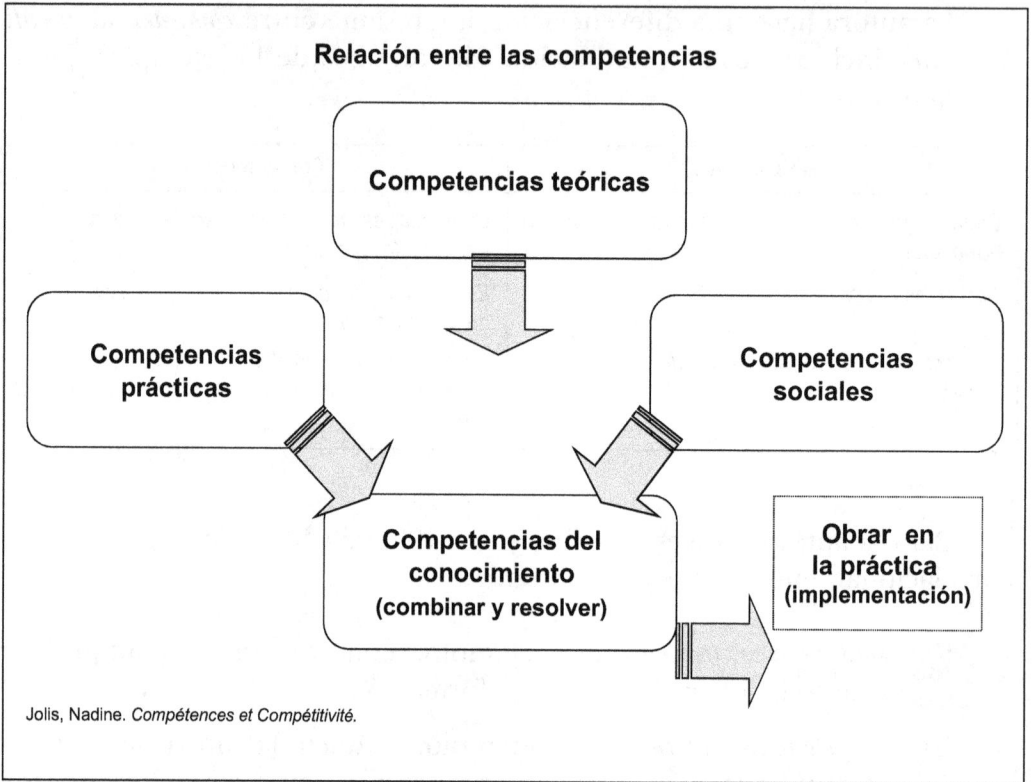

El reconocimiento de las diferentes competencias tiene mucha importancia en la implementación de los procesos de Recursos Humanos. Para capacitar o evaluar al personal podrá ser de gran ayuda comprender las diferencias entre unas y otras, ya que pueden requerir diferentes caminos o soluciones a desarrollar.

Una reflexión sobre las definiciones de competencias

Como se aprecia en los apartados anteriores, el concepto de competencias es complejo e implica una serie de elementos a tener en cuenta. Lamentablemente, en la práctica profesional, en especial en Argentina, se le ha dado al término un uso corriente, quitándole su verdadero significado.

Para referirse a competencias se debe tener en cuenta que se trata de características profundas de personalidad que se componen por los rasgos propiamente dichos, las motivaciones y el concepto de uno mismo. Los tres factores en su conjunto determinan el comportamiento del individuo, elemento que luego se utiliza para la medición de las competencias. Ahora bien, una competencia (rasgos, motivaciones y concepto de uno mismo) se entiende con relación "a algo", que es un estándar de efectividad o desempeño superior. Dicen Spencer & Spencer (1993: 9), en su definición de *competencia*, que esta se mide en relación con un estándar o *criterio específico*. Por lo tanto, la metodología de Gestión por competencias difiere del tradicional enfoque referido a las "características de personalidad" evaluadas en base a un estándar poblacional, ya que en Gestión por competencias el criterio o estándar con el cual se mide una competencia es particular de cada organización.

Un modelo estratégico

Renato Boccalari, en una obra que reúne trabajos de varios autores titulada *Competenze. Leva di eccellenza delle persone e delle organizzazioni* (Boccalari *et al.*, 2004), se refiere a la diferencia entre un modelo de competencias psicológico y uno de tipo estratégico. *La máxima conducción de la empresa podrá asegurar la continuidad de la misma sólo desarrollando las competencias distintivas; estas deberán reflejar –a su vez– la fuente duradera donde se recogerá el producto futuro. ¿Cómo definir una "competencia distintiva"? Como aquella que reúne una serie de competencias y tecnologías que permite a una empresa ofrecer un beneficio a su cliente* (p. 24-27). Brinda como ejemplo el de una empresa tradicional de correo privado cuyo lema es la puntualidad en la entrega al cliente. Allí la competencia distintiva se relaciona con una compleja y sofisticada actividad logística. A su vez, la competencia es distintiva cuando:

- Agrega valor para el cliente.

- Diferencia a la empresa de otras que brindan el mismo servicio o producto.

- Permanece en el tiempo (es una característica temporalmente estable y que está presente en los diferentes escenarios donde la organización actúa y en los diversos productos que ofrece).

Más adelante plantea los pasos a seguir:

- *Identificar la competencia distintiva.*
- *Elaborar un programa para su adquisición (de la competencia distintiva).*
- *Construir la nueva competencia.*
- *Distribuir la competencia distintiva a todos los productos, a todos los mercados.*
- *Determinar cómo llevar la competencia distintiva a los gerentes y empleados.*

Este último es –usualmente– el aspecto más difícil. Cómo transformar una competencia organizacional (la competencia distintiva) en competencias individuales.

La estrategia de la organización también es mencionada por Spencer & Spencer en su obra *Competence at work* (1993: 264-265), donde se considera que la evaluación del desempeño es un ciclo donde los gerentes y sus subordinados realizan una serie de pasos o superan determinadas etapas, y mencionan que *para ello se plantean algunos requisitos: 1) Definir la estrategia organizacional. 2) Definir objetivos organizacionales. 3) Definir objetivos por área o unidad de trabajo.*

Si bien tanto estos autores como Boccalari presentan otros métodos para la recolección de competencias, como el estudio de ciertos casos de éxito (Spencer & Spencer, 1993: 94-95), en algunos pasajes de sus respectivas obras introducen la necesidad de considerar los planes estratégicos de la organización dentro del modelo de competencias.

Asignación de competencias a puestos

Para asignar competencias a un puesto de trabajo debe existir una "descripción del puesto o cargo". Para definir un puesto de trabajo hay que tener en cuenta el propósito general del puesto y sus principales responsabilidades (Cole, 1997: 125). De todos modos, la tarea no es sencilla, ya que muchas veces se dejan sin describir pequeños detalles que son fundamentales.

Spencer & Spencer, en el capítulo 18 de su obra *Competence at work,* el cual trata la temática de la selección de personas y la adecuación persona-puesto, plantean (p. 254) los "Métodos de concordancia entre el puesto y la persona" y mencionan que en un modelo de Recursos Humanos fundado en competencias, tanto la selección como la reubicación de personas debe basarse en la adecuación de cada persona con el puesto que ocupa. Retomando lo planteado por estos autores en el capítulo 2 de su obra (pp. 9-13), hay que decir que las competencias de una persona surgen de la combinación de una serie de elementos: los rasgos de personalidad, las motivaciones y el concepto de uno mismo. Por lo tanto, la adecuación persona-puesto implica comparar lo que el puesto requiere con las competencias de las personas, conformadas por los diferentes conceptos mencionados.

En resumen, estos autores aseguran (p. 254) que en *los sistemas de management de Recursos Humanos basados en las competencias, las decisiones de selección y ubicación se basan en el encuadre o concordancia entre los requisitos del puesto, en materia de competencias, y las competencias de la persona. Una premisa importante es que* "cuanto mayor sea la concordancia entre los requisitos del puesto y las competencias de la persona, mejor será el desempeño y la satisfacción laboral de esta". *El desempeño y la satisfacción elevada, a su vez, predicen la retención (1) porque las personas con un buen desempeño no se despiden; y (2) porque es menos probable que los empleados satisfechos renuncien.*

Boccalari *et al.* han reunido, en la obra *Competenze* (2004, 98 y ss), trabajos de diversos autores relacionados con la práctica profesional en Europa. Entre ellos uno de Enrico Oggioni donde se trata la "mappadura", nombre con el cual llaman a la asignación o identificación del grado necesario de una competencia según el puesto. *Si no se identifica la competencia necesaria, no son posibles ni la medición ni el desarrollo de las competencias. La importancia de una competencia es diferente en cada caso y tiene directa relación con la organización, con cómo esta desea desenvolverse en un futuro. La determinación de* "la competencia necesaria" *se relaciona con los planes estratégicos de la organización, de sus valores y objetivos.*

La asignación de competencias puede realizarse por roles organizacionales, por funciones y familias de puestos, por procesos, entre otras variantes. La asignación de competencias (mappadura) por funciones o familias de puestos implica reunir a todos aquellos que desempeñen funciones similares o que pertenezcan a una misma familia profesional.

Para una mejor medición de las competencias, estas deben ser abiertas en grados. Renato Boccalari (2004: 60) presenta un ejemplo en el que la competencia es abierta en tres niveles. El siguiente cuadro es una versión resumida del presentado por el autor en relación con los niveles de una competencia que él considera clave para un gerente.

Grado básico	Efectúa la tarea asignada transmitiendo su propia experiencia, verificando la calidad del servicio prestado al cliente.
Grado experto	Organiza y planifica las actividades relacionadas con los clientes; promueve el cambio.
Grado excelente	Realiza seguimiento de las actividades y promueve nuevas acciones con el propósito de afianzar la relación con el cliente.

La apertura de una competencia en grados que corresponden a determinados comportamientos observables será lo que permitirá su evaluación y medición.

A modo de resumen del Anexo I

El término *competencia* hace referencia a las características de personalidad que, en las organizaciones, se las reconoce en la gestión de los recursos humanos, ya sea bajo el nombre de competencias –para los que utilizan esta metodología– o bajo la denominación más universal de *características de personalidad.*

Otro concepto que es importante reiterar: no se trata de una moda. Se trabaja bajo modelos de competencias desde hace decenas de años, con sus variantes y evolución.

Existe en diversos medios, aun en los académicos, una profunda confusión sobre conceptos que, siendo parecidos, significan cosas muy diferentes: las *competencias laborales* y las *competencias conductuales.*

En el caso de las empresas que han implementado un modelo de Gestión por competencias, es importante tener en cuenta que se trata de una metodología de management, una manera de "manejar" los recursos humanos de una organización para lograr alinearlos a la estrategia de negocios. Cuando esta modelización se hace correctamente es beneficiosa, al mismo tiempo, tanto para la empresa como para sus empleados.

La Organización Internacional del Trabajo impulsa a nivel mundial una serie de programas tendientes a lograr la Certificación en *competencias laborales* de personas que no poseen un título o certificado que permita acreditar un conocimiento o especialidad determinado. Estos programas de certificación son impulsados, a su vez, desde los gobiernos de los respectivos países.

La mayoría de las definiciones de competencias laborales plantean una mezcla de conceptos requeridos para un puesto de trabajo: conocimientos específicos y habilidades necesarias para un desempeño adecuado.

Las competencias laborales se relacionan con oficios y por extensión se aplican a profesiones de tipo universitario, y en algunos países se han aplicado en relación con el sistema educativo formal. Más allá del nivel educacional que abarque, en nuestra opinión, la principal diferencia entre competencias laborales y la Gestión por competencias radica en el propósito con que cada una de ellas fue concebida (una para certificar capacidades de los trabajadores, otra como modelo de gestión para las organizaciones).

En la práctica, tanto académica como profesional, a las "competencias conductuales" se las denomina simplemente "competencias", sin aditamento alguno, y a las que se definieron en la OIT, "competencias laborales".

Es decir que respecto del concepto de competencias existen dos definiciones relevantes: la que se origina en la OIT y la que se utiliza en modelos de management –las competencias conductuales–. Estas fueron las consideradas en este trabajo.

Los estudios e investigaciones sobre competencias en las organizaciones se basan en los trabajos de David McClelland (*Human Motivation,* obra original de 1987, y otros posteriores). Entre los principales exponentes sobre la temática de competencias –seguidores de McClelland– se puede distinguir a los norteamericanos Spencer & Spencer, que definen *competencia* como *una característica subyacente de un individuo que está causalmente relacionada a un estándar de efectividad y/o a una performance superior en un trabajo o situación.* La obra de estos autores aporta un esquema completo sobre cómo implantar, en una organización, un modelo de competencias. Otro exponente muy reconocido es la profesora francesa Claude Levy-Leboyer.

Quizá se ha dejado fuera a otros autores que –también– tratan el tema de competencias. No obstante, creo haber citado a los pioneros y más importantes. Esta no es sólo mi opinión, sino que la misma es compartida por otros estudiosos del tema y especialistas en la materia.

ANEXO II

Libros de Martha Alles sobre Gestión por competencias

Serie Martha Alles - Recursos Humanos. Ediciones Granica

Gestión por competencias es una temática tratada por la autora en una serie de obras, las cuales abarcan los diferentes aspectos que la componen.

Cambio cultural	
	Comportamiento organizacional. Cómo lograr un cambio cultural a través de Gestión por competencias En esta obra se trata la temática relacionada con el comportamiento organizacional. En relación con competencias se sugiere al lector: • Capítulo 5. *Nuevas tendencias en management* • Capítulo 6. *Cómo relacionar el comportamiento organizacional con la función y los subsistemas de Recursos Humanos* • Capítulo 7. *Cómo lograr un cambio cultural*
Recursos Humanos y Gestión por competencias. Su aplicación a los distintos subsistemas	
	5 pasos para transformar una oficina de personal en un área de Recursos Humanos Es una obra de tipo introductorio donde a través de seis capítulos se lleva al lector, paso a paso, a lo prometido desde el título: transformar un área de personal donde sólo se atienden temas administrativos y en relación con el cumplimiento de las leyes, en un soporte estratégico de la Dirección General. Los 5 pasos son: 1. *Descripción de puestos* 2. *Formación / selección* 3. *Compensaciones* 4. *Desempeño* 5. *Carreras* Sobre el final se relaciona la obra con Gestión por competencias.

Dirección estratégica de Recursos Humanos. Gestión por competencias. Nueva edición

Para una correcta aplicación de las buenas prácticas en Recursos Humanos se debe comenzar por conocer y poner en uso los distintos subsistemas de Recursos Humanos.

Esta obra es introductoria para los estudiosos del tema, así como para los profesionales del área que deseen conocer acerca de las buenas prácticas.

En el Capítulo 2 se brinda al lector una breve introducción a la Gestión por competencias. A continuación, cada uno de los subsistemas de Recursos Humanos es tratado de manera general y luego, en particular, bajo la metodología de Gestión por competencias.

Esta obra, que fue publicada originalmente en el año 2000, fue revisada en una nueva edición.

Dirección estratégica de Recursos Humanos. Gestión por competencias. CASOS. Nueva edición

Es una obra complementaria de la anterior. Por lo tanto, para cada capítulo se ofrecen casos prácticos basados en circunstancias reales, con los debidos cambios para no identificar de manera directa a las organizaciones sobre las cuales están basados.

Definición del modelo de competencias. Trilogía

Diccionario de competencias. La Trilogía. Tomo 1

En esta obra se presenta al lector las 60 competencias más utilizadas en el siglo XXI junto a las buenas prácticas en Recursos Humanos en la materia y un glosario de términos. Además: *Cómo explicarle al número I por qué implantar Gestión por competencias; La Trilogía. Los tres diccionarios en Gestión por competencias. Su aplicación práctica;* y *Diccionario de competencias. Cómo utilizarlo.*

La obra incluye tres anexos que la complementan. Este es uno de ellos, que se presenta junto con: *Cómo tratan la temática de competencias otros autores* (en esta sección, a modo de "estado del arte", se presentan los autores que han estudiado la temática desde diferentes vertientes) y *Herramientas de la Metodología Martha Alles International para Gestión por competencias* (donde se describen las diferentes herramientas diseñadas con el propósito de poner en práctica los distintos aspectos relacionados con Gestión por competencias).

Diccionario de comportamientos. La Trilogía. Tomo 2. Nueva edición

La nueva edición del *Diccionario de comportamientos* presenta al lector 1.500 comporta-mientos relacionados con las 60 competencias más utilizadas en el siglo XXI que se expo-nen en el *Diccionario de competencias. La Trilogía. Tomo 1.*

Se incluye además un capítulo específico para explicar cómo se lee un diccionario de com-portamientos y su utilización práctica.

Al igual que la obra mencionada anteriormente, se incluye un capítulo con las buenas prác-ticas en Recursos Humanos en la materia y un glosario de términos, y *La Trilogía. Los tres diccionarios en Gestión por competencias.*

La obra incluye tres anexos que la complementan. Al igual que el libro referido anterior-mente: *Diccionario de competencias. La Trilogía. Tomo 1,* y que *Diccionario de preguntas. La Trilogía. Tomo 3.*

Diccionario de preguntas. La Trilogía. Tomo 3 Nueva edición

La nueva edición de *Diccionario de preguntas* presenta al lector 344 preguntas, relaciona-das con las 60 competencias más utilizadas en el siglo XXI, que se presentan en el *Diccionario de competencias. La Trilogía. Tomo 1.*

Se incluye además un capítulo específico para explicar cómo se formulan las preguntas y la utilización práctica del *Diccionario de preguntas.*

Al igual que las dos obras mencionadas anteriormente, se incluye un capítulo con las bue-nas prácticas en Recursos Humanos en la materia y un glosario de términos, y *La Trilogía. Los tres diccionarios en Gestión por competencias.*

La obra incluye tres anexos que la complementan, al igual que dos de los libros referidos anteriormente: *Diccionario de competencias. La Trilogía. Tomo 1,* y *Diccionario de compor-tamientos. La Trilogía. Tomo 2.*

Selección y competencias

Selección por competencias. 20 pasos para un proceso exitoso

A través de diez capítulos se tratan todos los temas relacionados con la selección de per-sonas, haciendo foco en la selección por competencias.

Especialmente se destacan los siguientes temas: Talento y competencias; El rol de la moti-vación; La selección de personas en contextos de alto desempleo; Reclutamiento y selec-ción; Selecciones internacionales y globalización; Quién puede ser un buen selector; Definición del perfil; Planificación de una selección; Gestión por competencias y selección; La entrevista por competencias; La entrevista BEI *(Behavioral Event Interview)* o entrevista por incidentes críticos; *Assessment Center Method* (ACM); Negociación, oferta e incorpora-ción; Comunicación y ética durante un proceso de selección; Aplicación de índices de con-trol de gestión en un proceso de selección.

Elija al mejor. Cómo entrevistar por competencias

Es una obra eminentemente práctica dedicada especialmente a la entrevista. Presenta preguntas para explorar diferentes aspectos del entrevistado, entre ellos, sus competencias.

Fue la primera obra de la autora sobre competencias. La misma apareció por primera vez en el año 1999 y para su nueva edición fue totalmente revisada.

Desempeño y competencias

Desempeño por competencias. Evaluación de 360°.
Nueva edición revisada, 2008

La obra presenta al lector dos tipos bien diferenciados de evaluaciones de desempeño. La evaluación de desempeño vertical, que combina *objetivos* con *competencias,* y las evaluaciones que se realizan para el desarrollo de personas, como la evaluación de 360° y la de 180°. En todos los casos, utilizando competencias.

En este trabajo de la autora se destacan la profusión de formularios, ejemplos y aplicaciones prácticas para ilustrar todos los temas, las distintas evaluaciones y muy especialmente el Capítulo 8: *Caso práctico de evaluación de desempeño por competencias sobre la base de comportamientos observables.*

Se pueden destacar los siguientes temas: Cómo relacionar la estrategia de los negocios con el desempeño; Evaluación de desempeño vertical; Cómo analizar comportamientos; Las Fichas de evaluación en la Metodología Martha Alles; Evaluación de 360°; Evaluación de 180°; Entrenamiento a evaluadores.

Formación y desarrollo de competencias

Desarrollo del talento humano. Basado en competencias.
Nueva edición revisada, 2008

Como su nombre lo indica, esta obra está destinada al desarrollo de competencias.

En este libro la autora plantea que el talento que asegura el éxito en una determinada posición laboral está conformado por las competencias requeridas por el puesto. De esta manera le quita al concepto de *talento* un halo mágico que usualmente lo envuelve, dándole una significación objetiva que permite así definirlo, medirlo y, por sobre todas las cosas, desarrollarlo positivamente, en beneficio de las organizaciones y de las personas que las integran. Muchos sostienen que las competencias se poseen o no. En el libro se plantea, primero, que las competencias se pueden desarrollar.

Luego, la obra explica cómo se desarrollan las competencias y los métodos para el desarrollo de competencias, los cuales, en orden de eficacia, son:

- Autodesarrollo
- Entrenamiento experto
- Codesarrollo

No obstante, su mejor aplicación es sistémica, combinando los tres métodos.

Para el autodesarrollo se plantean una serie de vías, tales como deportes, *hobbies,* actividades extracurriculares, lecturas, análisis de películas y referentes.

La obra presenta un capítulo sobre *Gestión del conocimiento y el desarrollo de competencias,* y en su Capítulo 8 ofrece un esquema completo para la intranet destinado al desarrollo de personas.

En la nueva edición 2008 se presentan por primera vez nuevas técnicas para el autodesarrollo dentro de la organización bajo el formato de *Guías de desarrollo dentro del trabajo.*

Codesarrollo. Una nueva forma de aprendizaje

El siglo XXI enfrenta a las organizaciones con un problema que incluye a los países desarrollados y, también, a Latinoamérica: la escasez de talento. Por lo tanto, no sólo hay que poder atraerlo sino que, además, se debe retener y desarrollar al propio.

El aprendizaje de adultos no es un tema nuevo y las teorías existentes hasta el presente, si bien son eficaces, no se ven reflejadas en los métodos utilizados por las organizaciones. Ante esta carencia surge un nuevo método de aprendizaje: codesarrollo.

El codesarrollo es un método de aprendizaje que ha surgido del Centro de Investigaciones de Nuevas Aplicaciones de Martha Alles International, firma que lo ha lanzado al mercado hace unos pocos años con notable éxito y experiencias altamente positivas.

A lo largo de siete capítulos se tratan los siguientes temas: Desarrollo de personas fuera del trabajo; Las buenas prácticas en formación; Modelo organizacional de formación; El codesarrollo es un método de aprendizaje; Codesarrollo, la importancia del diseño; Caminos para poner en práctica el codesarrollo; Codesarrollo, estrategia y cambio cultural.

Programas para el desarrollo de personas dentro de la organización

Construyendo talento

Una buena gestión de RRHH implica desarrollar a las personas que integran la organización tanto en conocimientos como en competencias.

En esta obra el lector encontrará una amplia gama de programas internos para el desarrollo de personas, desde aquellos que aseguran la continuidad organizacional, como los planes de sucesión y los diagramas de reemplazo, hasta otros que, dentro de las nuevas tendencias, consideran los diferentes intereses y capacidades de las personas al ofrecer carreras de tipo gerencial (jerárquicas) junto con otras denominadas "de especialista", donde el foco no es el crecimiento vertical.

El libro abarca —también— todos los programas tendientes a generar o crear talento, una verdadera cantera de personas formadas, listas para asumir nuevos desafíos, como los planes de carrera, de jóvenes profesionales y de personas clave.

Por último, la obra trata sobre los programas que involucran a los jefes, como *mentoring,* entrenamiento experto y jefe entrenador.

Para que estos programas sean eficaces, en la primera parte se describe cómo medir las capacidades y cómo elegir entre varias opciones. Y al final, de qué manera plasmar todo en planes individuales y colectivos.

Rol del jefe. Cómo ser un buen jefe

Esta obra está destinada a los jefes de cualquier nivel y los temas allí tratados son enfocados desde la metodología de Gestión por competencias.

La palabra *jefe* implica un concepto referido a todos aquellos que tienen personas a su cargo, sin importar su nivel jerárquico. El número uno de la organización es jefe al igual que otros que reportan a él y también tienen personas a su cargo. Del mismo modo, es jefe aquel que posee una pequeña empresa en la que trabajan otras personas junto a él, familiares o no, y también es jefe el director de una película o de una orquesta, ballet o equipo deportivo.

A partir de ese concepto, se identifica un aspecto totalmente descuidado hasta ahora en la gestión de los recursos humanos en las organizaciones: todo jefe debe cumplir una doble función. Por un lado, la que responde al requerimiento evidente de su puesto, esto es, efectuar las tareas que requiere el día a día de su sector, y, por otra parte, el rol de gestión de los recursos humanos a su cargo, lo que implica que deberá agregar a sus tareas específicas las de seleccionar a sus colaboradores, evaluarlos, delegarles tareas, alentarlos, comunicarles la misión, visión, valores y estrategia organizacionales, entrenarlos y, lamentablemente, desvincularlos cuando ello sea necesario.

En este trabajo se presentan temas complejos con un estilo simple, considerando que la mayoría de los potenciales lectores tienen múltiples responsabilidades y, además, son jefes.

Como complemento de esta obra, se han preparado tres libros-cuaderno: *Cómo ser un buen jefe en 12 pasos*, *Cómo delegar efectivamente en 12 pasos* y *Cómo transformarse en un jefe entrenador en 12 pasos*. Todos constituyen un material de tipo práctico y de reflexión para mejorar paso a paso el desempeño como jefe.

La mayoría de las obras mencionadas precedentemente tienen sus correspondientes materiales para profesores en *www.competencias.com*, sección *Sala de profesores*.

Allí podrá encontrar material para el dictado de clases y casos prácticos para cada uno de los temas tratados.

PARA TODOS LOS LECTORES

Disponible en formato digital un Anexo donde se ha realizado un análisis detallado de libros y subsistemas que complementa las temáticas abordadas en esta obra.

PARA PROFESORES

La *Trilogía* está compuesta por tres obras relacionadas entre sí:

❖ *Diccionario de competencias*
❖ *Diccionario de comportamientos*
❖ *Diccionario de preguntas*

Para una mejor explicación de la aplicación práctica de la *Trilogía* hemos preparado:

→ Casos prácticos y/o ejercicios para una mejor comprensión de los temas tratados.
→ Material de apoyo para el dictado de clases.

Los profesores que hayan adoptado esta obra para sus cursos, tanto de grado como de posgrado, pueden solicitar de manera gratuita las obras:

• *Trilogía. CASOS PRÁCTICOS*
• *Trilogía. CLASES*

Únicamente disponibles en formato digital en *www.marthaalles.com*

ANEXO III

Herramientas de la Metodología Martha Alles International para *Gestión por competencias*

La Metodología de Gestión por competencias y Recursos Humanos de Martha Alles se basa en una serie de desarrollos y herramentales que permiten una implantación sistémica. Se los expone en los siguientes cuadros, organizados tema por tema. Por un lado se mencionan las obras relacionadas, publicadas en su totalidad por Ediciones Granica. Los lectores pueden conocer más acerca de ellas en los respectivos sitios web, tanto de la editorial como los indicados al final de esta obra. Por otro, una serie de productos específicos.

Rogamos que el lector entienda que la información brindada no representa una publicidad de nuestra empresa de consultoría. No se consigna "todo" lo que hace una firma de este tipo, sino sólo aquellos "productos" de utilización práctica, que en todos los casos se diseñan a medida del cliente y en relación con su modelo de competencias. La mayoría de ellos han sido elaborados pensando en el denominado cliente interno (en relación con el área de Recursos Humanos), es decir, personas que trabajen en Ventas, Mercadeo, Producción, Administración, Sistemas, Finanzas, etcétera.

La inclusión de esta información se hace con un propósito informativo, pero también, muy especialmente, tiene el objetivo de enfatizar que los métodos de trabajo planteados en esta y otras obras donde se presenta la Metodología Martha Alles deben ser llevados a su mínimo detalle práctico, ya que serán utilizados por personas no especialistas en el tema que –además– por lo general están muy ocupadas en sus tareas y responsabilidades específicas. Producto de esta preocupación constante es que se ha desarrollado la guía que se expone a continuación.

Tema	El rol del profesional de Recursos Humanos. Los desafíos para el siglo xxi. Cómo agregar valor desde la función de Recursos Humanos o International
Obras relacionadas	*5 pasos para transformar una oficina de personal en un área de Recursos Humanos* *Comportamiento Organizacional. Cómo lograr un cambio cultural a través de Gestión por competencias*
Productos de la firma consultora	Programas ejecutivos: • Cómo agregar valor desde el área de Recursos Humanos[1] • Todo lo que un gerente general debe saber sobre Recursos Humanos[2]

Tema	Indicadores de gestión para el área de Recursos Humanos
Obras relacionadas	*Selección por competencias (Capítulo 10, con indicadores estratégicos para el área de Selección)* *Comportamiento Organizacional. Cómo lograr un cambio cultural a través de Gestión por competencias* *Dirección Estratégica de Recursos Humanos (Capítulo 1)* *Codesarrollo. Una nueva forma de aprendizaje (Capítulo 6)*
Productos de la firma consultora	Programas ejecutivos: • Cómo agregar valor desde el área de Recursos Humanos • Todo lo que un gerente general debe saber sobre Recursos Humanos

---

1   Su lanzamiento fue en el año 2006.
2   Su lanzamiento fue en el año 2006.

Tema	Revisión de la misión, visión, valores y planes estratégicos. Cultura organizacional
Obras relacionadas	*Dirección Estratégica de Recursos Humanos. Gestión por competencias* *Dirección Estratégica de Recursos Humanos. Gestión por competencias. Casos* *Comportamiento Organizacional. Cómo lograr un cambio cultural a través de Gestión por competencias*
Productos de la firma consultora	Juegos didácticos Encuesta de satisfacción laboral (también conocida como encuesta de clima) Medición de cultura en base a cuestionarios personalizados Encuestas sobre valores y proyectos personales

Tema	**Modelo de valores** Cuando la organización desea mantener por separado los valores de las competencias
Obras relacionadas	*Comportamiento Organizacional. Cómo lograr un cambio cultural a través de Gestión por competencias* *Diccionario de competencias. La Trilogía. Tomo 1* *Diccionario de comportamientos. La Trilogía. Tomo 2* *Construyendo talento. Programas de desarrollo para el crecimiento de las personas y la continuidad de las organizaciones*
Productos de la firma consultora	Indicadores para la medición de valores Para la evaluación de *valores* se sugiere como técnica el *Assessment Center Method* (ACM) y las *Fichas de evaluación* en sus dos formatos, completas y reducidas. Martha Alles International ha desarrollado, en relación con esta metodología, ambos métodos que se diseñan –en todos los casos– a medida del modelo de cada organización, lo cual no sólo permite una mayor eficacia, sino que asegura que los conceptos mencionados son medidos o evaluados en relación con los objetivos estratégicos de cada modelo. En resumen, con relación a los valores es posible diseñar todos los instrumentos de medición y desarrollo que requieren los distintos subsistemas de Recursos Humanos, como diccionarios de preguntas, su inclusión en la herramienta de selección, *Assessment Center Method* (ACM), codesarrollo, entre otros.

Tema	Armado del modelo de competencias
Obras relacionadas	*Dirección Estratégica de Recursos Humanos. Gestión por competencias* *Dirección Estratégica de Recursos Humanos. Gestión por competencias.* CASOS *Comportamiento Organizacional. Cómo lograr un cambio cultural a través de Gestión por competencias* *Diccionario de competencias. La Trilogía. Tomo 1* *Diccionario de comportamientos. La Trilogía. Tomo 2* *Construyendo talento. Programas de desarrollo para el crecimiento de las personas y la continuidad de las organizaciones*
Productos de la firma consultora	Diccionarios a medida junto con una base de datos de numerosas competencias. Diplomado en Gestión por competencias[3] Diplomados avanzados en Gestión por competencias *Mapa del modelo de competencias.* Permite conocer cómo se interrelacionan las distintas competencias del modelo de cada organización. *Programas de difusión del modelo:* codesarrollo para la difusión del modelo y aplicación de e-learning (en la difusión del modelo). Para la evaluación de *competencias* al inicio de un proceso de implantación de competencias o de *Balanced Scorecard* se sugiere como técnica el *Assessment Center Method* (ACM) y las *Fichas de evaluación* de competencias en sus dos formatos, completas y reducidas. Martha Alles International ha desarrollado, en relación con esta metodología, ambos métodos que se entregan a medida de los modelos de competencias de cada organización.

---

3   *Diplomado.* Actividad de transmisión de conocimientos sobre la Metodología Martha Alles. Implica por parte del participante la aprobación de un examen. El mismo tiene una revalidación gratuita cada dos años. Los programas de Diplomado son realizados directamente por la firma Martha Alles International o en el marco de otras instituciones educativas en las cuales el Diplomado se imparte de manera conjunta. No obstante, en ambos casos, la aprobación del examen y la extensión del respectivo diploma lo hace la empresa mencionada (Martha Alles International) y no se ha conferido a institución alguna la autorización para otorgarlo en nuestro nombre.

Tema	Modelo de conocimientos
Obras relacionadas	*Construyendo talento. Programas de desarrollo para el crecimiento de las personas y la continuidad de las organizaciones*
Productos de la firma consultora	Indicadores para la medición de conocimientos. Se sugiere su diseño para aquellos conocimientos clave de la organización. Para la evaluación de *conocimientos* se sugieren las *Fichas de evaluación* en sus dos formatos, completas y reducidas. Martha Alles International ha desarrollado, en relación con esta metodología, ambos métodos que se entregan a medida de los modelos de cada organización. Para trabajar sobre *conocimientos* se diseñan todos los instrumentos adicionales que requieren los distintos subsistemas de Recursos Humanos, como diccionarios de conocimientos, diccionarios de preguntas, su inclusión en la herramienta de selección, entre otros.

Tema	Análisis y descripción de puestos
Obras relacionadas	*Dirección Estratégica de Recursos Humanos. Gestión por competencias* *Dirección Estratégica de Recursos Humanos. Gestión por competencias. CASOS* *Diccionario de competencias. La Trilogía. Tomo 1*
Productos de la firma consultora	Instructivos específicos Estructura de puestos o cargos Diplomado en Gestión por competencias Diplomados avanzados en Gestión por competencias

Tema	Selección e incorporación de personas
	Assessment Center Method (ACM)
	Entrevistas BEI (Behavioral Event Interview), o Entrevistas por incidentes críticos o eventos conductuales
	Entrevista por competencias
Obras relacionadas	*Selección por competencias*
	Elija al mejor. Cómo entrevistar por competencias
	Diccionario de preguntas. La Trilogía. Tomo 3
	Diccionario de comportamientos. La Trilogía. Tomo 2
Productos de la firma consultora	Juegos didácticos
	Diplomado en Gestión por competencias
	Diplomados avanzados en Gestión por competencias
	Codesarrollo[4] sobre Selección
	Formador de formadores sobre Selección
	Herramientas para selección: *Entrevista estructurada por niveles*. Incluye formularios e instructivos, tanto para los especialistas de Recursos Humanos como para funcionarios de otras áreas de la organización.
	Entrevista BEI (por incidentes críticos); incluye formularios e instructivos.
	Fichas de evaluación de competencias. Consiste en un documento donde el evaluado (cuando realiza su propia evaluación –autoevaluación–), el jefe o ambos, elige/n una serie de comportamientos representativos del cotidiano accionar del individuo sujeto a evaluación. Luego, a través de una fórmula matemática, se determina el grado o nivel de la competencia. Incluye un procesamiento vía Web, lo que permite la aplicación *on line* del método de evaluación.
	Manual de Assessment (Assessment Center Method) en sus versiones estándar[5] y a medida del modelo de competencias de cada organización.

4   Codesarrollo: el término implica el desarrollo de una competencia con la ayuda y guía del instructor del taller. Para que el codesarrollo se verifique es necesaria la realización de una serie de pasos, desde "poner en juego la competencia o el conocimiento" hasta inducir al participante a la acción, junto con la preparación de un plan de acción específico que permitirá su desarrollo posterior. Si bien en su primera fase sólo se había diseñado este método para el desarrollo de competencias, a partir del año 2006 se ha preparado un diseño especial de codesarrollo para conocimientos. Es un diseño exclusivo de Martha Alles International, presentado al mercado en diciembre de 2004 e incluido por primera vez en una publicación en la obra *Desarrollo del talento humano. Basado en competencias,* en el año 2005.

5   Su lanzamiento fue en el año 2004.

Tema	Evaluación de competencias para diferentes momentos de la organización
	Diagnósticos específicos para medir competencias y la adecuación persona-puesto
	Diseño de planes de formación
Obras relacionadas	*Selección por competencias*
	Elija al mejor. Cómo entrevistar por competencias
	Diccionario de preguntas. La Trilogía. Tomo 3
	Diccionario de comportamientos. La Trilogía. Tomo 2
Productos de la firma consultora	*Fichas de evaluación de competencias*[6]. Consisten en un documento donde el evaluado (cuando realiza su propia evaluación –autoevaluación–), el jefe o ambos, elige/n una serie de comportamientos representativos del cotidiano accionar del individuo sujeto a evaluación. Luego, a través de una fórmula matemática, se determina el grado o nivel de la competencia. Incluye un procesamiento vía Web, lo cual permite la aplicación *on line* del método de evaluación.
	Fichas reducidas. Similares a las anteriores, permiten una evaluación menos sofisticada en menor tiempo. Se recomiendan cuando se debe evaluar a muchas personas y/o mediante un número relevante de evaluadores. Las mismas se ofrecen en diseño Web, lo que permite la aplicación *on line* del método de evaluación o utilizando planillas de cálculo.
	Estas fichas ya mencionadas son utilizadas como herramienta para la medición de competencias en una Evaluación de 360° (Feedback 360°) y en una Evaluación de 180°.
	Asimismo, pueden ser utilizadas para la realización de Diagnósticos (Diagnóstico múltiple circular) en talleres de autoevaluación junto con talleres para evaluaciones múltiples y estas pueden ser –a su vez– realizadas por jefes, clientes internos y externos, etcétera.
	Manual de Assessment (Assessment Center Method) en sus versiones estándar y a medida del modelo de competencias de cada organización.

---

6   Su lanzamiento fue en el año 2003, con una serie de adaptaciones y *up grades* posteriores.

Tema	Evaluación de desempeño vertical[7]
	Feedback 360° o Evaluación de 360° y Evaluación de 180°
	Diagnóstico múltiple circular
Obras relacionadas	*Desempeño por competencias. Evaluación de 360°*
	Diccionario de comportamientos. La Trilogía. Tomo 2
Productos de la firma consultora	Juegos didácticos
	Diplomado en Gestión por competencias
	Diplomados avanzados en Gestión por competencias
	Codesarrollo sobre Desempeño
	Formador de formadores sobre Desempeño
	Herramienta de evaluación del desempeño vertical. Incluye formularios e instructivos.
	Fichas de evaluación de competencias. Consisten en un documento donde el evaluado (cuando realiza su propia evaluación –autoevaluación–), el jefe o ambos, elige/n una serie de comportamientos representativos del cotidiano accionar del individuo sujeto a evaluación. Luego, a través de una fórmula matemática, se determina el grado o nivel de la competencia. Incluye un procesamiento vía Web, lo que permite la aplicación *on line* del método de evaluación.
	Las *Fichas de evaluación* en su versión *reducida* son utilizadas para evaluaciones verticales, 180°, 360° y diagnósticos circulares. Incluyen un procesamiento vía Web, lo que permite la aplicación *on line* del método de evaluación.

Tema	Compensaciones
Obras relacionadas	*Dirección Estratégica de Recursos Humanos. Gestión por competencias* *Dirección Estratégica de Recursos Humanos. Gestión por competencias. Casos* *5 pasos para transformar una oficina de personal en un área de Recursos Humanos*
Productos de la firma consultora	Los mencionados en Evaluación del desempeño vertical: • Codesarrollo sobre Desempeño • Formador de formadores sobre Desempeño • Herramienta de evaluación del desempeño vertical (incluye formularios e instructivos)

Tema	**Desarrollo de personas (incluye desarrollo de competencias)**
Obras relacionadas	*Construyendo talento. Programas de desarrollo para el crecimiento de las personas y la continuidad de las organizaciones* *Codesarrollo. Una nueva forma de aprendizaje* *Desarrollo del talento humano. Basado en competencias* *Diccionario de comportamientos. La Trilogía. Tomo 2*
Productos de la firma consultora	***Mapa del modelo de competencias.*** Permite conocer cómo se interrelacionan las distintas competencias del modelo de cada organización. En relación con Desarrollo es fundamental conocer, además, cuáles competencias potencian a otras y cómo esta relación puede ayudar y apoyar el desarrollo de competencias. Codesarrollo sobre Desarrollo Formador de formadores sobre Desarrollo Diplomado en Gestión por competencias Diplomados avanzados en Gestión por competencias

(continúa en la página siguiente)

Tema	Desarrollo de personas (incluye desarrollo de competencias)
Productos de la firma consultora	*Manual de Desarrollo con las Guías de Desarrollo*[8] dentro y fuera del trabajo, codesarrollo y otras modalidades para incrementar las capacidades de los programas específicos para jefes, como *Rol del jefe* y *Jefe entrenador*. Estos conceptos se identifican con los siguientes productos:
	Guías de desarrollo de competencias, bajo el nombre de *Manual de Desarrollo*. Consiste en una serie de actividades que permiten el desarrollo de competencias de las personas en función de los gustos y preferencias de cada uno. Las guías se acompañan con una breve descripción teórica e instructivos para su utilización, tanto para el usuario como para el área de Recursos Humanos. Las guías de desarrollo se han diseñado en dos variantes:
	• *Dentro del trabajo.* Acciones sugeridas para el desarrollo de competencias a realizar en el ámbito laboral.
	• *Fuera del trabajo.* Como su nombre lo indica, sugerencias para el desarrollo de competencias que no tienen relación alguna con el ámbito laboral.
	Ambas guías, dentro y fuera del trabajo, se confeccionan por niveles: Básico, Intermedio e Intensivo.
	A su vez, en las guías fuera del trabajo se diferencian dos caminos posibles: *Reflexionar para cambiar* y *Entrando en acción*.
	Codesarrollo: actividades de formación especialmente diseñadas para el desarrollo de competencias de las personas bajo el concepto de *Formador de formadores* (para cada una de las competencias del modelo de competencias y a medida de cada organización).
	Formador de formadores sobre las distintas temáticas.
	Codesarrollo para todos los niveles de dirección y jefaturas con el propósito de desarrollar tanto la capacidad de ser un buen jefe como la competencia *Entrenador*. Programas denominados *Rol del jefe* y *Jefe entrenador*.
	Formador de formadores sobre todas las temáticas mencionadas.
	(continúa en la página siguiente)

8   Las guías de desarrollo se sustentan en una cuantiosa base de datos que incluye un sinnúmero de actividades que pueden ser utilizadas para el desarrollo de competencias. Martha Alles International realizó una investigación previa de más de dos años antes de lanzar este producto al mercado, en el año 2004.
Estas guías se denominan *Guías de acción* cuando los valores se manejan por separado del modelo de competencias (modelo de valores).

Tema	Desarrollo de personas (incluye desarrollo de competencias)
Productos de la firma consultora	***Mapa y ruta de talentos.*** Manuales prácticos que permiten implementar los distintos programas organizacionales para el desarrollo de personas dentro de la organización. Incluye productos para *medir y evaluar las capacidades de las personas* utilizando, por ejemplo, *Fichas de evaluación* para medir conocimientos, valores y competencias, hasta *Cómo elegir entre varias opciones.* En ambos casos, estos productos cuentan con un soporte en Excel. Esto implica que el usuario sólo debe ingresar los datos, y las fórmulas matemáticas incluidas en el software de apoyo darán el resultado esperado. Los programas para el desarrollo de personas dentro de la organización son: • Planes de sucesión • Diagramas de reemplazo • Carrera gerencial y especialista • Planes de carrera • Plan de jóvenes profesionales • Personas clave • Mentoring • Entrenamiento experto • Jefe entrenador Cuando es aconsejable, estos programas se soportan en un diseño en

Tema	**Programas específicos en relación con el gerenciamiento de personas**
	Liderazgo y Empowerment
Obras relacionadas	*Rol del jefe. Cómo ser un buen jefe*
	Cómo ser un buen jefe en 12 pasos
	Cómo delegar efectivamente en 12 pasos
	Cómo transformarse en un jefe entrenador en 12 pasos
	Agenda Ejecutiva 2008
	Agenda Ejecutiva 2009
	Desarrollo del talento humano. Basado en competencias
	Diccionario de comportamientos. La Trilogía. Tomo 2
	Comportamiento Organizacional. Cómo lograr un cambio cultural a través de Gestión por competencias
Productos de la firma consultora	Programas *Rol del jefe* y *Jefe entrenador:* bajo un esquema similar al denominado *Formador de formadores.*
	Codesarrollo. Se han diseñando una serie de variantes para el desarrollo, en las personas que tienen otras a su cargo o bajo su supervisión, desde las diferentes funciones inherentes a un jefe, hasta la capacidad de ser un *entrenador* de sus colaboradores.
	Se sugiere una implantación "en cascada" para las actividades mencionadas, es decir, desde la máxima conducción de la organización. Se ha implementado con mucho éxito cuando los mismos jefes imparten las actividades prediseñadas bajo la modalidad de *Formador de formadores.*
	Codesarrollo para las competencias relacionadas:
	• Liderazgo: enfoque siglo xxi • Liderar con el ejemplo • Líder emprendedor • Liderazgo para el cambio • Entrepreneurial • Empowerment y Delegación • Sinergia organizacional • Dirección de equipos de trabajo • Trabajo en equipo • Colaboración
	Entre otros, y siempre diseñados a medida de la organización.
	Formador de formadores sobre todas las temáticas mencionadas.

Bibliografía

Alles, Martha Alicia. *5 pasos para transformar una oficina de personal en un área de Recursos Humanos*. Ediciones Granica, Buenos Aires, 2008.

———. *Codesarrollo. Una nueva forma de aprendizaje*. Ediciones Granica, Buenos Aires, 2009.

———. *Cómo delegar efectivamente en 12 pasos*. Ediciones Granica, Buenos Aires, 2010.

———. *12 pasos para ser un buen jefe*. Ediciones Granica, Buenos Aires, 2008.

———. *Cómo transformarse en un jefe entrenador en 12 pasos*. Ediciones Granica, Buenos Aires, 2010.

———. *Comportamiento organizacional. Cómo lograr un cambio cultural a través de Gestión por competencias*. Ediciones Granica, Buenos Aires, 2008.

———. *Conciliar vida profesional y personal. Dos miradas: organizacional e individual*. Ediciones Granica, Buenos Aires, 2010.

———. *Construyendo talento*. Ediciones Granica, Buenos Aires, 2009.

———. *Desarrollo del talento humano. Basado en competencias*. Ediciones Granica, Buenos Aires. Nueva edición: 2008.

———. *Desempeño por competencias. Evaluación de 360°*. Ediciones Granica. Buenos Aires. Obra original: 2002. Nueva edición revisada: 2009.

———. *Diccionario de comportamientos. Gestión por competencias*. Ediciones Granica, Buenos Aires. Obra original: 2004.

———. *Diccionario de comportamientos. La Trilogía. Tomo 2*. Ediciones Granica, Buenos Aires, 2015.

———. *Diccionario de preguntas. Gestión por competencias*. Ediciones Granica, Buenos Aires. Obra original: 2009.

———. *Diccionario de preguntas. La Trilogía. Tomo 3*. Ediciones Granica, Buenos Aires, 2015.

———. *Diccionario de términos de Recursos Humanos*. Ediciones Granica, Buenos Aires, 2011.

———. *Dirección estratégica de Recursos Humanos. Gestión por competencias*. Ediciones Granica, Buenos Aires, 2015.

———. *Dirección estratégica de Recursos Humanos. Gestión por competencias. CASOS*. Ediciones Granica, Buenos Aires, 2015 (en preparación).

———. *12 pasos para conciliar vida profesional y personal. Desde la mirada individual*. Ediciones Granica, Buenos Aires, 2013.

————. *Elija al mejor. Cómo entrevistar por competencias.* Ediciones Granica, Buenos Aires. Obra original: 1999. Última versión revisada y ampliada: 2003.

————. *Incidencia de las competencias en la empleabilidad de profesionales.* Universidad de Buenos Aires, junio de 2007.

————. *La marca Recursos Humanos.* Ediciones Granica, Buenos Aires, 2014.

————. *Las 50 herramientas de Recursos Humanos que todo profesional debe conocer.* Ediciones Granica, Buenos Aires, 2011.

————. *Rol del jefe.* Cómo ser un buen jefe. Ediciones Granica, Buenos Aires, 2008.

————. *Selección por competencias. 20 pasos para un proceso exitoso.* Ediciones Granica, Buenos Aires, 2006.

————. *Social media y Recursos Humanos.* Ediciones Granica, Buenos Aires, 2012.

Bacal, Robert. *Performance Management.* McGraw-Hill, New York, 1999.

Becker, Brian E.; Huselid, Mark A.; Ulrich, Dave. *El cuadro de mando de Recursos Humanos.* Gestión 2000, Barcelona, 2002.

Bell, Chip R. *Managers as mentors.* Berrett-Koehler Publishers, San Francisco, 1998.

Boccalari, R.; Caroni, L.; Oggioni, E.; Piccolo, A.; Rullani, E.; Vergeat, M. *Competenze. Leva di eccellenza delle persone e delle organizzazioni.* Franco Angeli, Milano, 2004.

Bonani, Gian Paolo. *La sfida del capitale intellettuale. Principi e strumenti di Knowledge Management per organizzazioni intelligenti.* Franco Angeli, Milano, 2002.

Boulding, Kenneth E. *Las tres caras del poder.* Paidós, Barcelona, 1993.

Brooking, Annie. *El capital intelectual.* Paidós, Buenos Aires, 1997.

Carretta, Antonio; Dalziel, Murray M.; Mitrani, Alain. *Dalle Risorse Umane alle Competenze.* Franco Angeli Azienda Moderna, Milano, 1992.

Colardyn, Danielle. *La gestion des compétences. Perspectives internationales.* Presses Universitaires de France, Paris, 1996.

Cole, Gerald. *Personnel Management.* Letts Educational Aldine Place, London, 1997.

————. *Organisational Behaviour.* DP Publications, London, 1995.

Corominas, Joan. *Breve diccionario etimológico de la lengua castellana.* Gredos, Madrid, 1998.

Dessler, Gary. *Administración de Personal.* Prentice-Hall Hispanoamericana, México, 1994.

Diccionario de la Lengua Española. Real Academia Española (www.rae.es).

Diccionario Latino-Español Sopena. Editorial Ramón Sopena, Barcelona, 1999.

Diccionario Moderno Océano. Langenscheidt, Barcelona, 1999.

Drucker, Peter F. *Las nuevas realidades.* Editorial Sudamericana, Buenos Aires, 1995.

Edvinsson, Leif; Malone, Michael. *El capital intelectual.* Norma, Bogotá, 1998.

Fernández Loureiro de Pérez, Emma. *Estadística no paramétrica. A modo de introducción.* Ediciones Cooperativas, Buenos Aires, 2000.

Ferrater Mora, José. *Diccionario de Filosofía.* Ariel Filosofía, Barcelona, 1999.

Fulmer, Robert M.; Conger, Jay A. *Growing your company's leaders*. Amacom, New York, 2004.

Gil Aluja, Jaime. *La gestión interactiva de los Recursos Humanos en la incertidumbre*. Editorial Centro de Estudios Ramón Aredes, Madrid, 1996.

Gómez-Mejía, Luis R.; Balkin, David B.; Cardy, Robert L. *Gestión de Recursos Humanos*. Prentice-Hall, Madrid, 1998.

Harrison, Michael I.; Shiron, Arie. *Organizational diagnosis and assessment*. Sage Publications, Thousand Oaks (California), 1999.

Hax, Arnoldo; Majluf, Nicolás. *Estrategias para el liderazgo competitivo. De la visión a los resultados*. Ediciones Granica, Buenos Aires, 1997.

Heene Aim; Sanchez, Ron (editores). *Competence Based. Strategic Management*. John Wiley & Sons, London, 1997.

Jaques, Elliott. *La organización requerida*. Ediciones Granica, Buenos Aires, 2000.

Jolis, Nadine. *Compétences et Compétitivité*. Les éditions d'organisation, Paris, 1998.

Kelly, Charles M. *The interrelationship of ethics and power in today's organizations*. Organizational Dynamics, 1987, 16, Summer, 5:18.

Kets de Vries, Manfred F. R.; Florent-Treacy, Elizabeth. *Los nuevos líderes globales*. Grupo Editorial Norma, Colombia, 1999.

Kolb, David A. *Experience as the source of learning and development*. Prentice-Hall, New Jersey, 1984.

Lazzari, Luisa L.; Machado, Emilio A. M.; Pérez, Rodolfo H. *Teoría de la Decisión Fuzzy*. Ediciones Macchi, Buenos Aires, 1998.

Levy-Leboyer, Claude. *Gestión de las competencias*. Gestión 2000, Barcelona, 1997.

Lucia, Antoinette; Lepsinger, Richard. *The art and science of Competency models*. Jossey-Bass / Pfeiffer, San Francisco, 1999.

Majchrzak, Ann; Wang, Qianwei. "Romper la mentalidad funcional en las organizaciones orientadas a los procesos". En: Dave Ulrich (comp.), *Evaluación de resultados*, Ediciones Granica, Barcelona, 2000.

Malone, Thomas W. *The Future of Work*. Harvard Business School Press, Boston, 2004.

Maslow, Abraham H. *El management según Maslow*. Paidós Empresa, Barcelona, 2005.

Mathis, Robert L.; Jackson John H. *Human Resource Management*. South-Western College Publishing, a division of Thompson Learning; Cincinatti, Ohio; 2000.

McClelland, David C. *Human Motivation*. Cambridge University Press, Cambridge, England, 1999. (Obra original de 1987.)

———. *Intelligence is not the best predictor of job performance*. Current Directions in Psychological Science, 1993, 2(1), 5:6.

———, David C.; Boyatzis, Richard E. *Opportunities for counselors from the Competency Assessment Movement*. The Personnel and Guidance Journal, 1980, Jan, 368:72.

———, David C.; Burnham, David H. *Power is the great motivator*. Harvard Business Review, 1976, March-April, 100-110 (Reimp. 1995, Jan-Feb, 126:39).

————, David C.; Franz, Carol E. *Motivational and other sources of work accomplishments in mid-life: a longitudinal study.* Journal of Personality, 1992, 60(4), 679:707.

————, David C.; Teague, Gregory. *Predicting risk preferences among power-related tasks.* Journal of Personality, 1975, 43, 266:85.

————, David C.; Watson, Robert Jr. *Power motivation and risk-taking behavior.* Journal of Personality, 1973, 41(1) 121:39.

————, David C. *How motives, skills, and values determine what people do?* American Psychologist, 1985, 40(7), 812:25.

————, David C. *Identifying competencies with Behavioral-event interviews.* Psychological Science, 1998, 9(5), 331:9.

————, David C. *Motivational factors in health and disease.* American Psychologist, 1989, 44(4), 675:83.

————, David C. *The knowledge - testing - educational complex strikes back.* American Psychologist, 1994, 49(1), 66:9.

————, David C.; Koestner, Richard; Weinberger, Joel. *How do self-attributed and implicit motives differ?* Psychological Review, 1989, 96(4), 690:702.

McLagan, Patricia. *Competencies.* Training & Development, 1997, May, 40:7.

Michaels, Ed; Handfield-Jones, Helen; Axelrod, Beth. *The war for talent.* Harvard Business School Press. Boston, 2001.

Milkovich, George T.; Boudreau, John W. *Dirección y Administración de Recursos Humanos.* Addison-Wesley Iberoamericana, México, 1994.

Mintzberg, Henry; Ahlstrand, Bruce; Joseph, Lampel. *Safari a la estrategia.* Ediciones Granica, Barcelona, 1999.

Montironi, Marina. *Capitale Umano e Imprese di Servizi.* Il Sole 24 Ore Media e Impresa, Milano, 1997.

New Oxford Advanced Learner's Dictionary. University Press, New York, 2000.

Okumbe, Joshua Abong'o. *Human Resources Management an Educational Perspective.* Educational Development and Research Bureau. Nairobi, Kenya; 2001.

Ordóñez Ordóñez, Miguel. *La nueva gestión de los recursos humanos.* Gestión 2000, Barcelona, 1995.

Orpen, Christopher. *Patterned behavior description interviews versus unstructured interviews: A comparative validity study.* Journal of Applied Psychology, 70(4), 774:6.

Orr, John M.; Sackett, Paul R.; Mercer, Michael. *The role of prescribed and nonprescribed behaviors in estimating the dollar value of performance.* Journal of Applied Psychology, 1989, 74(1), 34:40.

Pascale, Richard Tanner; Millermann, Mark; Gioja, Linda. "Cambiar la forma en que cambiamos". En: Dave Ulrich (comp.), *Evaluación de resultados,* Ediciones Granica, Barcelona, 2000.

Peretti, Jean-Marie. *Gestion des ressources humaines.* Librairie Vuibert, Paris, 1998.

Realin, Joseph A. *From generic to organic competencies.* Human Resource Planning, 1996, Spring, 24:33.

Renckly, Richard G. *Human Resources,* Barron's Educational Series, Nueva York, Estados Unidos, 1997.

Rothwell, William J. *Effective Succession Planning.* Amacom, New York, 2005.

———; Jackson, Robert D.; Knight, Shaun C.; Lindholm, John E. *Career Planning and Succession Management.* Praeger Publishers, Westport, 2005.

Schein, Edgar H. *Psicología de la Organización.* Prentice-Hall Hispanoamericana, México, 1982.

———. *Organizational Culture and Leadership.* Jossey-Bass Publishers, San Francisco, 1992.

Seco Reymundo, Manuel; Andrés Puente, Olimpia; Ramos González, Gabino. *Diccionario del Español Actual.* Aguilar - Grupo Santillana de Ediciones, Madrid, 1999.

———. *Diccionario de dudas de la Real Academia Española.* Espasa Plus, Editorial Espasa, Madrid, 1998.

Sherman, Arthur; Bohlander, George; Snell, Scott. *Administración de Recursos Humanos.* Thomson Internacional, México, 1999.

Spangler, William D. *Validity of questionnaire and TAT Measures of need for achievement: two Meta-Analyses.* Psychological Bulletin, 1992, 112(1), 140:54.

Sparrow, John. *Knowledge in organizations.* Sage Publications, London, 1998.

Spencer, Lyle M.; Spencer, Signe M. *Competence at work, models for superior performance.* John Wiley & Sons, Inc., New York, 1993.

Stemmer, Paul; Brown, Bill; Smith, Catherine. *The employability skills portfolio.* Educational Leadership, 1992, March, 32:5.

Stewart, Thomas A. *La nueva riqueza de las organizaciones: el capital intelectual.* Ediciones Granica, Buenos Aires, 1998.

Teal, Tomas. *The human side of management.* Harvard Business Review, 1996, Nov-Dec, 35:44.

Tissen, René; Andriessen, Daniel; Lekanne Deprez, Frank. *El valor del conocimiento. Para aumentar el rendimiento en las empresas.* Prentice-Hall, Madrid, 2000.

Ulrich, Dave. *Recursos Humanos Champions.* Ediciones Granica, Buenos Aires, 1997.

———. *Evaluación de resultados.* Ediciones Granica, Barcelona, 2000.

———; Becker, Brian E.; Huselid, Mark A. *The HR Scorecard. Linking People, Strategy, and Performance.* Harvard Business School Press, USA, 2001.

———; Brockbank, Wayne. *The HR Value Proposition.* Harvard Business School Press, Boston, 2005.

Verna, Michele Angelo. *Fare la differenza con le risorse umane.* Franco Angeli, Milano, 2006.

Werner, Jon M.; DeSimone, Randy L. *Human Resource Development.* Thomson Higher Education, Mason, Ohio, 2006.

Winter, David. *The contributions of David McClelland to personality assessment.* Journal of Personality Assessment, 1998, 71(2), 129:45.

Anexo a la bibliografía

Instituciones que han estudiado la temática

El tema de competencias es abordado desde diferentes perspectivas; una de ellas, la de mayor desarrollo, es la impulsada desde la OIT para el desarrollo de habilidades y oficios. Numerosos organismos nacionales e internacionales, ONGs, estudian y trabajan sobre las competencias laborales; sólo por citar algunos:

- Organización Internacional del Trabajo. Cinterfor, Centro Interamericano de Investigación y Documentación sobre Formación profesional.

- Conocer, miembro de Cinterfor (México).

- SENA, Servicio Nacional de Aprendizaje (Colombia).

- INEM. Instituto de Empleo. Servicio Público de Empleo Estatal. Ministerio de Trabajo y Asuntos Sociales (España).

- Consejo Federal de Cultura y Educación (Argentina).

- National Qualifications Authority of Ireland (Reino Unido).

- Australian Qualification Framework (Australia).

- Compétences Québec (Canadá).

- OECD (Organisation for Economic Co-operation and Development; OCDE por su nombre en español). Países miembros de OECD: Alemania, Australia, Austria, Bélgica, Canadá, Corea, Dinamarca, España, Estados Unidos, Finlandia, Francia, Grecia, Hungría, Irlanda, Islandia, Italia, Japón, Luxemburgo, México, Noruega, Nueva Zelanda, Países Bajos, Polonia, Portugal, República Checa, República de Eslovaquia, Rumania, Suecia, Suiza y Turquía.

- General National Vocational Qualifications (Reino Unido).

- National Council for Vocational Qualifications (NCVQ). Inglaterra, Gales e Irlanda del Norte.

- Consejo Australiano de Sindicatos (ACTU).

- Organización de Estados Iberoamericanos para la Educación, la Ciencia y la Cultura.

Unas palabras sobre la autora

Martha Alicia Alles es Doctora por la Universidad de Buenos Aires, área Administración. Su tesis doctoral se presentó bajo el título *La incidencia de las competencias en la empleabilidad de profesionales*. Su primer título de grado es Contadora Pública Nacional (UBA). Posee una amplia experiencia como docente universitaria, en diversos posgrados tanto de la Argentina como del exterior.

Con más de cuarenta títulos publicados hasta el presente, es la autora argentina que ha escrito la mayor cantidad de obras sobre su especialidad. Cuenta con colecciones de libros de texto sobre Recursos Humanos, Liderazgo y Management personal, que se comercializan en toda Hispanoamérica.

De su colección sobre **Recursos Humanos** ha publicado:

* Temas generales de Recursos Humanos y Comportamiento Organizacional:
  - *Dirección Estratégica de Recursos Humanos. Gestión por competencias* (nueva edición revisada, 2015).
  - *Dirección Estratégica de Recursos Humanos. Gestión por competencias. Casos* (nueva edición revisada, 2015). (En preparación.)
  - *5 pasos para transformar una oficina de personal en un área de Recursos Humanos* (2005).
  - *Comportamiento organizacional* (2007).
* Específicos sobre modelos de competencias:
  - *Gestión por competencias. El diccionario* (2002, y 2ª edición revisada, 2005).
  - *Diccionario de comportamientos. Gestión por competencias* (2004).
  - *Diccionario de preguntas. Gestión por competencias* (2005).
* Nuevas obras preparadas sobre la base de un enfoque diferente de la metodología de Gestión por competencias:
  - *Diccionario de competencias. La trilogía. Tomo 1* (2015).
  - *Diccionario de comportamientos. La trilogía. Tomo 2* (2015).
  - *Diccionario de preguntas. La trilogía. Tomo 3* (2015).
* Sobre selección:
  - *Empleo: el proceso de selección* (1998, y nueva edición revisada, 2001).
  - *Empleo: discriminación, teletrabajo y otras temáticas* (1999).
  - *Elija al mejor. Cómo entrevistar por competencias* (1999, y nueva edición revisada y ampliada, 2005).
  - *Selección por competencias* (2006).
* Sobre desempeño:
  - *Desempeño por competencias. Evaluación de 360°* (2004, y nueva edición revisada y ampliada, 2008).
* Sobre desarrollo de personas:
  - *Desarrollo del talento humano. Basado en competencias* (2005, y nueva edición revisada y ampliada, 2008).
  - *Codesarrollo. Una nueva forma de aprendizaje* (2009).
  - *Construyendo talento* (2009).
* Sobre Recursos Humanos, liderazgo y management:
  - *Diccionario de términos de Recursos Humanos* (2011).
  - *Las 50 herramientas de Recursos Humanos que todo profesional debe conocer* (2012).
  - *Social media y Recursos Humanos* (2012).
  - *La Marca Recursos Humanos* (2014).

De los siguientes títulos están disponibles solo en Internet (**www.marthaalles.com**, sección sala de profesores), materiales exclusivos para profesores, una edición de *Casos* y otra edición de *Clases*: *Comportamiento organizacional, Codesarrollo, Construyendo talento, Dirección estratégica de Recursos Humanos* (nueva edición 2015), *Desempeño por competencias, Desarrollo del talento humano. Selección por competencias, La trilogía (Diccionario de competencias. La trilogía. Tomo 1; Diccionario de comportamientos. La trilogía. Tomo 2 y Diccionario de preguntas. La Trilogía. Tomo 3), 200 modelos de currículum y Mitos y verdades en la búsqueda laboral.*

- De la serie **Liderazgo** podemos mencionar:
  - *Rol del jefe* (2008).
  - *12 pasos para ser un buen jefe* (2008).
  - *Conciliar vida profesional y personal* (2010).
  - *Cómo transformarse en jefe entrenador en 12 pasos* (2010).
  - *Cómo delegar efectivamente en 12 pasos* (2010).
  - *12 pasos para conciliar vida profesional y personal* (2013).
- Su colección de libros destinados al **Management Personal** está compuesta por:
  - *Las puertas del trabajo* (1995).
  - *Mitos y verdades en la búsqueda laboral* (1997, y nueva edición revisada y ampliada, 2008).
  - *200 modelos de currículum* (1997, y nueva edición revisada y ampliada, 2008).
  - *Su primer currículum* (1997).
  - *Cómo manejar su carrera* (1998).
  - *La entrevista laboral* (1999).
  - *Mujeres, trabajo y autoempleo* (2000).
- En la colección de **Bolsillo** se publicaron:
  - *La entrevista exitosa* (2005 y 2009).
  - *La mujer y el trabajo* (2005).
  - *Mi carrera* (2005 y 2009).
  - *Autoempleo* (2005).
  - *Mi búsqueda laboral* (2009).
  - *Mi currículum* (2009).
  - *Cómo llevarme bien con mi jefe y con mis compañeros de trabajo* (2009).
  - *Cómo buscar trabajo a través de Internet* (2009).

Martha Alles es habitual colaboradora en revistas y periódicos de negocios, programas radiales y televisivos de la Argentina y de otros países hispanoparlantes, y conferencista invitada por diferentes organizaciones empresariales y educativas, tanto locales como internacionales. En los últimos dos años ha dictado conferencias y seminarios en Bolivia, Colombia, Costa Rica, Chile, Ecuador, El Salvador, Estados Unidos, Guatemala, México, Nicaragua, Panamá, Paraguay, Perú, República Dominicana, Uruguay, Venezuela, entre otros, además de numerosos seminarios en su país, Argentina.

Es consultora internacional en Gestión por competencias y presidenta de Martha Alles International, firma regional que opera en toda Latinoamérica y USA, lo que le permite unir sus amplios conocimientos técnicos con su práctica profesional diaria. Cuenta con una experiencia profesional de más de veinticinco años en su especialidad.

Es casada, tiene tres hijos, dos nietas y un nieto.

Martha Alles SA
Talcahuano 833 (Talcahuano Plaza), piso 2
Buenos Aires, Argentina
Teléfono: (54-11) 4815 4852
@marthaalles

Libros de Martha Alles de la serie Recursos Humanos, publicados por Ediciones Granica

Guía de lecturas: secuencia sugerida

• Comportamiento organizacional

• 5 pasos para transformar una oficina de personal en un área de Recursos Humanos

• Dirección estratégica de Recursos Humanos. Gestión por competencias.
• Dirección estratégica de Recursos Humanos. Gestión por competencias. CASOS

Trilogía:

• Diccionario de competencias. Tomo 1
• Diccionario de comportamientos. Tomo 2
• Diccionario de preguntas. Tomo 3

Libros complementarios de la **Serie Management Personal**

• Mitos y verdades en la búsqueda laboral
• 200 modelos de currículum

• Selección por competencias
• Elija al mejor. Cómo entrevistar por competencias

• Desempeño por competencias. Evaluación 360º

• Desarrollo del talento humano. Basado en competencias

• Construyendo talento
• Codesarrollo: una nueva forma de aprendizaje

Libros de Martha Alles publicados por Ediciones Granica relacionados con ambas series:

Recursos Humanos y Liderazgo

- Diccionario de términos de Recursos Humanos
- Las 50 herramientas de Recursos Humanos que todo profesional debe conocer
- Social media y Recursos Humanos
- La Marca Recursos Humanos

Libros de Martha Alles de la serie Liderazgo publicados por Ediciones Granica

Guía de lecturas: secuencia sugerida

- Rol del jefe. Cómo ser un buen jefe

- 12 pasos para ser un buen jefe

- Cómo llevarme bien con mi jefe y con mis compañeros de trabajo. (Serie Bolsillo)

- Conciliar vida profesional y personal

- Cómo transformarse en un jefe entrenador en 12 pasos

- Cómo delegar efectivamente en 12 pasos

- 12 pasos para conciliar vida profesional y personal

Este libro se terminó de imprimir en el mes de noviembre de 2015
en los Talleres Gráficos Color Efe, Paso 192, Avellaneda,
Buenos Aires, Argentina

Para conocer más sobre la obra de Martha Alles

MARTHA ALLES
INTERNATIONAL

Revista Técnica Virtual

alles@marthaalles.com
www.marthaalles.com

info@xcompetencias.com
www.xcompetencias.com

CORPORATE
T: +1 (786) 600-1064
A: 2020 NE 163 St, Suite 300-A, North Miami Beach,
FL 33162, USA

ARGENTINA
T: +54 (11) 4815-4852
A: Talcahuano 833, 2 piso, Suite "E", Buenos
Aires, (1013) Argentina

Martha Alles International

Martha Alles International

@marthaalles

Martha Alles International

Este libro se terminó de imprimir en el mes de noviembre de 2015
en los Talleres Gráficos Color Efe, Paso 192, Avellaneda,
Buenos Aires, Argentina